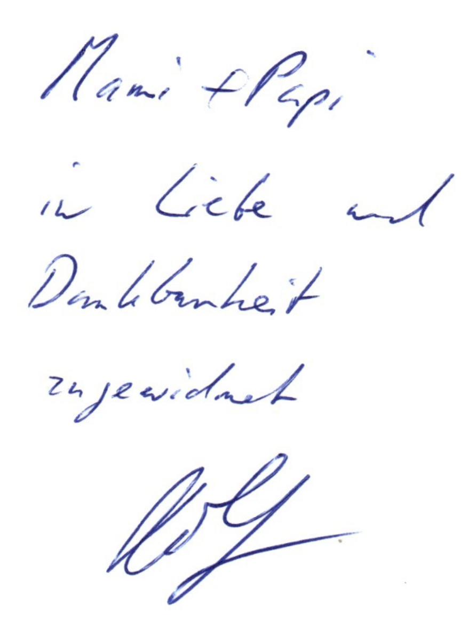

Rolf Reber

Klar erkannt – schon entschieden

Der Einfluss der perzeptuellen Geläufigkeit auf evaluative Urteile

Verlag Hans Huber
Bern · Göttingen · Toronto · Seattle

Adresse des Autors:

Prof. Dr. phil. Rolf Reber
Institut für Psychologie der Universität Bern
Unitobler
Muesmattstr. 45
CH-3000 Bern 9

Die Deutsche Bibliothek – CIP-Einheitsaufnahme

Reber, Rolf:
Klar erkannt – schon entschieden :
der Einfluß der perzeptuellen Geläufigkeit auf evaluative Urteile /
Rolf Reber. – 1. Aufl.. – Bern ; Göttingen ; Toronto ; Seattle : Huber, 2001
(Aus dem Programm Huber: Psychologie-Forschung)
ISBN 3-456-83649-X

Lektorat: Dr. P. Stehlin
Herstellung: D. Berger
Anregungen und Zuschriften bitte an:
Verlag Hans Huber, Länggass-Straße 76, CH-3000 Bern 9
Tel: 0041 (0)31 300 4500 / Fax: 0041 (0)31 300 4593
E-Mail: verlag@hanshuber.com / Internet: http://www.HansHuber.com

1. Auflage 2001

Druck: Hubert & Co., Göttingen
Printed in Germany

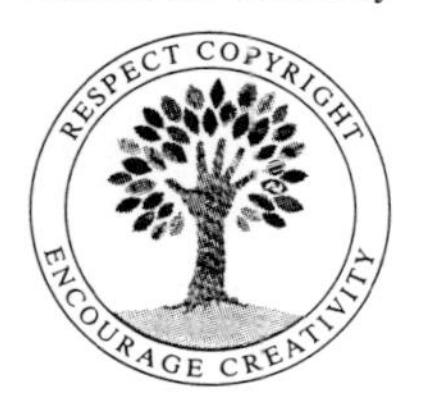

Vorwort

In der folgenden Schrift geht es um die Nutzung von Verarbeitungsleichtigkeit als Information. Es wird aufgezeigt, dass neben Wissen, Umwelt, Stimmung usw. auch die Leichtigkeit, mit der bestimmte Reize verarbeitet werden können, als Grundlage für evaluative Urteile verwendet wird. Ausgehend von der perzeptuellen Geläufigkeits-Hypothese zur Erklärung von Effekten der Wiederholung von Stimuli wurden experimentelle Paradigmata geschaffen, mit denen diese Hypothese genauer getestet werden konnte.

Diese Arbeit wurde möglich durch die großzügige Unterstützung des Schweizerischen Nationalfonds zur Förderung der wissenschaftlichen Forschung (Stipendium Nr. 8210-040219). Herr Frey und sein Team vom Nationalfonds haben mit ihrer professionellen Arbeit dafür gesorgt, dass ich mich frei von administrativen Sorgen voll meiner Arbeit widmen konnte. Mit diesem Stipendium wurde es mir möglich gemacht, zwei Jahre an der University of Michigan in Ann Arbor und ein Jahr an der Université de Bourgogne in Dijon zu verbringen.

Ich hatte das Glück, an beiden Universitäten auf äusserst kompetente und immer gesprächsbereite Betreuer zu treffen. An der University of Michigan war Norbert Schwarz ein engagierter Betreuer meiner Arbeit und hat mir die Teilnahme im 'Socoglab' ermöglicht, der Arbeitsgruppe für soziale Kognition an der University of Michigan. Er ist hauptsächlich dafür verantwortlich, dass mir in dieser Zeit der Durchbruch in internationale Zeitschriften gelungen ist, wofür ich ihm herzlich danken möchte. Pierre Perruchet hat an der Université de Bourgogne meine Arbeit mit viel Wohlwollen begleitet. Ihm gebührt mein Dank dafür, dass er mir die Welt des impliziten Lernens eröffnet und mein analytisches Denkvermögen wesentlich geschärft hat, wovon ich immer wieder immens profitieren kann.

An der University of Michigan hat eine fruchtbare Zusammenarbeit mit Piotr Winkielman begonnen, mit dem ich oft und lange über unser gemeinsames Forschungsinteresse diskutiert habe; schließlich haben wir gemeinsame Experimente durchgeführt und diese auch publizieren können. Die anderen Mitglieder des 'Socoglab' haben mit ihrer Rückmeldung die Arbeit unterstützt und zu wesentlichen Verbesserungen beigetragen: Mein Bürokollege Markus Kemmelmeier, Carla Grayson, Geoff Haddock, James Hilton, Bärbel Knäuper, Ara Norenzayan, Alex Rothman und Leigh Ann Vaughn. Ioannis Emmanouil, Assistenzprofessor für Mathematik an der University of Michigan, hat mir Konzepte der Symmetrieberechnung erläutert, was mir eine große Hilfe bei der Konzipierung von Experimenten zur Evaluation symmetrischer Figuren war. Mit David Buss habe ich die evolutionspsychologischen Aspekte meiner Arbeit diskutiert; dabei habe ich dieses höchst interessante und expandierende Gebiet der Psychologie näher kennengelernt. Rick Chalela, Susan Kajy, Roula Korkis und Elizabeth Wooley waren als 'Research Assistants' bei der Datenaufnahme behilflich und haben hier unschätzbare Dienste geleistet.

An der Université de Bourgogne habe ich zusammen mit Emmanuel Bigand über perzeptuelle Geläufigkeit beim Musikhören und affektiven Urteilen gearbeitet; diese Zusammenarbeit hat meine Ideen zum Thema dieser Schrift wesentlich beeinflusst. Mit Eric Sieroff danke ich für Diskussionen über neuropsychologische Aspekte der perzeptuellen Geläufigkeit.

Wolfgang Schneider war vom Schweizerischen Nationalfonds zum Experten meines Stipendiums ernannt worden. Mit seiner konstruktiven Kritik zu meinen Zwischenberichten hat er meiner Forschung und meinem Denken neuen Input gegeben, der zu wichtigen Anpassungen und Korrekturen führte.

Klaus Scherer und Walter Perrig haben mich zu Vorträgen in ihren jeweiligen Arbeitsgruppen eingeladen, was mir Gelegenheit gab, meine Forschung zu präsentieren und in kritischen Diskussionen mit der 'Geneva Emotion Group' und der Berner Forschungsgruppe 'Lernen und Gedächtnis' neue Einsichten und Ideen zu gewinnen. Walter Perrig hat einige theoretische Aspekte dieser Arbeit mit mir kritisch diskutiert, wofür ihm mein herzlicher Dank gebührt. Ich freue mich auch, nun selbst Mitglied der Berner Lern- und Gedächtnisgruppe zu sein. Daneben haben mir Diskussionen mit Rudolf Groner von der Universität Bern und Vinzenz Morger von der Universität Zürich geholfen, einige in dieser Arbeit verwendete Konzepte klarer zu sehen.

Walter Perrig, Norbert Schwarz, August Flammer, Rudolf Groner und Eduard Marbach haben sich bereit erklärt, in der Kommission zur Begutachtung dieser Habilitation mitzuwirken, wofür ihnen herzlich gedankt sei.

Schließlich möchte ich meiner Frau Hélène Reich Reber dafür danken, dass sie mit mir um die halbe Welt gezogen ist und mich in meiner Arbeit immer tatkräftig unterstützt hat. Das Eingebettetsein in die Familie und das Zusammensein mit David, Viviane und Eric haben mir die Abwechslung gebracht, die mir ein zeitweiliges Abschalten von der Arbeit möglich gemacht hat.

Inhaltsverzeichnis

Theoretischer Teil

1 Die Erforschung nichtanalytischer Informationsverarbeitung in der Psychologie

Menschen sind fähig, Zusammenhänge und Regeln zu erkennen und als Wissen zu speichern. Personen können die Inhalte dieses Wissens aus dem Gedächtnis abrufen und für anstehende Urteile oder Entscheidungen nutzen: Personen analysieren die Situation und die einzelnen Handlungsalternativen, um diese auf die gewünschten Konsequenzen hin zu prüfen. Die Grundlagen der Situationsanalyse ist im Gedächtnis abrufbares Wissen über die Variablen, die in die Urteilsbildung eingehen sollten. Der Abruf von Wissen wird nach den gängigen Vorstellungen der heutigen Kognitionspsychologie möglich durch die Verwendung informationsverarbeitender Prozeduren, mittels derer auf mentale Repräsentationen zugegriffen werden kann (vgl. Thagard, 1996). Mentale Repräsentationen sind z.B. Regeln, Konzepte, Bilder oder semantische Netzwerke.

Erst in neuerer Zeit wurde zwischen zwei Formen kognitiver Verarbeitung unterschieden (vgl. Kihlstrom, 1987; Perrig, Wippich, & Perrig-Chiello, 1993; Reber, 1994): Die erste Form ist eher kontrolliert, bewusst, sequentiell, langsam und braucht viele kognitive Ressourcen. Die zweite Form ist eher automatisch, unbewusst, parallel, schnell und braucht relativ wenig kognitive Ressourcen.

Jacoby und Brooks (1984) haben zwischen analytischer und nichtanalytischer Verarbeitung unterschieden. Analytische Verarbeitung hat die Merkmale der ersten der obenerwähnten Formen kognitiver Verarbeitung (kontrolliert, bewusst, usw.), während nichtanalytische Verarbeitung der zweiten Verarbeitungsform (automatisch, unbewusst) entspricht. Wird Information analytisch verarbeitet, werden oft „relevante" Merkmale von „irrelevanten" Merkmalen unterschieden und ein Item nach relevanten Merkmalen klassifiziert. Kategorisierung erfolgt zum Beispiel dadurch, dass ein wahrgenommenes Item daraufhin geprüft wird, inwiefern diejenigen Merkmale, die eine bestimmte Kategorie definieren, bei diesem Item vorhanden sind. Analytische Verarbeitung, wie sie die traditionelle Kognitionspsychologie thematisiert hat, ist meist in mehrere, unterscheidbare Schritte unterteilt und folgt oft einer festen Reihenfolge. Ein schönes Beispiel hierfür ist das TOTE-Modell von Miller, Galanter, & Pribram (1960), in dem ein Zustand zuerst auf einen Soll-Wert hin geprüft wird. Ist dieser nicht erreicht, wird eine Handlung unternommen, die näher zum Soll-Wert hinführt. Danach wird erneut geprüft, ob der Soll-Wert erreicht ist, und bei Nichterreichen dieses Kriteriums eine Handlung ausgeführt, und so weiter, bis der Soll-Wert mit dem Ist-Wert übereinstimmt.

Nichtanalytische Verarbeitung ist dadurch gekennzeichnet, dass nicht nach „relevanten“, einer bestimmten Definition entsprechenden Merkmalen gesucht und von „irrelevanten“ Merkmalen unterschieden wird. Wahrnehmungs- und Urteilsprozesse fallen zusammen und laufen meist nicht in diskreten Schritten mit fester Reihenfolge ab. Ein schönes Beispiel ist die perzeptuelle Geläufigkeit, die das engere Thema dieser Arbeit sein wird: Hier wird der Wahrnehmungsprozess selbst — in diesem Falle die objektive wie die subjektiv erlebte Leichtigkeit der Wahrnehmung — zur Grundlage von Urteilen. Wahrnehmungs- und Urteilsprozess sind sozusagen ineinander verschmolzen.

Jacoby und Brooks (1984) haben keine scharfe Abgrenzung zwischen analytischer und nichtanalytischer Verarbeitung vorgenommen, so dass die entsprechenden Definitionen nicht sehr exakt sind. So ist weitgehend offen, ob es sich bei dieser Unterscheidung um qualitativ unterschiedliche Arten der Verarbeitung handelt, die möglicherweise mit unterschiedlichen biologischen Systemen in Verbindung gebracht werden müssen (z.B. Tulving, 1985a,b; Tulving & Schacter, 1990), oder um ein Kontinuum von nichtanalytischer zu analytischer Verarbeitung, analog zum 'Elaboration Likelihood'-Modell von Petty und Cacioppo (1986). Trotz diesen Mängeln erwies sich die Unterscheidung zwischen analytischer und nichtanalytischer Verarbeitung als heuristisch äusserst wertvoll: In neuerer Zeit haben verschiedene Forschungsstränge Resultate erbracht, die zeigen, dass es wichtige nichtanalytische Grundlagen der Urteilsbildung[1] gibt (vgl. Clore, 1992; Reber, 1997; Schwarz & Clore, 1996): Stimmung (Bless, Bohner, & Schwarz, 1991; Mackie & Worth, 1989; Schwarz, 1987; Schwarz, Bless, Bohner, 1991), physiologische Aktivierung (Zillmann, 1978), physiologisches Feedback aus dem Gesichtsausdruck (Strack, Martin, & Stepper, 1988; Strack & Neumann, 2000) und Bewegungen (Neumann & Strack, 2000), den äusseren Kontext (Damrad-Frye & Laird, 1989; Reber, Niemeyer, & Flammer, 1997), Verfügbarkeit von Information (Kubovy, 1977; Tversky & Kahneman, 1973), die Aktivierung von Stereotypen (Bargh & Pietromonaco, 1982; Devine, 1989; Higgins, Rholes, & Jones, 1977), Vertrautheit (Begg, Armour, & Kerr, 1985; Hasher, Goldstein, & Toppino, 1977; Jacoby, Kelley, Brown & Jasechko, 1989a; Kunst-Wilson & Zajonc, 1980), perzeptuelle Geläufigkeit (Jacoby & Whitehouse, 1989; Reber, Winkielman, & Schwarz, 1998; Whittlesea, 1993;

[1] Wir sprechen von nichtanalytischen Grundlagen des Urteils, wenn die dem Urteil zugrundeliegende Verarbeitung im Sinne von Jacoby und Brooks (1984) nichtanalytisch ist. Entsprechend wird von analytischen Grundlagen des Urteils die Rede sein, wenn die dem Urteil zugrundeliegende Verarbeitung analytisch ist.

Whittlesea,, Jacoby, & Girard, 1990), und erlebte Leichtigkeit des Abrufs (Benjamin, Bjork, & Schwartz 1998; Schwarz, Bless, Strack, Klumpp, Rittenauer-Schatka, & Simons, 1991a).

Die Frage erhebt sich, weshalb es nichtanalytische Grundlagen in der Urteilsbildung gibt, wenn doch die Analyse der für das Urteil relevanten Variablen das normativ Richtige wäre (vgl. Simon, 1993, orig. 1983). In der Psychologie wurden vier Bedingungen festgestellt, die dazu führen, dass Personen die für das Urteil relevanten Grundlagen nicht oder nur unzureichend analysieren (vgl. Reber, 1997): Erstens sind Personen nicht sehr motiviert, ein exaktes Urteil abzugeben, da dieses Urteil für sie keine wichtigen Konsequenzen hat. Zweitens fehlt es Personen oft an der Fähigkeit zu einer solchen Analyse, weil sie zu wenig Zeit oder kognitive Ressourcen zur Verfügung haben. Drittens fehlt der Person in anderen Fällen die Information, um eine zureichende Analyse durchführen zu können. Schließlich kann die Information über die zu analysierenden Variablen schlecht zugänglich oder unorganisiert sein, so dass eine Analyse der entscheidenden Variablen zu aufwendig wäre. Wir werden die empirische Evidenz für diese vier Bedingungen, die dazu führen, dass Personen nichtanalytische Grundlagen für ihre Urteile brauchen, bei der Diskussion des Access-Use-Modells in Unterkapitel 1.4 betrachten.

Ich möchte nur kurz erwähnen, dass in der psychologischen Literatur auch andere Begriffe als ‘analytisch’ versus ‘nichtanalytisch’ gebraucht werden, um die oben beschriebene Dichotomie zweier Formen kognitiver Verarbeitung zu beschreiben. Wohl am häufigsten wird dabei zwischen zwei Verarbeitungsstilen unterschieden, einem eher systematischen und einem eher heuristischen Verarbeitungsstil (vgl. Chaiken, 1980; Chaiken, Liberman, & Eagly, 1989; Chaiken, Wood, & Eagly, 1996). Andere Autoren verwenden andere Termini zur Bezeichnung derselben Dichotomie, wie zum Beispiel heuristisch versus algorithmisch (Groner & Groner, 1990), automatisch versus kontrolliert (Schneider & Shiffrin, 1977), oder automatisch versus „effortful“ (Hasher & Zacks, 1979). Nur systematische Verarbeitung erlaubt eine vollständige Analyse der für ein Urteil oder eine Entscheidung relevanten Variablen, es sei denn, die Situation sei derart eindeutig, dass nur eine Dimension berücksichtigt werden muss (wenn es zum Beispiel um das eigene Überleben geht). Unter heuristischer Verarbeitung verstehen Chaiken et al. (1996) sowohl automatische Prozesse, die die Urteilsbildung — für die Person unbewusst — beeinflussen, wie auch die Verwendung leicht zugänglicher Information — sogenannten heuristischen Hinweisreizen — bei der Urteilsbildung, wie z.B. die Verwendung von Stimmung als Information bei der Beurteilung der eigenen Lebenszufriedenheit (Schwarz, 1987). Solche Information wird zwar bewusst abgerufen und geht direkt in die Urteilsbildung ein, wie dies bei einem systematischen Verarbeitungsstil auch der Fall ist, sie ist aber in einem normativen Sinne oft unzureichend für die Analyse der für das Urteil oder die

Entscheidung relevanten Grundlagen. In beiden Fällen — sowohl bei automatischen Einflüssen von Information auf das Urteil wie bei der Verwendung heuristischer Hinweisreize — ist die Grundlage der Urteilsbildung nicht analytisch.

Es lassen sich sieben Forschungszweige unterscheiden, die sich mit nichtanalytischer Urteilsbildung beim Menschen beschäftigen: (1) Bereits Mitte der fünfziger Jahre beschäftigten sich Lernpsychologen mit unbewusster Konditionierung von Vorurteilen (vgl. Hammerl & Grabitz, 1993). In den sechziger Jahren publizierte Arthur S. Reber (1967) eine Studie, in der Personen Regeln einer künstlichen Grammatik lernen können, ohne dass ihnen diese Regeln bewusst werden. (2) Mitte der sechziger Jahre publizierten Haber und seine Mitarbeiter Daten, die einen positiven Effekt der Wiederholung von Stimuli auf deren Wahrnehmbarkeit demonstrierten (Haber, 1965; Haber & Hershenson, 1965). Dieser Wiederholungseffekt ließ sich nicht mit herkömmlichen Gedächtnistheorien erklären, so dass eine Dissoziation zwischen einem expliziten und einem impliziten Gedächtnis angenommen werden musste (vgl. Perrig, et al., 1993). Darüber hinaus konnte gezeigt werden, dass die Wiederholung von Stimuli verschiedene Arten von Urteilen beeinflusst, z.B. Präferenzurteile bei visuellen Mustern (Kunst-Wilson & Zajonc, 1980), Berühmtheitsurteile bei Personennamen (Jacoby et al., 1989a), oder Wahrheitsurteile bei Aussagen von der Form 'Grönland hat 50'000 Einwohner' (z.B. Hasher et al., 1977). (3) Amos Tversky und Daniel Kahneman konnten zeigen, dass Personen Fehleinschätzungen bei Wahrscheinlichkeitsurteilen vornehmen. So konnten Effekte der Verfügbarkeit von Information aufgezeigt werden (Tversky & Kahneman, 1973). Weitere Fehleinschätzungen aufgrund der Verfügbarkeitsheuristik von Informationen konnten auch in neuerer Zeit aufgezeigt werden (z.B. Shafir, 1993). (4) Neben der Verfügbarkeitsheuristik wurden auch andere Heuristiken gefunden, die Personen nutzen, um Urteile oder Entscheidungen zu fällen. Beispiele für solche Heuristiken sind die "Wie fühle ich mich"-Heuristik (Schwarz & Clore, 1988) oder die Regel, dass Experten bessere Argumente haben als Novizen, weshalb persuasive Botschaften als besser eingestuft werden, wenn sie angeblich von Experten stammen (z.B. Petty, Cacioppo & Goldman, 1981). (5) Es konnte gezeigt werden, dass die Aktivierung von Konzepten (z.B. "bestimmt" versus "rücksichtslos") nachfolgende soziale Urteile beeinflusst (z.B. Higgins, Rholes, & Jones, 1977). Dies ist auch dann der Fall, wenn die Konzepte subliminal dargeboten werden und damit unbewusst bleiben (Bargh & Pietromonaco, 1982; Devine, 1989). (6) In der Sozialpsychologie konnten mehrere 'Biases' festgestellt werden, unter anderem der fundamentale Attributionsfehler, der falsche Konsenseffekt und Perseveranz nach falschem Feedback (vgl. Ross, 1977). (7) Schließlich verwenden Personen Konversationsnormen, um in kommunikativen Situationen Inferenzen ziehen zu können (Grice, 1975; Schwarz, 1994; Sperber & Wilson, 1995). Diese Forschungszweige können natürlich nicht sauber voneinander getrennt werden, sondern entsprechen eher Traditionen bei der Verwendung experimenteller Paradigmen. Ich werde nicht auf Bereiche eingehen, die nicht mit Urteilsbildung zu tun haben, z.B. unbewusste Wahrnehmung (vgl. Reber & Perrig, in preparation).

Die Arbeit ist folgendermaßen aufgebaut: Nach einer Einführung in die verschiedenen Bereiche der Forschung, in denen nichtanalytische Grundlagen von Urteilen aufgezeigt werden konnten, beschäftigen wir uns mit einer bestimmten nichtanalytischen Grundlage des Urteils: Der Verarbeitungsleichtigkeit. Im Vordergrund steht die perzeptuelle Geläufigkeit, deren Ursachen und Wirkungen wir diskutieren werden.

Zentral interessant ist für uns die Frage, inwiefern tatsächlich die perzeptuelle Geläufigkeit affektive Urteile und Wahrheitsurteile beeinflusst. Wie wir aufzeigen werden, gab es bisher nur indirekte Evidenz für einen solchen Effekt: Indem erstens gezeigt wurde, dass Wiederholung sowohl die perzeptuelle Verarbeitung von Stimuli erleichtert, d.h. deren perzeptuelle Geläufigkeit erhöht. Zweitens konnte gezeigt werden, dass Stimuli nach einmaliger oder mehrmaliger Wiederholung affektiv positiver beurteilt wurden als neue, d.h. vorher nie gesehene Stimuli. Ausserdem konnte gezeigt werden, dass wiederholt präsentierte Aussagen für wahrer gehalten wurden als neue, vorher nie gesehene Aussagen. Aus den Wiederholungseffekten auf die perzeptuelle Geläufigkeit einerseits und auf evaluative Urteile andererseits wurde geschlossen, dass perzeptuelle Geläufigkeit evaluative Urteile direkt beeinflussten. Jacoby, Kelley, & Dywan (1989b) nahmen an, dass Wiederholung die perzeptuelle Geläufigkeit erhöht, welche ihrerseits auf evaluative Urteile wirkt. Allerdings besteht die Möglichkeit, dass perzeptuelle Geläufigkeit und evaluative Beurteilungen miteinander korrelieren, ohne direkte kausale Beziehung: Zum Beispiel könnte die Wiederholung sowohl die perzeptuelle Geläufigkeit als auch evaluative Urteile beeinflussen, ohne dass die perzeptuelle Geläufigkeit evaluative Urteile direkt beeinflussen würde. *Der zentrale Erkenntnisfortschritt dieser Arbeit besteht darin, dass ein direkter Einfluss perzeptueller Geläufigkeit auf evaluative Urteile gezeigt werden konnte.* Es darf nun mit größerer Wahrscheinlichkeit angenommen werden, dass die erhaltenen Effekte der Wiederholung auf evaluative Urteile in der Tat darauf zurückgeführt werden können[2], dass Wiederholung auf perzeptuelle Geläufigkeit wirkt, die ihrerseits evaluative Urteile beeinflusst. Nach dem bisherigen Stand der Forschung hätte Wiederholung auch auf die Vertrautheit eines Stimulus wirken können, die sich sowohl in erhöhter perzeptueller Geläufigkeit wie in positiveren Evaluationen niederschlägt. In der Tat wurden Wiederholungseffekte auf die Urteilsbildung als „Illusionen der Vertrautheit“ bezeichnet (Whittlesea, 1993) und als Wirkungen der Vertrautheit,

---

[2] Dieser Wahrscheinlichkeitsaussage ist ein Bayesscher Begriff wissenschaftlicher Bestätigung zugrundegelegt (vgl. Lambert & Brittan 1991, orig. 1987).

nicht der perzeptuellen Geläufigkeit an sich, interpretiert. Die hier berichteten Experimente zeigen nun eindeutig auf, dass perzeptuelle Geläufigkeit auch dann evaluative Urteile beeinflusst, wenn Vertrautheit, wie sie in Experimenten zu Wiederholungseffekten operationalisiert wurde, keine Rolle spielt.

Diese Resultate sind nicht nur wichtig für die Interpretation bisher mittels Wiederholung von Stimuli gewonnener Erkenntnisse. Der Einfluss der Leichtigkeit, mit der man einen Stimulus wahrnimmt, auf evaluative Urteile ist ein Phänomen, das für verschiedene Gebiete relevant sein könnte, falls die hier gewonnenen Befunde auf diese Gebiete generalisierbar sind. Die Tatsache, dass perzeptuelle Geläufigkeit an sich, ohne Effekte der Vertrautheit, evaluative Urteile beeinflussen, weitet den Anwendungsbereich wesentlich aus, verglichen mit dem Anwendungsbereich von Wiederholungseffekten auf evaluative Urteile. Ich denke hier zum Beispiel an die Ästhetik oder an die Werbung, um nur zwei Anwendungsgebiete zu nennen. Die hier berichtete Forschung ist allerdings klar grundlagenorientiert, ohne Anspruch auf unmittelbare Anwendbarkeit.

Nach der Diskussion der grundlegenden theoretischen Ansätze und dem Stand der empirischen Forschung berichten wir im experimentellen Teil zuerst vier Studien (Experimente 1 bis 4), in denen zwei alternative Erklärungen für unsere Befunde geprüft werden: Einerseits ist es möglich, dass perzeptuelle Geläufigkeit affektiv positiv ist, d.h. in unserem kognitiven und affektiven System festgelegt, "festverdrahtet", so dass die affektiven Urteile wenig anfällig auf Kontexteffekte sind. Perzeptuelle Geläufigkeit könnte affektiv positiv sein, weil sie eine Reduktion der der Umwelt inhärenten Unsicherheit bedeuten würde. Auf der anderen Seite ist es möglich, dass perzeptuelle Geläufigkeit affektiv neutral ist, so dass die Versuchspersonen in unseren Experimenten perzeptuelle Geläufigkeit positivem Affekt attribuieren, wenn positive Attribute von Stimuli (z.B. „Gefallen") zu beurteilen sind, und negativem Affekt, wenn negative Attribute (z.B. „Missfallen") zu beurteilen sind. Nachdem gezeigt worden ist, dass perzeptuelle Geläufigkeit affektiv positiv ist, gehen wir dazu über, eine Implikation der Hypothese auszutesten, dass perzeptuelle Geläufigkeit — und nicht stimulusinhärente Merkmale — affektive Urteile beeinflussen (Experimente 5 bis 8): Danach sollten die Versuchspersonen leichter wahrnehmbare Stimuli positiver beurteilen, wenn die Präsentationszeit relativ kurz ist. Dieser Effekt sollte verschwinden, wenn die Präsentationszeit länger ist, da auch schwer wahrnehmbare Stimuli mit der Zeit vollständig verarbeitet werden können und somit Unterschiede in der subjektiven Erfahrung perzeptueller Geläufigkeit verschwinden. Weiter kann gezeigt werden, dass dieser Effekt bei einfachen Stimuli ausgeprägter ist als bei komplexeren Stimuli. In den Experimente 9 und 10 werden die bisherigen Befunde auf andere Bedingungen generalisiert, z.B. auf kleinere Kontrastunterschiede als in den vorangegangenen Experimenten (Experiment 9) und auf andere Dimensionen der perzeptuellen Geläufigkeit, wie Symmetrie und Konturbeschaffenheit abstrakter Figuren (Experiment 10). Anschließend wird in mehreren Experimenten (Experimente 11 bis 13), deren Daten gepoolt werden, die Frage behandelt, inwiefern sich perzeptuelle Geläufigkeit auf Wahrheitsurteile auswirkt. Am Schluss werden die Ergebnisse zusammenfassend diskutiert und offene Fragen angeschnitten. Dies sind alles neue Fragen, die sich aus der hier beschriebenen Forschung ergeben haben.

Es folgt nun eine Darstellung der Erforschung nichtanalytischer Grundlagen von Urteilen und Entscheiden. Diese Darstellung ist keineswegs erschöpfend, sondern soll anhand einiger Beispiele die großen Forschungslinien aufzeigen. Beginnen wir mit einer Beschreibung des impliziten Lernens. Wir beschränken uns in dieser Übersicht auf das Erlernen artifizieller Grammatiken. Für den anderen Hauptstrang impliziten Lernens, das serielle Positionslernen (z.B. Koch & Hoffmann, 2000; Nissen & Bullemer, 1987), gibt Perrig (1996) einen guten Überblick.

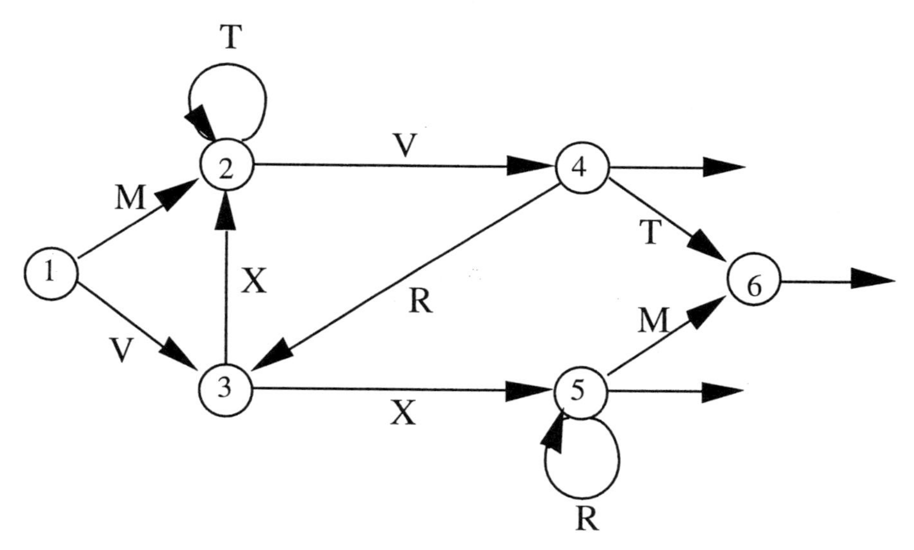

Abbildung 1: Beispiel einer 'finite state'-Grammatik (aus A.S. Reber & Allen, 1978).

1.1 Implizites Lernen

In der Mitte der sechziger Jahre begann Arthur S. Reber, Experimente zum unbewussten Lernen komplexer Regeln durchzuführen (z.B. A.S. Reber, 1967; eine Übersicht ist in A.S. Reber, 1993, zu finden). Als Material wurden Buchstabenketten verwendet, die aus einer 'finite state'-Grammatik konstruiert wurden (vgl. Abb. 1).

Aufgrund dieser Grammatik entspricht die Buchstabenkette MTTVT den Regeln, während die Kette MTTVM nicht den Regeln entspricht: Man kann von Knoten 1 (links aussen) den Pfad zu Knoten 2 gehen. Wie man sieht, ist dieser Pfad mit M überschrieben, d.h., dass der erste Buchstabe ein M sein kann. Ein rekursiver Pfad führt von Knoten 2 zu sich selbst, was bedeutet, dass der Buchstabe T einmal oder wiederholt vorkommen kann. Von Knoten 2 zu Knoten 4 führt ein Pfad, der mit V überschrieben ist, so dass also einem wiederholten T ein V folgen kann. Von Knoten 4 zu Knoten 6 führt ein mit T überschriebener Pfad, was heisst, dass auf den vorhin erwähnten Buchstaben V ein T folgen kann. Auf den Knoten 6 folgt kein weiterer Buchstabe, d.h. dieses T ist am Schluss der Buchstabenkette. Weiter führt von Knoten 4 zu Knoten 3 ein Pfad 'R', was bedeutet, dass dem Buchstaben 'V' des Pfades von 2 nach 4 ein R folgen kann. Man kann nun sehen, dass die erste Sequenz (MTTVT) den Regeln völlig entspricht, während die zweite (MTTVM) ungrammatikalisch ist, weil dem V in zweitletzter Position ein T oder ein R folgen kann, keinesfalls aber ein M. Wie man sehen kann, erlaubt diese Grammatik komplexe rekursive Buchstabenketten, wie z.B. VXVRXVT, die von Knoten 1 über die Knoten 3, 2, 4, 3 und 2 zu Knoten 6 führt.

Es werden nun zirka zwanzig Buchstabenketten gebildet, die als Trainingsitems verwendet werden (vgl. die Kolonne 'Lernstrings' in Tab. 1); alle diese Buchstabenketten entsprechen der zugrundeliegenden Grammatik. Weitere zirka fünfzig Buchstabenketten werden als Testitems verwendet, wobei die Hälfte der Items der Grammatik entspricht, die andere Hälfte der Grammatik widerspricht (vgl. die zwei Kolonnen 'Teststrings' in Tab. 1).

Die Aufgabe der Versuchspersonen ist es, die Lernstrings zu memorieren. Wenn sie dies getan haben, erhalten sie die Teststrings. Den Versuchsteilnehmern wird nun mitgeteilt, dass die vorher eingeprägten Buchstabenketten nach einem bestimmten, sehr komplizierten Regelsystem konstruiert wurden. Die Hälfte der neuen Buchstabenketten ist nach den Regeln des gleichen Regelsystems wie die Lernstrings aufgebaut, die andere Hälfte ist unregelmäßig, d.h. kann nicht aus dem komplizierten Regelsystem abgeleitet werden. Ihre Aufgabe besteht darin, die neuen Buchstabenketten (=Testitems) danach zu klassifizieren, ob sie ihrer Meinung nach aus dem gleichen Regelsystem stammen wie die vorher eingeprägten Buchstabenketten, oder ob sie nicht aus dem erwähnten Regelsystem abgeleitet werden können. Die Versuchspersonen klassifizierten meist über 60% bis 70% der Buchstabenketten richtig, obwohl sie nach Zufall nur 50% richtig klassifizieren sollten. Die Versuchsteilnehmer berichten dann meist, dass sie diese Aufgabe "intuitiv" gelöst hätten, einfach nach ihrem Gefühl. In der Tat sind die Versuchspersonen nicht fähig, anzugeben, wie das Regelsystem aussieht.

Tabelle 1: Lernstrings sowie grammatikalische und ungrammatikalische Teststrings

	Teststrings	
Lernstrings	Grammatikalisch	Ungrammatikalisch
MTTTTV	VXTTTV	VXRRT
MTTVT	MTTTV	VXX
MTV	MTTVRX	VXRVM
MTVRX	MVRXVT	XVRXRR
MTVRXM	MTVRXV	XTTTTV
MVRX	MTVRXR	MTVV
MVRXRR	MVRXM	MMVRX
MVRXTV	VXVRXR	MVRTR
MVRXV	MTTTVT	MTRVRX
MVRXVT	VXRM	TTVT
VXM	MVT	MTTVTR
VXRR	MTVT	TVTTXV
VXRRM	MTTV	RVT
VXRRRR	MVRXR	MXVT
VXTTVT	VXRRR	VRRRM
VXTVRX	VXTV	XRVXV
VXTVT	VXR	VVXRM
VXVRX	VXVT	VXRT
VXVRXV	MTV	MTRV
VXVT	VXRRRM	VXMRXV
	VXTTV	MTM
	VXV	TXRRM
	VXVRX	MXVRXM
	VXVRXV	MTVRTR
	MVRXRM	RRRVX

Worauf ist nun diese Fähigkeit impliziten Lernens zurückzuführen? Es gibt drei unterschiedliche Mechanismen, die zur Erklärung impliziten Lernens herangezogen wurden. Erstens ist es möglich, dass die Versuchspersonen die Regeln aus der Grammatik abstrahieren (Meulemans & Van der Linden, 1997; A.S. Reber, 1989; 1993). Dies würde heissen, dass Versuchspersonen zumindest Teile der oben besprochenen Grammatik aus dem Lernmaterial hätten rekonstruieren können. Aus den so rekonstruierten Regeln könnten nun die Versuchspersonen für einen Teil der Teststrings angeben, ob sie der Grammatik entsprechen oder nicht.

Tabelle 2: Beispiel einer Itemliste in einem Transferexperiment.

	Teststrings	
Lernstrings	Grammatikalisch	Ungrammatikalisch
MTTTTV	ZBQQQZ	ZBKKQ
MTTVT	PQQQZ	ZBB
MTV	PQQZKB	ZBKZP
MTVRX	PZKBZQ	BZKBKK
MTVRXM	PQZKBZ	BQQQQZ
MVRX	PQZKBK	PQZZ
MVRXRR	PZKBP	PPZKB
MVRXTV	ZBZKBK	PZKQK
MVRXV	PQQQZQ	PQKZKB
MVRXVT	ZBKP	QQZQ
VXM	PZQ	PQQZQK
VXRR	PQZQ	QZQQBZ
VXRRM	PQQZ	KZQ
VXRRRR	PZKBK	PBZQ
VXTTVT	ZBKKK	ZKKKP
VXTVRX	ZBQZ	BKZBZ
VXTVT	ZBK	ZZBKP
VXVRX	ZBZQ	ZBKQ
VXVRXV	PQZ	PQKZ
VXVT	ZBKKKP	ZBPKBZ
	ZBQQZ	PQP
	ZBZ	QBKKP
	ZBZKB	PBZKBP
	ZBZKBZ	PQZKQK
	PZKBKP	KKKZB

Eine zweite Erklärung ist, dass keinerlei Regelabstraktion stattfinden muss. Vielmehr können die Personen Buchstabenketten aus dem Lerndurchgang im Gedächtnis speichern und die Ähnlichkeit eines jeden Teststrings mit einem oder mehreren der Lernstrings feststellen. Ein Teststring wird umso wahrscheinlicher als den Regeln der Grammatik entsprechend beurteilt, je mehr Ähnlichkeit er mit einem oder mehreren Lernstrings aufweist (Vokey & Brooks, 1992). Die Frage, ob es sich beim impliziten Lernen um Regelabstraktion oder Ähnlichkeitsurteile handelt, entspricht der Debatte zwischen abstraktionistischen und exemplarbasierten Modellen des Kategorisierens und assoziativen Lernens (vgl. Barsalou, 1990; Shanks, 1995). Die dritte Erklärung geht davon aus, dass die Versuchspersonen Teile der Strings lernen, z.B. Bigramme und Trigramme (Perruchet & Pacteau, 1990; Whittlesea, & Wright, 1997). So haben Perruchet & Pacteau (1990) zeigen können, dass das Lernen von Bigrammen genügt, um eine überzufällige, wenn auch niedrigere Klassifikationsleistung zu erhalten als nach dem Lernen von ganzen Strings. Die Autoren schlossen aus diesem Befund, dass explizites fragmentarisches Wissen über die Lernstrings genügt, um das Lernen in Experimenten zum Lernen artifizieller Grammatiken erklären zu können. Überdies hat Perruchet (1994) zeigen können, dass die Ergebnisse von Vokey & Brooks (1992) mit dem Ansatz fragmentarischen Wissens ebenso gut erklärt werden können wie mit dem exemplarbasierten Ansatz.

Die Frage ist nun, ob mit einem Ansatz fragmentarischen Wissens das Phänomen des Lernens artifizieller Grammatiken vollumfänglich erklärt werden kann. Um diese Frage zu klären, hat man sogenannte Transfer-Experimente durchgeführt, in denen ein Set von grammatikalischen Lernstrings vorgegeben wurden. Im Testdurchgang wurden wiederum grammatikalische und ungrammatikalische Strings vorgegeben, die aber aus anderen Elementen als die Lernstrings bestanden. So kann zum Beispiel der Buchstabe M durch den Buchstaben P ersetzt werden, V durch Z, R durch K, usw. (Tab. 2; vgl. z.B. Altmann, Dienes, & Goode, 1995; A.S. Reber, 1969; 1993). Weiter können visuelle Stimuli (Buchstaben, visuelle Muster) durch Töne ersetzt werden (vgl. Altmann et al., 1995; Howard & Ballas, 1982). Wenn nun die Leistung überzufällig ist, dann kann dieses Lernen nicht auf explizites Wissen von Stimulussegmenten zurückgeführt werden, da die Stimuli im Test andere sind als die Stimuli während des Lernens. Beim Transfer von einem Stimulusmaterial zu einem anderen ist die Leistung zwar niedriger als bei Lernen und Test mit demselben Stimulusmaterial, aber immer noch signifikant über dem Zufall. Dieses Resultat deutet zwar darauf hin, dass Personen nicht nur fragmentarisches Wissen über die präsentierten Buchstabenketten verwenden, sondern in der Tat gewissen Regeln zu folgen vermögen, die zu einer überzufälligen Leistung führen. Redington & Chater (1996) haben aber mittels Computersimulationen aufzeigen können, dass auch bestimmte strukturelle Merkmale der Strings, die mittels Transfer nicht eliminiert werden können, wie z.B. Wiederholungen innerhalb von Strings, zu dieser minimen, wenn auch überzufälligen Leistung in Lernexperimenten beitragen können. Mit Transfer-Experimenten wurde der Frage nachgegangen, ob die Abstraktion von Regeln möglich ist. Die Experimente von Dulany, Carlson & Dewey (1984) und Perruchet & Pacteau (1990) stellten aber nicht nur die Abstraktion von Regeln in Frage, sondern auch die unbewusste Verwendung von Information.

Denn implizites Lernen, wie es A.S. Reber versteht, beinhaltet nicht nur das Abstrahieren von Regeln im Gegensatz zum Erinnern einzelner Exemplare (Vokey & Brooks, 1992) oder von Exemplarfragmenten (Perruchet & Pacteau, 1990), sondern auch die Unfähigkeit, die den Grammatikalitätsurteilen zugrundeliegenden Regeln bewusst zu reflektieren. Die Experimente von Dulany et al. (1984) und Perruchet & Pacteau (1990) zeigten nun, dass den Versuchspersonen durchaus bewusst ist, welche Teile eines ungrammatikalischen Strings die der Grammatik zugrundeliegenden Regeln verletzen. Dies wurde so interpretiert, dass das in den Lernstrings vermittelte fragmentarische Wissen eine hinreichende Bedingung für die im Test erzielte Lernleistung darstellt. Damit wird eine Unterscheidung zwischen implizitem und explizitem Lernen künstlicher Grammatiken hinfällig, da die Lernleistung mit einem einheitlichen, auf explizitem Lernen gegründeten Mechanismus erklärt werden kann. Die bisherigen Transferexperimente trugen zur Frage der Dissoziation impliziten und expliziten Lernens wenig bei, da eine Befragung der Versuchspersonen nach Regelverletzungen (analog zum Vorgehen von Dulany et al., 1984) oder das Lernen von Teilsequenzen (analog zum Vorgehen von Perruchet & Pacteau, 1990) bisher nicht versucht wurde.

A.S. Reber (1993) hat verschiedene Untersuchungen diskutiert, die für eine Dissoziation zwischen einem phylogenetisch älteren impliziten und einem erst in evolutionsgeschichtlich jüngerer Zeit entstandenen expliziten Lernen sprechen. Er nennt fünf Charakteristika, die ein implizites System von einem expliziten System abheben:

(1) Robustheit: Analog den Untersuchungen von Warrington & Weiskrantz (1970) und Graf, Squire & Mandler (1984), in denen die Robustheit impliziten Gedächtnisses bei Amnesiepatienten nachgewiesen werden konnte[3], sollte auch im Falle des Lernens gezeigt werden können, dass die Fähigkeit zum Erlernen künstlicher Grammatiken bei Personen mit neuronalen Defiziten erhalten bleibt, wenn dieses tatsächlich implizit ist. Hingegen sollte das Lernen künstlicher Grammatiken zum Beispiel für Korsakoff- oder Alzheimer-Patienten praktisch unmöglich sein, wenn dieses auf Mechanismen expliziten Lernens beruht. In neuerer Zeit konnte gezeigt werden, dass das Lernen künstlicher Grammatiken auch bei Patienten mit einer neurologischen Symptomatik möglich ist, die die Fähigkeit zu explizitem Lernen von Regeln oder explizitem Erinnern stark einschränkt (Knowlton, Ramus, & Squire, 1992; Knowlton & Squire, 1994). In der Tat waren die amnestischen Patienten in der Studie von Knowlton et al. (1992) bei der Standardaufgabe Kontrollpatienten ohne amnestische

---

3 'Robustheit' bedeutet hier nicht Reliabilität impliziter Gedächtnisleistungen innerhalb einer Versuchsperson, sondern Replizierbarkeit des Phänomens. Zur Problematik der Reliabilität, vgl. Meier & Perrig (1998).

Symptomatik ebenbürtig. Wurden aber die Versuchsteilnehmer gebeten, die Aufgabe zu lösen, indem sie versuchten, die im Lerndurchgang verwendeten Buchstabenketten zu erinnern, dann zeigten die amnestischen Patienten eine niedrigere Leistung als die Kontrollgruppe. Diese experimentellen Befunde deuten darauf hin, dass das Lernen künstlicher Grammatiken ohne Einbezug bewussten Abrufs von Information möglich ist.

(2) Altersunabhängigkeit. Analog den Untersuchungen zur Altersabhängigkeit des expliziten und Altersunabhängigkeit des impliziten Gedächtnisses (Carroll, Byrne & Kirsner, 1985; Howard, 1988; Light & Singh, 1987; Naito, 1990; Parkin, 1993; W.J. Perrig & P. Perrig, 1993; Wippich, Mecklenbräuker & Brausch, 1989; Wippich, Mecklenbräuker & Sidiropoulos, 1990) sollte man zeigen können, dass das explizite Lernen altersabhängig ist, während das implizite Lernen keinen systematischen Alterschwankungen unterworfen sein sollte. Ausser zwei unpublizierten Studien aus dem eigenen Labor zitiert A.S. Reber (1993) keine Studien, die Alterstabilität und damit implizites Lernen von künstlichen Grammatiken aufzeigen würde, und nur wenige Studien, die Kovariationslernen bei Kleinkindern aufzeigen (Haith, Hazan, & Goodman, 1988; Haith & McCarty, 1990). Allerdings sollten Effekte des Lernens oder Erinnerns bei Kindern nicht automatisch als implizite Effekte aufgefasst werden, konnte doch Rovee-Collier (1997) — in einer Zusammenstellung von Forschungsbefunden, die größtenteils aus ihrem eigenen Labor stammen — bei Kleinkindern ähnliche Dissoziationen zwischen expliziten und impliziten Effekten des Erinnerns aufzeigen wie bei erwachsenen Versuchspersonen. Zusammenfassend gibt es wenig Befunde über die Abhängigkeit des Lernens künstlicher Grammatiken vom Alter.

(3) Geringe Variabilität. Wenn das Lernen künstlicher Grammatiken tatsächlich über einen grundlegenden, phylogenetisch alten Mechanismus geschieht, der dazu führt, dass der Lernvorgang selbst unbewusst bleibt, dann sollte dies zu geringerer Variablität impliziten als expliziten Lernens führen. Diese Annahme kann damit begründet werden, dass bei einem grundlegenden Mechanismus weniger interindividuelle Unterschiede gefunden werden sollten als bei einem phylogenetisch jüngeren Mechanismus (vgl. auch die Diskussion zum „Developmental Lock Modell" von Wimsatt, 1986, in A.S. Reber, 1993). In der Tat konnten A.S. Reber, Walkenfeld & Hernstadt (1991) zeigen, dass bei zwei vergleichbaren Aufgaben, bei der einmal eine explizite und einmal eine implizite Lerninstruktion gegeben wurde, die Varianz für die explizite Aufgabe viermal größer war als für die implizite Aufgabe; dieser Unterschied war signifikant.

(4) IQ-Unabhängigkeit: Die Argumentationslinie für die IQ-Unabhängigkeit des Lernens künstlicher Grammatiken bei Vorliegen impliziten Lernens geht wie folgt: Implizites Lernen ist ein phylogenetisch alter Vorgang und sehr grundlegend für das

Funktionieren menschlichen Lernens. Jeder Mensch braucht diese Mechanismen notwendigerweise. Da diese im Laufe der Evolutionsgeschichte „eingeschliffen" wurden, möglicherweise schon bei Tieren, die stammesgeschichtlich weit älter sind als die Primaten, sollte es keine allzu großen interindividuellen Unterschiede geben (vgl. Punkt 3). Dies bedeutet auch, dass die Fähigkeit zum impliziten Lernen — im Gegensatz zur Fähigkeit zu explizitem Lernen — nicht intelligenzabhängig sein kann. Punkt 4 ergibt sich sozusagen aus Punkt 3. Als einzige Untersuchung zitiert A.S. Reber (1993) wiederum die Arbeit von A.S. Reber et al. (1991), in der gezeigt werden konnte, dass die Korrelation zwischen der Leistung in einem Intelligenzverfahren (dem WAIS-R) und explizitem Lernen höher ist als zwischen dem Wais-R-Score und impliziter Lernleistung. Allerdings muss beachtet werden, dass die Intelligenzpsychologie — wie der Rest der Disziplin (siehe Kihlstrom, 1987) — in ihrer Konzeptualisierung der Tests von expliziten, nicht von impliziten Anteilen der menschlichen Intelligenz ausgegangen sein dürfte, was dieses Resultat relativieren dürfte.

(5) Wenig Evidenz gibt es darüber, ob implizites Lernen bei auch stammesgeschichtlich älteren Organismen vorkommt, während das explizite Lernen auf den Menschen und eventuell einige Primaten beschränkt bliebe.

Zusammenfassend zeigt sich, dass innerhalb der impliziten Gedächtnisforschung Uneinigkeit in zwei Punkten besteht: (1) Handelt es sich um das Lernen von Regeln oder um fragmentarisches Wissen von Oberflächenstrukturen. Die hier zusammengefassten Untersuchungen zeigen, dass implizites Grammatiklernen auf fragmentarischem Wissen über das Lernmaterial beruhen kann, ohne dass ein Erlernen abstrakter Regeln notwendig wäre (vgl. Shanks & St. John, 1994, für Beispiele des Erlernens von Regeln). (2) Handelt es sich um explizites, d.h. intentionales und bewusstes Abrufen von Wissen, oder um einen impliziten, d.h. absichtslosen und unbewussten Einfluss von gelerntem Material auf Grammatikalitätsurteile? Hier gibt es Untersuchungen, die zeigen, dass bewusstes Abrufen von Lernmaterial nicht notwendig scheint, um Lerneffekte zu erhalten (vgl. aber Shanks & St. John, 1994, für eine methodologische Kritik).

1.2 Implizites Gedächtnis: Die Trennung bewusster und unbewusster Anteile der Erinnerung

Bei Patienten mit bestimmten Hirnverletzungen kann eine eigenartige Dissoziation festgestellt werden: Sie können auf der einen Seite behaupten, etwas nicht zu wissen, auf der anderen Seite aber so handeln, wie wenn sie es wüssten. Diese Dissoziation beschrieb bereits Korsakoff (1889, zitiert in Schacter, 1987), wobei er annahm, dass die Erinnerungsspuren noch stark genug seien, um das Verhalten unbewusst zu beeinflussen, aber zu schwach, um bewusst abgerufen werden zu können. Claparède (1911) beschreibt eine Patientin, der er zum Abschied die Hand gegeben hatte, wobei Claparède eine Reisszwecke in der Hand versteckt hatte, die die Patientin merklich schmerzte. Kurze Zeit später konnte sich die Patientin nicht mehr an den Vorfall erinnern, sie zuckte aber davor zurück, Claparède die Hand zu geben, obwohl sie selbst nach mehrfacher Nachfrage den Rückzug ihrer Hand nicht befriedigend begründen konnte. Sie erklärte, dass in seiner Hand eine Reisszwecke versteckt sein könne — ein Gedanke, der ihr 'einfach so in den Kopf gekommen' sei. Auch hier hat eine Person so gehandelt, wie wenn sie vom Vorfall wüsste, ohne sich daran bewusst erinnern zu können. Warrington & Weiskrantz (1970) demonstrierten systematische Effekte zwischen Patienten mit und ohne Hirnschädigung: Während diese im Freien Erinnern und im Wiedererkennen den Amnesiepatienten überlegen waren, waren die Unterschiede zwischen den zwei Gruppen für die Leistung in der Wortstamm- und Wortfragmentergänzung nicht signifikant unterschiedlich. Freies Erinnern und Wiedererkennen sind Aufgaben, bei denen auf die zu erinnernde Information intentional zurückgegriffen werden muss (direkte Gedächtnisaufgaben; vgl. Johnson & Hasher, 1987; Richardson-Klavehn & Bjork, 1988). Wortstamm- und Wortfragmentergänzung hingegen sind Aufgaben, die auch ohne Rückgriff auf die gelernten Wortlisten gelöst werden können (indirekte Gedächtnisaufgaben; vgl. Johnson & Hasher, 1987; Richardson-Klavehn & Bjork, 1988). Der Gedächtniseffekt entsteht dadurch, dass die Erfahrung mit bestimmten Wörtern zu einer besseren Leistung für diese Wörter führt als für neue, d.h. vorher nicht präsentierte Wörter. Dieser Effekt wird auch Wiederholungseffekt genannt (vgl. Perrig, 1990; Reber, 1994; direct oder repetition priming; vgl. Cofer, 1967; Richardson-Klavehn & Bjork, 1988). Die Dissoziation zwischen direkten und indirekten Gedächtnistests wurde sowohl bei Amnesiepatienten (Warrington & Weiskrantz, 1970; Graf, Squire & Mandler, 1984), unter akuter Alkoholamnesie (Hashtroudi, Parker, DeLisi, Wyatt & Mutter, 1984), bei anästhesierten Patienten (Kihlstrom & Couture, 1992; Kihlstrom, Schacter, Cork, Hurt & Behr, 1990) sowie bei Einnahme des Valiumwirkstoffes Diazepam nachgewiesen (Danion, Zimmermann, Willard-Schroeder, Grangé, Welsch, Imbs & Singer, 1990).

Direkte und indirekte Gedächtnisaufgaben erwiesen sich auch bei gesunden Personen als sowohl stochastisch wie funktionell unabhängig. Tulving (1985a) zeigte, dass Priming und Wiedererkennen stochastisch unabhängig voneinander sind, d.h. die Wiederholungseffekte waren gleich stark, unabhängig davon, ob das Material wiedererkannt wurde oder nicht. Funktionelle Unabhängigkeit bedeutet, dass eine experimentelle Manipulation einen Effekt auf die eine, nicht aber die andere Aufgabe hat. So konnten verschiedentlich Effekte von Manipulationen auf direkte, nicht aber indirekte Gedächtnisaufgaben gezeigt werden. Tulving, Schacter und Stark (1982) wiesen nach, dass die Wiedererkennensleistung mit zunehmendem Lern-Test-Intervall abnimmt, während die Primingeffekte bei der Wortfragmentergänzung über die Zeit stabil blieben. Eine tiefe Verarbeitung des Materials führt zu besseren Leistungen in direkten, nicht aber in indirekten Aufgaben (Jacoby & Dallas, 1981; Graf & Mandler, 1984; Graf, Mandler & Haden, 1982). Das Ausführen einer simultanen Lernaufgabe führt zu Einbußen in den Leistungen bei direkten Gedächtnistests, während das Priming unbeeinflusst bleibt (Gardiner & Parkin, 1990; Parkin, 1989; Parkin, Reid & Russo, 1990; Wippich, Schmitt & Mecklenbräuker, 1989). Ebenso sind die Ergebnisse in direkten Gedächtnismaßen beeinflusst vom Alter der Personen, während indirekte Gedächtnismaße von diesen Variablen unbeeinflusst oder zumindest sehr viel weniger beeinflusst bleiben (Carroll et al., 1985; Howard, 1988; Light & Singh, 1987; Naito, 1990; Parkin, 1993; W. Perrig & P. Perrig, 1993; Wippich et al., 1989; 1990).

Die bisher aufgezeigten Dissoziationen zwischen direkten und indirekten Gedächtnisaufgaben beruhen auf Veränderungen in den direkten Gedächtnistests, während die Leistungen in indirekten Gedächtnistests unverändert blieben. Es gibt aber auch Variablen, die die Leistung in indirekten Gedächtnistests beeinflussen. Roediger und seine Mitarbeiter haben zeigen können, dass die Veränderung physikalischer Oberflächenmerkmale zwischen Lern- und Testphase zu schlechterem Priming führt (vgl. Roediger, Weldon & Challis, 1989). So konnte gezeigt werden, dass das Priming besser ist, wenn die Typographie der Wörter im Lern- und Testdurchgang gleich ist, als wenn sie unterschiedlich ist (Roediger & Blaxton, 1987). Weldon und Roediger (1987) präsentierten den Versuchspersonen im Lerndurchgang eine gemischte Liste von Bildern und Wörtern; im Testdurchgang mussten die Probanden entweder die Wörter frei reproduzieren oder eine Liste mit Wortfragmenten ausfüllen. Es zeigte sich, dass beim Freien Erinnern die Leistung für Bilder besser war als für Wörter, während Wortfragmente besser ergänzt wurden, wenn die entsprechenden Items in der Lernliste Wörter waren. Diese Experimente zeigen das Transfer Appropriate Processing-Prinzip auf: Die Lernleistung ist umso höher, je ähnlicher die Informationsverarbeitungsprozesse bei Enkodierung und Abruf sind (Morris, Bransford, & Franks, 1977; Roediger et al., 1989). Einen weiteren Beleg für diese These lieferten Durgunoglu & Roediger (1987), indem sie zeigten, dass zweisprachige Versuchspersonen spanisch und englisch gelernte Wörter im direkten Gedächtnistest gleich gut in Englisch wiedergeben konnten. Mussten sie aber Wortfragmente zu englischen Wörtern ergänzen, zeigten sie mehr Priming für die in Englisch als für die in Spanisch gelernten Wörter. Für letztere zeigte sich praktisch kein Wiederholungseffekt.

Die Unterscheidung zwischen direkten und indirekten Maßen geht auf die Wahrnehmungspsychologie zurück (Fowler, Wolford, Slade & Tassinary, 1981; Humphreys, 1981; Reingold & Merikle, 1988) und bezeichnet ausschließlich Aufgabencharakteristika, ohne auf zugrundeliegende Prozesse oder Repräsentationen zu schließen. Dissoziationen zwischen direkten und indirekten Tests, wie sie sowohl mit psychologischen (z.B. Tulving et al., 1982; vgl. den vorherigen Abschnitt) wie mit physiologischen Maßen (vgl. Paller, 1990) gefunden wurden, ließen einige Forscher getrennte Gedächtnissysteme vermuten (z.B. Tulving, 1985a,b; Tulving & Schacter, 1990). Wenn mit der Unterscheidung zwischen einem bewussten Abruf vergangener Information und einer unbewussten Wirkung früherer Information auf die Lösung einer bestimmten Aufgabe nicht die Aufgabenstellung gemeint ist, wird gemeinhin von einem expliziten und einem impliziten Gedächtnis gesprochen (Hofer, 1992; Perrig, 1992; Schacter, 1987). Das explizite Gedächtnis ist ein theoretisches Konstrukt, mit dem der Umstand bezeichnet wird, dass Gedächtnisleistungen aufgrund absichtlicher Suche nach vergangener Information zustandekommen, während das implizite Gedächtnis das Faktum bezeichnet, dass Erleichterungen beim Zugang zu Information von vergangener Erfahrung abhängt, ohne dass diese Erfahrung je bewusst wird. In der Erforschung verschiedener Gedächtnissysteme wurde bis vor kurzem das explizite Gedächtnis über direkte, das implizite Gedächtnis über indirekte Tests operationalisert. Man darf aber nicht einfach annehmen, direkte Tests würden die Leistung des expliziten Gedächtnisses und indirekte Tests diejenige des impliziten Gedächtnisses messen (vgl. auch Jacoby, 1991). Dies heisst, dass bei einem indirekten Gedächtnistest — wie Wortfragmentergänzung — durchaus Anteile des expliziten Gedächtnisses zum Primingeffekt beitragen können, da sich die Person an den Lerndurchgang und somit an einige Wörter erinnern könnte. Umgekehrt dürften gerade bei einer direkten Gedächtnisaufgabe wie dem Wiedererkennen Anteile des impliziten Gedächtnisses zu einem subjektiven Erleben der Vertrautheit führen, was die Wahrscheinlichkeit richtigen Ratens und somit des Wiedererkennes erhöht (vgl. Mandler, 1980). Tatsächlich kann beim Wiedererkennen zwischen 'Erinnern' und 'Wissen' unterschieden werden, d.h. zwischen abgerufener Erfahrung, dass ein Stimulus gelernt wurde, und der Vermutung des Vorhandenseins eines Stimulus, ohne dass man die Erfahrung bewusst ins Gedächtnis rufen kann (Gardiner, 1988; Gardiner & Java, 1990; Gardiner, Richardson-Klavehn, & Ramponi, 1997). Dies zeigt deutlich, dass das Wiedererkennen, obwohl eine direkte Gedächtnisaufgabe, sowohl vom impliziten wie vom expliziten Gedächtnis beeinflusst wird. In dieselbe Richtung weisen Befunde, wonach die Leistungen in gewissen direkten und gewissen indirekten Aufgaben miteinander korrelieren (P. Perrig & W. Perrig, 1995; Perruchet & Baveux, 1989). Eines der gewichtigsten Argumente zugunsten getrennter Systeme, die stochastische Unabhängigkeit zwischen direkten und indirekten Gedächtnismassen, konnte durch den Befund von Witherspoon & Moscovitch (1989) abgeschwächt werden, die stochastische Unabhängigkeit zwischen zwei indirekten Gedächtnistests nachweisen konnten.

Die Frage, ob das explizite und das implizite Gedächtnis zwei voneinander getrennte Systeme bilden, ist noch nicht geklärt. Die oben erwähnten Korrelationen zwischen direkten und indirekten Maßen, die stochastische Unabhängigkeit zweier impliziter Gedächtnismaße sowie Befunde von Roediger und seinen Mitarbeitern, die in einen Transfer Appropriate Processing-Ansatz eingebettet werden können (vgl. Blaxton, 1989; Roediger et al., 1989), weisen darauf hin, dass die bisherigen Befunde auch ohne die Annahme getrennter Systeme erklärt werden können.

Roediger et al. (1989) haben aufgezeigt, dass die direkten Tests normalerweise konzeptgetrieben sind, d.h. aus einer übergeordneten kognitiven Struktur muss ein Begriff generiert werden, während die indirekten Tests normalerweise datengetrieben sind, z.B. muss aus Einzelbuchstaben in einem Fragment ein Begriff erschlossen werden. Wenn der Transfer Appropriate Processing-Ansatz stimmt, müssten sich bei konzeptuell gesteuerten indirekten Tests Effekte zeigen, die sonst in direkten Tests gefunden werden, während bei datengesteuerten direkten Tests Effekte gefunden werden müssten, wie sie sonst für indirekte Aufgaben bekannt sind. Ein konzeptgetriebener indirekter Test besteht darin, dass eine konzeptuelle Aufgabe zu lösen ist, in der vorher gelernte Wörter produziert werden können, ohne dass eine direkte Abrufinstruktion gegeben würde. Eine solche Aufgabe könnte zum Beispiel sein, Kategorieexemplare zu produzieren; hat eine Versuchsperson zuvor das Wort Sonnenblume gelesen, wird sie diesen Begriff mit größerer Wahrscheinlichkeit produzieren als die nichtpräsentierte Lilie — unter der Voraussetzung, dass die Kategorieexemplare gleich typisch sind (vgl. die Typikalitätsnormen für die deutsche Sprache von Flammer, Reisbeck & Stadler, 1985). Rappold und Hashtroudi (1991) haben in der Tat herausgefunden, dass die Organisation des Materials bei direkten Tests wie Freies Erinnern und Cued Recall, aber auch bei der konzeptgetriebenen Aufgabe, Kategorieexemplare zu produzieren, zu Verbesserungen der Leistung führten, was bei der datengetriebenen indirekten Aufgabe — Identifikation tachistoskopisch dargebotener Wörter — nicht der Fall war. Bei konzeptgetriebenen indirekten Aufgaben lassen sich auch — im Gegensatz zu datengetriebenen Tests — Effekte der Verarbeitungstiefen finden (Hamann, 1990). Morger (1996) hat mit der Klarifikationsprozedur von Feustel, Shiffrin, & Salasoo (1983), die eher konzeptgetriebene Verarbeitung verlangt, größere Effekte der Verarbeitungstiefe aufzeigen können als mit der perzeptuellen Identifikationsprozedur von Jacoby & Dallas (1981). Blaxton (1989) entwickelte einen datengetriebenen direkten Gedächtnistest, den 'graphemic cued recall': Den Versuchspersonen wurden Wörter als Hinweisreize für den Abruf der gelernten Wörter präsentiert, die den gelernten Wörtern sowohl phonetisch wie orthographisch, nicht aber bedeutungsmäßig ähnlich waren. Die Hypothese war, dass ein Modalitätswechsel zwischen dem Lernen und dem Abruf bei datengetriebenen Tests Effekte zeigen sollte, nicht aber bei konzeptgetriebenen. So kam es auch: Der Modalitätswechsel verschlechterte die Leistungen im Wortfragment- wie im 'graphemic cued recall'-Test, während er beim Freien Erinnern und dem Beantworten von Allgemeinwissensfragen — ein konzeptgetriebener indirekter Test, bei dem eine von mehreren möglichen Antworten einem vorher präsentierten Wort entspricht — keine Effekte aufzeigte, d.h. die Leistungen für die konzeptgetriebenen Aufgaben waren nicht unterschiedlich in Abhängigkeit davon, ob die Wörter visuell oder auditiv gelernt wurden. Diese Resultate zeigen auf, dass direkte Tests gleiche Effekte wie indirekte Tests erbringen können, wenn beide datengetrieben sind, während in indirekten Aufgaben die gleichen Ergebnisse erzielt werden wie bei direkten Gedächtnisaufgaben, wenn beide konzeptgetrieben sind.

1.3 Die Verfügbarkeitsheuristik

In den letzten 30 Jahren konnten Amos Tversky und Daniel Kahneman mit ihren Mitarbeitern zeigen, dass Entscheidungen und Urteile oft nicht auf der Basis rationaler Überlegungen getroffen werden. Vielmehr basieren solche Urteile darauf, welche Information eine Person zum Zeitpunkt der Aufgabenlösung abrufen kann. Tversky & Kahneman (1973, Experiment 8) präsentierten ihren Versuchspersonen 19 Namen von Personen, 10 männliche und 9 weibliche Namen. Während die männlichen Namen unbekannt waren, gehörten die weiblichen Namen allesamt zu berühmten Persönlichkeiten, die den Versuchspersonen bekannt waren. Wurden die Versuchspersonen später gefragt, ob mehr männliche oder mehr weibliche Namen präsentiert wurden, gaben sie mehrheitlich an, dass mehr weibliche Namen vorgekommen seien, obwohl in Wirklichkeit mehr männliche Namen präsentiert wurden. Dieser Befund kann nun so interpretiert werden, dass die Versuchspersonen einige Namen abzurufen versuchten, wobei die (berühmten) weiblichen Namen leichter abgerufen werden konnten als die (ungeläufigen) männlichen Namen. Das Experiment brachte analoge Ergebnisse mit 9 berühmten Männernamen und 10 unbekannten Frauennamen, d.h. es wurde nun von der großen Mehrheit der Versuchspersonen angenommen, dass mehr Männernamen präsentiert wurden. Tversky & Kahneman erklärten das Ergebnis damit, dass den Versuchspersonen die berühmten Namen besser verfügbar seien. Die Versuchspersonen fragen sich also, welche Namen häufiger seien, und da die berühmteren Namen besser abgerufen werden können, wird das Geschlecht mit den berühmteren Namen als das häufiger präsentierte genannt. Personen brauchen also eine Verfügbarkeitsheuristik (availability heuristic), wenn sie Frequenzurteile fällen müssen. In eine ganz ähnliche Richtung laufen Befunde, die mit den folgenden beiden Aufgaben erzielt wurden:

Louis ist 34 Jahre alt. Er ist intelligent, aber ohne große Phantasie, lebt gerne nach einem festen Rhythmus und ist sehr methodisch, zeigt aber wenig Initiative. In der Schule war er gut in Mathematik, aber eher schwach in Literatur und Geschichte.
Bitte geben Sie aufgrund dieses Kurzporträts an, mit welcher Wahrscheinlichkeit Louis die folgenden Tätigkeiten ausführt. Tun Sie dies, indem Sie die Rangfolge in absteigender Reihenfolge angeben. Wenn Sie also finden, Louis sei am ehesten Architekt, dann erhält Architekt Rang 1. Wenn Sie der Meinung sind, Architekt sei die unwahrscheinlichste Tätigkeit, dann geben Sie Architekt Rang 8.

		Klassement
a)	Louis ist Architekt	_______
b)	Louis ist Arzt und spielt gerne Poker	_______
c)	Louis ist Buchhalter	_______
d)	Louis spielt gerne Jazzmusik	_______
e)	Louis ist ein Surf-Fan	_______
f)	Louis ist Journalist	_______
g)	Louis ist Buchhalter und spielt gerne Jazzmusik	_______
h)	Louis liebt Alpinismus	_______

Und hier die zweite Aufgabe:

Linda ist 31 Jahre alt. Sie ist ledig, extravertiert und intellektuell absolut brilliant. Sie hat ein Lizentiat der Philosophie. Als Studentin war sie sehr interessiert an Problemen der Rassendiskrimination und der sozialen Ungerechtigkeit und nahm an Anti-AKW-Demonstrationen teil.
Bitte geben Sie aufgrund dieses Kurzporträts an, mit welcher Wahrscheinlichkeit Linda die folgenden Tätigkeiten ausführt. Tun Sie dies, indem Sie die Rangfolge in absteigender Reihenfolge angeben. Wenn Sie also finden, Linda sei am ehesten Lehrerin, dann erhält Lehrerin Rang 1. Wenn Sie der Meinung sind, Lehrerin sei die unwahrscheinlichste Tätigkeit, dann geben Sie Lehrerin Rang 8.

		Klassement
a)	Linda ist Lehrerin	_______
b)	Linda arbeitet an der Universität und nimmt Yogakurse	_______
c)	Linda ist militante Feministin	_______
d)	Linda ist Erzieherin in einem alternativen Kinderheim	_______
e)	Linda ist Mitglied der Grünen	_______
f)	Linda ist Angestellte einer Bank	_______
g)	Linda ist Versicherungsvertreterin	_______
h)	Linda ist Angestellte einer Bank und militante Feministin	_______

Bitte schauen Sie die Optionen d) und g) in Beispiel 1 an: Was ist Ihrer Meinung nach wahrscheinlicher, dass Louis Jazzmusik spielt oder dass er Buchhalter ist und Jazzmusik spielt? Logisch ist nur eine Antwort zuläßig: Die Wahrscheinlichkeit, dass Louis Jazzmusik spielt, ist gleich wie oder größer als die Wahrscheinlichkeit, dass Louis sowohl Buchhalter ist und Jazzmusik spielt. Dies kann nicht anders sein: Mit einer gewissen Wahrscheinlichkeit spielt Louis Jazzmusik, kann aber jeden Beruf haben. Wenn Louis nun zusätzlich zum Jazzspielen Buchhalter ist, dann ist dies eine weitere Einschränkung. Diese verknüpfte Wahrscheinlichkeit muss kleiner sein als die Wahrscheinlichkeit des Jazzspielens alleine. Wenn Sie nun anders entschieden haben und der Meinung waren, Louis spiele mit größerer Wahrscheinlichkeit Jazz und sei Buchhalter, dann sind Sie in bester Gesellschaft: Rund 80 Prozent der befragten Personen sind gleicher Meinung. Hierbei kommt es nicht drauf an, ob diese Personen wissenschaftliche Laien sind oder bereits eine Grundausbildung in Statistik bekommen haben. Die Resultate können immer wieder repliziert werden, sogar an der Stanford University, wo die künftige geistige Elite der Vereinigten Staaten ihr Studium absolviert. Wie beim Experiment über das Behalten von Namen geht es darum, dass die Versuchspersonen die Verfügbarkeitsheuristik verwenden: Es ist aufgrund der Personenbeschreibung leichter, sich vorzustellen, dass Louis Buchhalter ist als dass er Jazzmusik spielt. Muss eine Person nun beurteilen, ob Louis Jazzmusik spielt ist, dann wird sie eine sehr niedrige Wahrscheinlichkeit annehmen. Muss eine Person aber beurteilen, ob Louis sowohl Jazzmusik spielt wie Buchhalter ist, dann ist zwar das Spielen der Jazzmusik nach wie vor wenig vorstellbar, aber der Beruf des Buchhalters passt gut in die Personenbeschreibung. Insgesamt ist es leichter, sich Louis als Buchhalter vorzustellen, der nebenbei Jazz spielt denn als eine Person, die Jazz spielt.

Entsprechendes gilt für das zweite Beispiel: Schauen Sie sich die bitte beiden Aussagen (f) 'Linda ist Angestellte einer Bank' und (h) 'Linda ist Angestellte einer Bank und militante Feministin' an. Wiederum muss die Wahrscheinlichkeit, dass Aussage h wahr ist, kleiner sein als die Wahrscheinlichkeit, dass Aussage f wahr ist. Trotzdem entscheiden sich wiederum eine große Mehrheit von Personen dafür, dass es wahrscheinlicher sei, dass Linda sowohl Angestellte einer Bank und militante Feministin sei.

In der gleichen Forschungstradition sind Experimente anzusiedeln, die Entscheidungsverhalten in einer Konfliktsituation thematisieren. Tversky und Shafir (1992) haben ihren Versuchspersonen eine Kaufsituationen vorgegeben und sie gebeten, anzugeben, ob sie sich in diesem Falle für oder gegen den Kauf eines CD-Players entscheiden würden. Die erste Beschreibung lautete:

> "Stellen Sie sich vor, Sie ziehen den Kauf eines CD-Abspielgeräts in Betracht, haben sich aber noch nicht entschieden, welches Modell Sie kaufen wollen. Sie gehen an einem Laden vorbei und sehen, dass dieser gerade Ausverkauf hat. Im Angebot ist ein gutes SONY-Gerät für nur 99 Dollar, was wesentlich unter dem Listenpreis liegt."

In dieser Situation entschieden sich 66% der Versuchspersonen für das Kaufen des SONY-Geräts, 34% entschieden sich, zu warten. In einer zweiten Situation wurde zum Angebot eines günstigen SONY-Geräts ein gleichwertiges AIWA-Gerät hinzugefügt:

> "Stellen Sie sich vor, Sie ziehen den Kauf eines CD-Abspielgeräts in Betracht, haben sich aber noch nicht entschieden, welches Modell Sie kaufen wollen. Sie gehen an einem Laden vorbei und sehen, dass dieser gerade Ausverkauf hat. Im Angebot ist ein gutes SONY-Gerät für nur 99 Dollar, und ein topmodernes AIWA-Gerät für nur 169 Dollar, beide wesentlich unter dem Listenpreis."

27% der Versuchspersonen entschieden sich für den Kauf des SONY-Geräts, 27% für den Kauf des AIWA-Geräts, und 46% entschieden sich, zuzuwarten. Dies bedeutet, dass mehr Personen zuwarten, wenn zwei gleichwertige Angebote vorliegen. Eine weitere Versuchspersonengruppe erhielt wiederum das Angebot für einen günstigen SONY-Player, plus ein Angebot für einen schlechteren AIWA-Player:

> "Stellen Sie sich vor, Sie ziehen den Kauf eines CD-Abspielgeräts in Betracht, haben sich aber noch nicht entschieden, welches Modell Sie kaufen wollen. Sie gehen an einem Laden vorbei und sehen, dass dieser gerade Ausverkauf hat. Im Angebot ist ein gutes SONY-Gerät für nur 99 Dollar, was wesentlich unter dem Listenpreis liegt, und ein schlechteres AIWA-Gerät für 169 Dollar, was dem üblichen Preis entspricht."

Nur drei Prozent (immerhin) gaben an, das AIWA-Gerät zu kaufen, 73% entschieden sich für das SONY-Gerät, und nur 24% gaben an, warten zu wollen. Das Vorhandensein einer schlechteren Alternative schien die Verfügbarkeit der Vorzüge des SONY-Geräts zu erhöhen und beschleunigte die Kaufentscheidung. In Tabelle 3 sind die Resultate nochmals zusammengefasst: Stand nur das SONY-Gerät zur Auswahl, dann warteten 34% mit dem Kauf. Standen zwei gleichwertige Geräte zur Auswahl, dann entschieden sich mehr Versuchspersonen, zuzuwarten. War ein Angebot klar besser als das andere, dann gaben weniger Versuchspersonen an, mit dem Kauf eines CD-Geräts zuzuwarten.

Tabelle 3: Prozentsatz der Versuchspersonen, die angaben, mit dem Kauf eines CD-Geräts zuzuwarten (nach Tversky & Shafir, 1992).

Bedingung	% Warten
SONY	34%
SONY gleich wie AIWA	46%
SONY besser als AIWA	24%

Es ist übrigens keineswegs so, dass erst Psychologen herausgefunden hätten, dass Menschen in Konfliktsituationen eher zugreifen, wenn ein sehr gutes mit einem schlechten Angebot gepaart wird: Das amerikanische Versandhaus Williams-Sonoma bot jahrelang eine gute Brotbackmaschine zu einem günstigen Preis an. Nachdem der Verkaufserfolg eher mäßig war, entschied man sich, eine schlechtere Brotbackmaschine zu einem höheren Preis im Katalog anzubieten. Erwartungsgemäß wurden von letzterer nur wenig verkauft; aber der Umsatz der guten Maschine konnte beinahe verdoppelt werden (Shafir & Tversky, 1995).

In einer anderen Studie konnte Shafir (1993) aufzeigen, wie Personen in Konfliktsituationen sich unterschiedlich entscheiden können, in Abhängigkeit von der Fragestellung. Shafir gab unter anderem folgendes Problem vor:

> „Stellen Sie sich vor, Sie müssen über das alleinige Sorgerecht für ein Kind nach einer Kampfscheidung entscheiden. Die Faktenlage ist kompliziert, da die emotionalen, sozialen und ökonomischen Betrachtungen keinem der beiden Elternteile eindeutige Vorteile geben. Ihre Entscheidung erfolgt aufgrund der folgenden, bruchstückhaften Informationen."

Welchem der beiden Elternteile würden Sie das Sorgerecht für das Kind...
(Gruppe 1) zuerkennen?
(Gruppe 2) verweigern?

Elternteil A:	zuerkennen	verweigern
Durchschnittliches Einkommen		
Durchschnittliche Gesundheit		
Durchschnittliche Arbeitszeiten		
Vernünftige Beziehung zum Kind		
Relativ stabiles Sozialleben	36%	45%
Elternteil B:		
Überdurchschnittliches Einkommen		
Sehr enge Beziehung zum Kind		
Viele Geschäftsreisen		
Kleinere Gesundheitsprobleme		
Sehr aktives Sozialleben	64%	55%

Wie ersichtlich, gab Shafir seinen Versuchspersonen zwei geschlechtsneutrale Personenbeschreibungen, aus denen hervorgeht, dass der eine Elternteil in jeder Beziehung ziemlich dem Durchschnitt entspricht, während der andere Elternteil entweder herausragend positive oder herausragend negative Eigenschaften besitzt. Ich habe auch gleich die Resultate angefügt: Wurde die Frage gestellt, welchem Elternteil man das Sorgerecht für das Kind zuerkennen wolle, dann entschieden sich 64% für den Elternteil mit den herausragenden Eigenschaften und nur 36% für den Elternteil mit den durchschnittlichen Eigenschaften. Wurde die Frage gestellt, welchem Elternteil man das Sorgerecht für das Kind verweigern wolle, dann entschieden sich 55% für den Elternteil mit den herausragenden Eigenschaften und nur 45% für den Elternteil mit den durchschnittlichen Eigenschaften. Beide Male kreuzten die Versuchspersonen mehrheitlich den Elternteil mit den herausragenden Eigenschaften an, obwohl dies im ersten Fall bedeutete, dass eine Mehrheit das Sorgerecht diesem Elternteil zusprach, während im zweiten Fall nur eine Minderheit diesem Elternteil das Sorgerecht zugesprochen hätte. Hier kann wiederum die Verfügbarkeitsheuristik herangezogen werden, um die Ergebnisse zu erklären: Die Versuchspersonen verwenden die verfügbare Information, um die Entscheidung zu fällen. Natürlich sind herausragenden Eigenschaften verfügbarer als die durchschnittlichen[4]. Wird nun gefragt, welchem Elternteil das Sorgerecht für das Kind zuzuerkennen sei, dann rufen die Versuchspersonen das herausragende positive Wissen ab, um diesen Entscheid fällen zu können. Wird hingegen gefragt, welchem Elternteil das Sorgerecht zu verweigern sei, dann rufen die Versuchspersonen das herausragende negative Wissen ab, um diesen Entscheid fällen zu können. Dies führt nun dazu, dass in beiden Fällen mehrheitlich der Elternteil mit den herausragenden Eigenschaften gewählt wird, obwohl dies zu entgegengesetzten Resultaten führt.

Was beinhaltet die Verfügbarkeitsheuristik? Es gibt zwei Möglichkeiten, weshalb im vorher beschriebenen Experiment von Tversky und Kahneman (1973) vermutet wird, dass mehr weibliche Namen als männliche Namen präsentiert wurden (wenn berühmte Frauennamen präsentiert wurden), obwohl das Umgekehrte der Fall ist: Erstens ist es möglich, dass Versuchspersonen versuchen, möglichst viele Namen beider Geschlechter abzurufen. Da die berühmten Frauennamen leichter verfügbar sind, können die Versuchspersonen mehr Frauen- als Männernamen abrufen. Folglich geben sie an, es seien mehr weibliche Namen präsentiert worden. Die zweite Möglichkeit ist die, dass die Versuchspersonen mal zwei oder drei Namen jeden Geschlechts aus dem Gedächtnis abzurufen versuchen. Da nun die (berühmten) weiblichen Namen viel leichter abgerufen werden können als die unbekannten männlichen Namen, nehmen die Versuchspersonen dieses Gefühl, weibliche Namen leichter abrufen zu können, als Grundlage für ihre Häufigkeitseinschätzung und geben an, die weiblichen Namen seien häufiger vorgekommen. Bei der ersten Möglichkeit wird das Häufigkeitsurteil auf Grund der Abruf*häufigkeit* abgegeben, bei der zweiten Möglich-

---

[4] Shafir hat diese Behauptung zwar nicht ausgetestet, aber nach den Erkenntnissen über das Gedächntis ist es klar, dass herausragende Eigenschaften verfügbarer sind als durchschnittliche (zum Beispiel von Restorff, 1933). Der Autor hat meines Wissens auch eine zweite Erklärungsmöglichkeit für seine Ergebnisse nicht empirisch getestet, nämlich dass Personen ihre Entscheidungen besser durch herausragende als durch durchschnittliche Eigenschaften rechtfertigen können.

keit auf Grund der Abruf*leichtigkeit*. Abrufleichtigkeit ist demnach die phänomenale Erfahrung der Leichtigkeit, mit der Inhalte aus dem Gedächtnis abgerufen werden können. Schwarz et al. (1991a; für einen Überblick, siehe Schwarz, 1998) führten ein Entscheidungsexperiment durch, in dem aufgezeigt werden konnte, ob die Verfügbarkeitsheuristik auf der Abrufhäufigkeit oder der Abrufleichtigkeit gründet. Die Versuchspersonen hatten entweder sechs oder zwölf selbstsichere Handlungen aufzuschreiben, die sie in der Vergangenheit vollbracht haben. Pilotversuche zeigten, dass es relativ leicht war, sechs selbstsichere Handlungen aufzuschreiben, aber relativ schwierig, zwölf solcher Handlungen zu Papier zu bringen. Danach mussten die Versuchspersonen ihre eigene Selbstsicherheit einschätzen. Gründen die Versuchspersonen ihr Urteil der Selbstsicherheit auf der Abrufhäufigkeit, dann würde die Gruppe mit zwölf aufgeschriebenen Handlungen sich als selbstsicherer beurteilen als die Gruppe mit sechs aufgeschriebenen Handlungen. Gründen die Versuchspersonen ihr Urteil der Selbstsicherheit hingegen auf der Abrufleichtigkeit, dann würde die Gruppe mit sechs aufgeschriebenen Handlungen sich als selbstsicherer beurteilen als die Gruppe mit zwölf aufgeschriebenen Handlungen. Das erhaltene Resultat sprach eindeutig zugunsten der Abrufleichtigkeitshypothese: Diejenige Gruppe, die sechs selbstsichere Handlungen aufschreiben musste, beurteilte sich als selbstsicherer als diejenige Gruppe, die zwölf selbstsichere Handlungen aufschreiben mussten. Zwei andere Gruppen mussten entweder sechs oder zwölf Verhaltensweisen aufschreiben, in denen sich die Versuchspersonen selbst*un*sicher verhalten haben. Erfragt wurde wiederum die eingeschätzte Selbstsicherheit. Diesmal müssten sich die Versuchspersonen als selbstsicherer einschätzen, die zwölf statt sechs Handlungen aufschreiben mussten; es ist schwieriger, zwölf unsichere Handlungen aufzuschreiben als sechs unsichere Handlungen, so dass aus der Schwierigkeit, unsichere Handlungen aufzuschreiben, auf erhöhte Selbstsicherheit geschlossen wird. Auch diesmal entsprachen die Resultate den Vorhersagen der Abrufleichtigkeitshypothese, d.h. die Versuchspersonen, die mehr unsichere Handlungen aufschreiben mussten, beurteilten sich als selbstsicherer.

In einem anderen Experiment von Schwarz et al. (1991a) wurde eine Missattributionsbedingung eingeführt, um zu prüfen, ob es in der Tat die Leichtigkeit des Abrufs war, die die Urteile beeinflusste: Den Versuchspersonen wurde erklärt, dass sie Musik hören würden, die auf den Abruf der Handlungen aus dem Gedächtnis einwirken würde. Wenn nun zum Beispiel erklärt wird, dass die Musik den Abruf von selbstsicheren Verhaltensweisen begünstigen würde, dann wird die Leichtigkeit des Abrufs von sechs selbstsicheren Verhaltensweisen oder die Schwierigkeit des Abrufs von zwölf selbstunsicheren Verhaltensweisen undiagnostisch für das darauffolgende Urteil der Selbstsicherheit. Hingegen werden die Schwierigkeit des Abrufs von zwölf selbstsicheren und die Leichtigkeit des Abrufs von sechs unsicheren Verhaltensweisen diagnostisch für das nachfolgende Urteil der Selbstsicherheit. In der Tat nutzten die Versuchspersonen die Abrufleichtigkeit nur dann als Information, wenn diese diagnostisch war. War die Abrufleichtigkeit undiagnostisch, weil die mitgeteilte Wirkung der Musik der erfahrenen Abrufleichtigkeit entsprach, dann gingen die Versuchspersonen nach der Anzahl der abgerufenen Handlungen, d.h. sie fühlten sich zum Beispiel selbstsicherer, wenn sie zwölf statt sechs selbstsichere Handlungen abgerufen hatten. Diese Manipulation zeigt, dass in der Tat die Leichtigkeit des Abrufs als Information verwendet wurde, um sich ein Urteil über die eigene Selbstsicherheit zu bilden.

Inzwischen konnte gezeigt werden, dass Personen die Abruf*leichtigkeit* vor allem dann als Grundlage ihrer Entscheidung benutzen, wenn sie einen heuristischen Verarbeitungsstil verwenden. Die Abruf*häufigkeit* wird als Information benutzt, wenn ein systematischer Verarbeitungsstil verwendet wird (vgl. Haddock, Rothman, Reber, & Schwarz, 1999; Rothman & Schwarz, 1998; Wänke, Schwarz, & Bless, 1995).

1.4 Die Verwendung von Heuristiken: Unbewusste und bewusste Einflüsse auf Urteile

In der Psychologie sind experimentelle Befunde weitverbreitet, in denen eine Dissoziation zwischen einer bewussten, kontrollierten und einer unbewussten, automatischen Informationsverarbeitung demonstriert wird, wie die folgenden Beispiele zeigen: (1) Geteilte Aufmerksamkeit beim Gedächtnisabruf beeinträchtigt die bewussten, nicht aber die unbewussten Anteile des Abrufs (Jacoby, 1991). (2) Personen mit wenig rassenbezogenen Vorurteilen nutzen unbewusst präsentierte Rassenvorurteile, wenn sie später aus einer ambivalenten Beschreibung einen Eindruck bilden müssen (Devine, 1989). Nur wenn die präsentierten Vorurteile bewusst verarbeitet werden, wenden nichtrassistische Versuchspersonen diese Vorurteile bei der Eindrucksbildung nicht an. Personen mit hohen Rassimus-Scores verwenden rassische Vorurteile für die Eindrucksbildung auch bewusst. (3) Wer über ein Thema ein Urteil abzugeben hat, das ihn persönlich nichts angeht, gründet dieses eher auf heuristischen Cues, während persönlich involvierte Versuchspersonen das Urteil vermehrt auf der Stärke der Argumente gründen (Petty et al., 1981). (4) Schwarz und Clore (1983) haben zeigen können, dass das Urteil eigener Lebenszufriedenheit von der momentanen Stimmung abhängt, wenn die irrelevante Quelle der Stimmung unbewusst bleibt, nicht aber, wenn der Versuchsleiter auf die Abhängigkeit der momentanen Stimmung vom Wetter hinweist, d.h. die irrelevante Quelle der Stimmung bewusst werden lässt.

Obwohl die meisten Psychologen übereinstimmen würden, dass die vier Experimente irgendwie ähnlich seien, gibt es bis anhin kein einheitliches Modell, das diese vier Beispielexperimente adäquat beschreiben könnte. Deshalb entwickelten wir (Reber, 1997; Reber & Schwarz, 1998a) ein integratives Modell des Informationsabrufs, das die oben beschriebenen Phänomene zusammenfassend beschreibt. Das Modell wird künftig "Access-Use-Modell" genannt.

1.4.1 Das Access-Use-Modell

Wir präsentieren eine Zweistufentheorie des Informationsabrufs (siehe Abb. 2): In einem ersten Schritt muss Information abgerufen werden, in einem zweiten Schritt muss entschieden werden, inwiefern Information gebraucht werden soll. Im ersten Schritt wird nach Mandler (1989) zwischen Aktivierung und Elaboration unterschieden, wobei Aktivierung von Information durch interne oder externe Hinweisreize automatisch und unbewusst geschieht, die Elaboration von Information hingegen zielgerichtet und bewusst verwendet wird, um Information zu analysieren.

Experimentelle Befunde zeigen vier Bedingungen auf, unter welchen Information elaboriert wird: (1) Personen sind persönlich involviert. In mehreren Experimenten konnte gezeigt werden, dass bei hoher persönlicher Involviertheit eine systematischere Informationsverarbeitung stattfindet als bei niedriger persönlicher Involviertheit (für Beispiele siehe Chaiken, 1980; Petty et al., 1981; Tetlock, 1983; Zeigarnik, 1927). (2) Personen haben Zeit oder Kapazität. Wenn Personen Aufgaben unter Bedingungen geteilter Aufmerksamkeit lösen müssen, dann sind sie nicht in der Lage, Information zu elaborieren; dies ist nur unter Bedingungen voller Aufmerksamkeit möglich (Gilbert, Pelham & Krull, 1988; Jacoby, 1991; Jacoby, Woloshyn, & Kelley, 1989c). (3) Personen wissen, dass Information zugänglich ist. Nur wenn Information zugänglich ist und eine Person dies auch weiss, ist sie in der Lage, diese Information zu elaborieren. Ein Beispiel sind Gedächtnisaufgaben, in denen die Information über die Zugänglichkeit früher gelernter Information manipuliert wird (direkte versus indirekte Gedächtnisaufgaben; vgl. Richardson-Klavehn & Bjork, 1988; weitere Befunde lassen sich bei Damrad-Frye & Laird (1989), Devine (1989), Kubovy (1977), Murphy & Zajonc (1993), Schwarz & Clore (1983) und Zillmann, Katcher, & Milavsky (1972) finden.

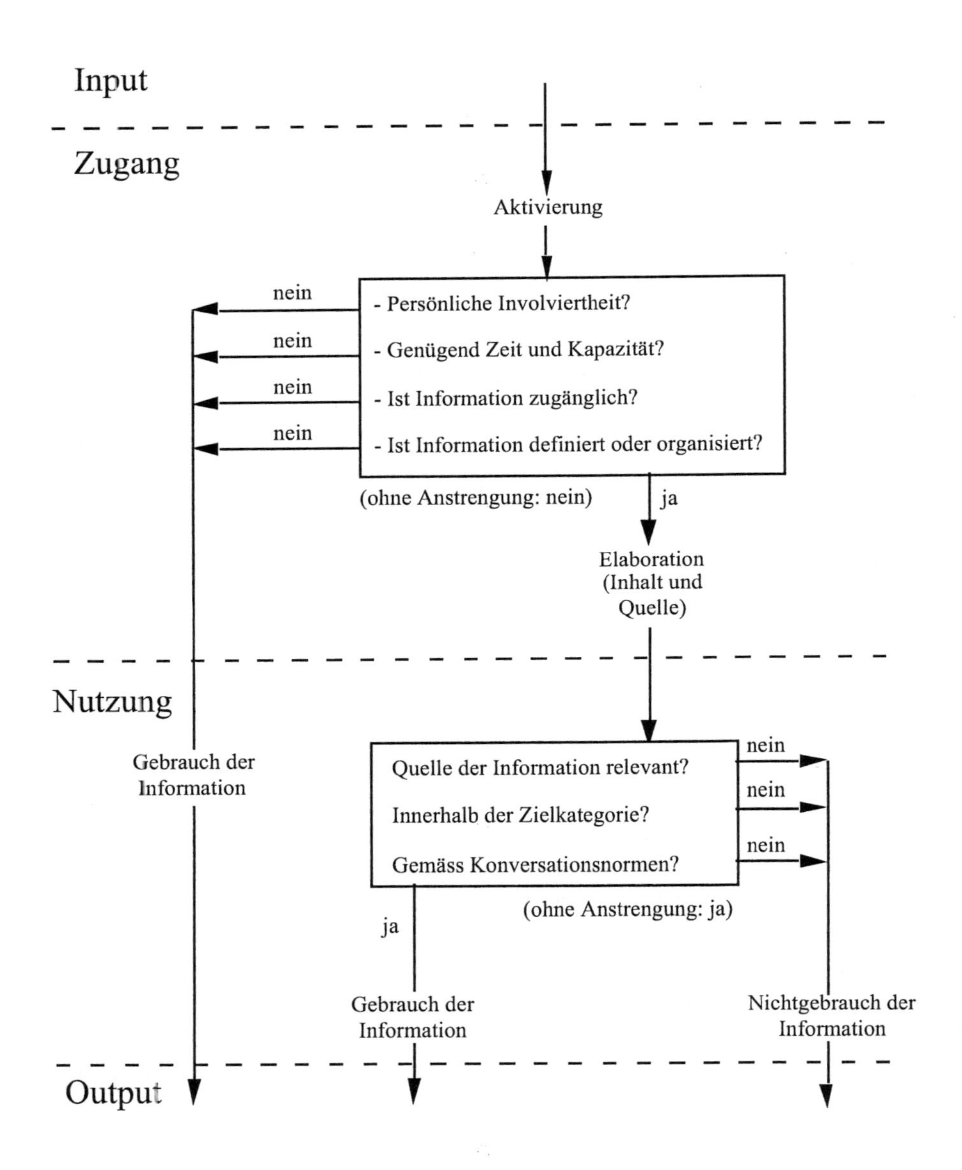

Abbildung 2: Das Access-Use-Modell.

(4) Die Information ist gut definiert oder gut strukturiert. In einem Experiment von Schwarz, Strack, Kommer & Wagner (1987) wurden Stimmungseffekte auf das Urteil der Lebenszufriedenheit, nicht aber auf das Urteil der Zufriedenheit mit dem Einkommen beobachtet. Während die Wissensbasis für Urteile der Lebenszufriedenheit nur wenig strukturiert ist, ist die Wissensbasis für Urteile der Einkommenszufriedenheit gut definiert und strukturiert, so dass Personen dieses Wissen relativ leicht abrufen können.

Im zweiten Schritt, wenn Information abgerufen ist, wird die vorliegende Information automatisch für die Urteilsbildung gebraucht, wenn sie aktiviert, nicht aber elaboriert ist. In diesem Falle ist die Information eine nichtanalytische Grundlage der Urteilsbildung. Wenn Personen über elaborierte Information verfügen, können sie sich entscheiden, die vorliegende Information zu gebrauchen oder nicht zu gebrauchen. Drei Bedingungen führen zum Nichtgebrauch von Information (vgl. Schwarz & Bless, 1992a): (1) Die Quelle der Information erweist sich als irrelevant; dies ist zum Beispiel im Experiment von Jacoby (1991) der Fall, wenn eine Versuchsperson bemerkt, dass ihr Gefühl der Vertrautheit auf einer falschen Quelle, d.h. der falschen Wortliste, beruht. Die überwiegende Mehrheit der empirischen Daten zum Gebrauch und vor allem Nichtgebrauch von Information sind zur Irrelevanz der Quelle der Information (z.B. Damrad-Frye & Laird, 1989; Devine, 1989; Jacoby, 1991; Kubovy, 1977; Murphy & Zajonc, 1993; Schwarz & Clore, 1983; Zillmann et al., 1972). (2) Die Information ist nicht in der Zielkategorie enthalten, die zur Lösung der Aufgabe herangezogen wird. Um Urteile zu fällen, bauen Personen eine temporäre Repräsentation der für das Urteil relevanten Zielkategorie auf. Ist eine Information in der Zielkategorie enthalten, wird sie gebraucht; ist eine Information nicht in der Zielkategorie enthalten, wird sie nicht gebraucht. Wenn zum Beispiel im Experiment von Schwarz und Bless (1992b) Versuchspersonen das Amt von Richard von Weizsäcker nennen mussten, das ihn über die Parteien stellt, dann erhielt die CDU eine negativere Evaluation, als wenn die Versuchspersonen vorher die Parteizugehörigkeit nennen mussten. Im diesem Fall wird die respektable Person Richard von Weizsäckers in die Repräsentation der Zielkategorie "CDU" eingeschlossen, die aktivierte Information (Richard von Weizsäcker) wird also für die Urteilsbildung gebraucht. In jenem Fall wird die Person Richard von Weizsäckers aus der Repräsentation der Zielkategorie "CDU" ausgeschlossen, die aktivierte Information (Richard von Weizsäkker) wird also für die Urteilsbildung nicht gebraucht. (3) Wenn der Gebrauch der Information Konversationsnormen widersprechen würde. Dies ist zum Beispiel der Fall, wenn eine Person Exemplare der Kategorie Möbel nennen muss (Reber, unpublizierte Daten). Sobald ihr — nach "Pult" und "Bücherschrank" — "Buch" in den Sinn kommt, wird sie dieses nicht berichten, da Buch nicht zur Kategorie Möbel gehört und dessen Nennung der Maxime der Qualität widerspricht ("Sage die Wahrheit";

Grice, 1975). Kommt ihr der Begriff "Pult" zum zweiten Mal in den Sinn, dann wird sie dieses nicht berichten, weil dies der Maxime der Quantität widerspricht ("Sei informativ"; Grice, 1975). Es geht also darum, nicht dieselbe Erinnerung im selben Kontext zwei Mal zu berichten, weil dies nicht informativ wäre (vgl. Befunde zum 'output monitoring', z.B. Gardiner & Klee, 1976; Koriat, Ben-Zur, & Sheffer, 1988; Mecklenbräuker, 1995) Weitere Beispiele für die Anwendung von Konversationsnormen beim Gebrauch und Nichtgebrauch von Information sind in Schwarz, Strack & Mai (1991c) und Strack, Martin, & Schwarz (1988) zu finden.

Gebrauch oder Nichtgebrauch von Information kann auf zwei unterschiedlichen Prozessen basieren: (1) Information befindet sich ausserhalb der temporären Repräsentation, die für die Aufgabenlösung aufgebaut wird (Schwarz & Bless, 1992a). (2) Information wird zwar in die temporäre Repräsentation für die Aufgabenlösung miteinbezogen, aber aufgrund von Editierprozessen nicht berichtet oder korrigiert. Beide Prozesse können unter allen drei obengenannten Bedingungen vorkommen, sowohl bei einer undiagnostischen Quelle, einer engen Zielkategorie, wie bei der Anwendung von Konversationsnormen.

1.4.2 Empirische Evidenz für das Access-Use-Modell

Wir illustrieren das in Abbildung 2 dargestellte Modell anhand des ersten der vorher betrachteten Experimente: Jacoby (1991, Experiment 2) präsentierte seinen Versuchspersonen zuerst Wörter auf dem Bildschirm; diese mussten gelesen werden. Dann wurden Wörter über Band vorgelesen, die wiederholt werden mussten. Schließlich wurde ein Wiedererkennungstest durchgeführt. In diesem wurden gelesene, gehörte und neue Wörter dargeboten; die Versuchspersonen wurden instruiert, nur diejenigen Wörter als 'alt' einzustufen, die sie vorher gehört haben, nicht aber solche, die vorher gelesen wurden. Die Hälfte der Versuchspersonen musste parallel zum Wiedererkennungstest eine sekundäre Aufgabe lösen, d.h. es gab je eine Bedingung mit geteilter und mit voller Aufmerksamkeit. Nach dem Access-Use-Modell besitzen Personen mit geteilter Aufmerksamkeit nicht die Kapazität, Information zu elaborieren und gebrauchen die Information aktivierter Vertrautheit. Ist die Vertrautheit eines Wortes hoch, so wird es als 'alt' bezeichnet, unabhängig davon, ob das Wort ein gelesenes oder ein gehörtes war. Nur wenn die Versuchspersonen genügend Kapazität haben, können sie die aktivierte Information elaborieren und schließlich wählen, ob sie die aktivierte Information gebrauchen wollen. Erachtet die Versuchsperson als Quelle der Vertrautheit ein gehörtes Wort, dann wird sie die aktivierte Information, d.h. die Vertrautheit, gebrauchen und das Wort als 'alt' bezeichnen. Denkt hingegen die Versuchsperson, dass die Quelle der aktivierten Vertrautheit von einem gelesenen

Wort stammt, dann wird sie diese Quelle für irrelevant erachten, was die Vertrautheit undiagnostisch für die gegebene Aufgabenstellung macht. Die Versuchsperson wird also die aktivierte Information nicht gebrauchen und das Wort als 'neu' bezeichnen.

Aehnlich können die Experimente von Devine (1989), Petty et al. (1981) und Schwarz & Clore (1983) damit erklärt werden, dass aktivierte Information gebraucht wird, wenn entweder die Quelle der Information unbewusst bleibt oder elaborierte Information als relevant erachtet wird. Information wird nicht gebraucht, wenn deren Quelle diese Information für die zu lösende Aufgabe undiagnostisch werden lässt. So fand Devine (1989), dass Personen mit wenigen rassenbezogenen Vorurteilen die aktivierten Stereotypen nur dann für eine Eindrucksbildungsaufgabe gebrauchten, wenn die Aktivierung subliminal war und damit unbewusst blieb; wurde die Aktivierung der Stereotypen bewusst, wurden diese nicht mehr für die Urteilsbildung herangezogen. Wenn die Versuchsperson viele rassenbezogene Vorurteile hatte, gebrauchte sie die Information sowohl dann, wenn die Aktivierung unbewusst blieb wie dann, wenn die Stereotypen bewusst aufgelistet werden mussten. In ersterem Falle wurde die Information automatisch gebraucht, in zweiterem wurde die Information bewusst gebraucht, da für Personen mit vielen rassenbezogenen Vorurteilen die Quelle der aktivierten Information — rassenbezogene Vorurteile — relevant waren.

Petty et al. (1981) konnten zeigen, dass die persönliche Relevanz einer persuasiven Botschaft zu erhöhter Elaboration führte: Die einfachste, am leichtesten zu verarbeitende Information, die in diesem Experiment gebraucht werden konnte, war das Fachwissen der Quelle der Argumente, nämlich einer (angesehenen) 'Carnegie Commission on Higher Education' oder einer (fachlich weniger angesehenen) lokalen Schulklasse. Personen, für die die Botschaft nicht relevant war, gebrauchten das Fachwissen der Quelle der Argumente als Information für die Evaluation der Einführung eines Abschlusstests: Besaß die Quelle hohes Fachwissen, dann waren die Versuchspersonen für die Einführung der Tests, wurde der Quelle niedriges Fachwissen zugeschrieben, dann waren sie dagegen. Wenn nun die Versuchspersonen direkt von der Einführung der Tests betroffen waren, dann begannen sie zu elaborieren. Im Unterschied zu den anderen Experimenten, die wir betrachtet haben oder noch betrachten werden, wurde hier nicht zur Quelle elaboriert, sondern vielmehr zu neuen Inhalten übergegangen, hier zu den Argumenten für die Einführung der Abschlusstests. Wenn die Argumente elaboriert waren, wurde die Argumentstärke, nicht mehr die Argumentquelle als Information gebraucht: Waren die Argumente schwach, dann waren die Versuchspersonen gegen die Einführung der Tests, waren die Argumente stark, sprachen sie sich dafür aus.

Schwarz & Clore (1983, Experiment 2) konnten zeigen, dass Urteile der Lebenszufriedenheit nur dann von der Stimmung abhängig sind, wenn den Versuchspersonen die irrelevante Quelle ihrer Stimmung — das Wetter — unbewusst blieb; wiederum wurde die aktivierte Information automatisch als nichtanalytische Grundlage des Urteils gebraucht. Wussten die Versuchspersonen um die irrelevante Quelle ihrer Stimmung, blieb ihr Urteil der Lebenszufriedenheit von der Stimmung unbeeinflusst; die Vpn elaborierten also die Quelle der aktivierten Information und hielten diese für irrelevant, so dass die Stimmung nicht mehr als Information gebraucht wurde. Das Urteil der momentanen Befindlichkeit hingegen war immer von der Stimmung beeinflusst, unabhängig davon, ob das Wetter als Quelle der Stimmung bewusst war oder nicht; möglicherweise wurde die Quelle der Stimmung elaboriert, die Stimmung wurde aber trotzdem für relevant erachtet für das Urteil der momentanen Befindlichkeit.

Die Wahrscheinlichkeit der Elaboration erhöht sich, wenn Information gut definiert ist, und ist niedriger, wenn die zur Verfügung stehende Information diffus ist: Wenn Versuchspersonen gefragt werden, ob sie mit ihrem Einkommen zufrieden seien, dann haben sie eine klare Vorstellung von der Höhe ihres eigenen Einkommens und von der Höhe des durchschnittlichen Einkommens (Schwarz et al., 1987, Experiment 1). Es mag sein, dass sie ihr Einkommen mit dem Einkommen einer für sie relevanten Subgruppe vergleichen, oder dass sie wissen, was sie mit ihrem Einkommen kaufen können, auf jeden Fall kann das Urteil der Einkommenszufriedenheit auf der Grundlage des Wissens vom Einkommen anderer oder vom Kaufwert des Einkommens gefällt werden. Lebenszufriedenheit hingegen ist ein breites, sehr allgemein definiertes Konzept, so dass Personen meist keine klaren Kriterien abrufen können, auf denen sie ihr Urteil der Lebenszufriedenheit abstützen könnten. Nach der Logik des Access-Use-Modells sollte das allgemein definierte Konzept dazu führen, dass unbewusste Information, wie zum Beispiel die Stimmung, das Urteil beeinflusst. Personen denken also nicht lange darüber nach, welche Kriterien für die Beurteilung der Lebenszufriedenheit anzuwenden seien, sondern verwenden Heuristiken wie die „Wie fühle ich mich"-Heuristik (siehe Schwarz & Clore, 1988). In der Tat konnten Schwarz et al. (1987) zeigen, dass die momentane Stimmung einer Person Urteile eigener Lebenszufriedenheit beeinflusst, nicht aber die beurteilte Zufriedenheit mit dem eigenen Einkommen.

Wir haben anhand von Experimenten aus verschiedenen Bereichen das Access-Use-Modell illustriert. Wir haben gesehen, dass Information aktiviert wird; im Normalfalle wird diese aktivierte Information für die Aufgabenlösung gebraucht. Ist eine Person (1) persönlich in die Aufgabe involviert, (2) hat sie genug Zeit und Kapazität, (3) kennt oder vermutet sie die Verfügbarkeit von Information, und (4) ist die verfügbare Information gut definiert oder gut organisiert, dann elaboriert die Person die aktivierte Information. Elaboration kann quellenbezogen oder inhaltsbezogen sein. Bei quellenbezogener Elaboration wird auf Information über die Quelle der aktivierten Information zugegriffen, bei inhaltsbezogener Elaboration auf Information zur Lösung der Aufgabe; diese Information ist unabhängig von der aktivierten Information. Ist Information genügend elaboriert, kann sie zur Lösung der gestellten Aufgabe intentional gebraucht oder nicht gebraucht werden. Eine Person entschließt sich zum Nichtgebrauch von Information, wenn (1) die Quelle der Information sich als irrelevant erweist, (2) die Information nicht in der Zielkategorie enthalten ist, die zur Lösung der Aufgabe herangezogen wird und (3) wenn der Gebrauch der Information Konversationsnormen widersprechen würde.

Viele Experimente testeten die Hypothese, ob Aktivierung zu Gebrauch und Elaboration zu Nichtgebrauch der Information führt. Die Möglichkeit, dass auch elaborierte Information gebraucht werden kann, wurde nur sehr wenig getestet. In den meisten Experimenten ist die Anordnung derart, dass die aktivierte Information zu einem unerwünschten Einfluss (oder einer Kontamination, Wilson & Brekke, 1994) auf ein Urteil führt. Nur wenn Versuchspersonen zu dieser Information elaborieren können, sind sie fähig, diesen unerwünschten Einfluss zu eliminieren. Somit wurden also nur zwei Pfade unseres Modells ausführlich getestet, nämlich Aktivierung plus Gebrauch und Elaboration plus Nichtgebrauch; Nichtgebrauch nach Elaboration geschieht meist, weil die aktivierte Information für irrelevant gehalten wird. Nur wenige Autoren (z.B. Devine, 1989; Lombardi, Higgins, & Bargh, 1987; Schwarz & Clore, 1983; Schwarz et al., 1991a) haben zeigen können, dass elaborierte Information gebraucht wird, wenn sie als relevant erachtet wird.

Eine Ausnahme von diesem Schema — Aktivierung plus Gebrauch versus Elaboration plus Nichtgebrauch — bildet die implizite Gedächtnisforschung, in der zwar oft auch nur zwei Möglichkeiten geprüft werden, nämlich Aktivierung plus Gebrauch und Elaboration plus Gebrauch. In einer direkten Aufgabe wird Elaboration ermutigt, indem den Versuchspersonen gesagt wird, sie sollen früher gelernte Information reproduzieren. Sobald also aufgrund eines Suchprozesses diese Information gefunden worden ist, kann entschieden werden, ob die Information gebraucht wird oder nicht. Da nur von Interesse ist, ob Information bewusst abgerufen werden kann, nicht aber Prozesse des Informationsgebrauchs, werden meist Aufgaben gestellt, in denen die abgerufene Information problemlos gebraucht werden kann; eine Ausnahme bildet die Prozess-Dissoziations-Prozedur von Jacoby (1991). In einer indirekten Gedächtnisaufgabe wird eine Aufgabe vorgegeben, zu deren Lösung die früher präsentierte Information beiträgt. Da die Relation der bei der Aufgabenlösung aktivierten Information zur früher präsentierten Information unbewusst bleibt, wird die aktivierte Information in jedem Falle gebraucht.

Unsere Theorie mag zum Missverständnis führen, dass Elaboration immer der bessere Weg sei, Information abzurufen und in jedem Falle zu besseren Ergebnissen in der Urteilsbildung führe. Dies schon deshalb, weil Personen durch Elaboration die Wahl haben, Information zu gebrauchen oder nicht zu gebrauchen. Eine solche Sicht widerspricht Befunden von Wilson und seinen Kollegen (Wilson & Hodges, 1992; Wilson & Schooler, 1991). Wilson, Lisle, und Schooler (1990, zitiert in Wilson & Hodges, 1992) ließen ihre Versuchspersonen aus fünf Postern auswählen, das sie nach Hause nehmen durften. Die Hälfte der Versuchspersonen hatten vor der Wahl die Gründe für ihre Gefühle gegenüber den Postern zu analysieren. Es zeigte sich nun, dass drei Wochen später diejenigen Versuchspersonen, die ihre Gefühle analysierten, d.h. elaborierten, weniger zufrieden mit ihrer Wahl waren als Versuchspersonen, die die Wahl spontan treffen durften. In der Studie von Wilson und Schooler (1991, Experiment 2) mussten Studierende Kurse auswählen; sie mussten die Wahl entweder genau begründen (Gruppe mit Elaboration) oder nicht begründen (Kontrollgruppe). Es zeigte sich, dass Studierende, die ihre Wahl begründen mussten, mit niedrigerer Wahrscheinlichkeit die als gut beurteilten Kurse auswählten als Studierende, die die Wahl nicht begründen mussten. Diese Experimente zeigen also, dass Elaboration zu schlechteren Resultaten führte, sei es in Bezug auf die subjektive Zufriedenheit oder in Bezug auf die objektive Qualität der Wahl. Eine mögliche Erklärung dieser Befunde ist, dass Aktivierung automatisch ist und parallele Informationsverarbeitung beinhaltet (siehe Hinton & Anderson, 1981). Elaboration, auf der anderen Seite, ist ein kontrollierter Prozess und in seiner Natur sequentiell. Es ist durchaus möglich, dass in den Experimenten von Wilson und seinen Kollegen die Versuchspersonen Wahlen zu treffen hatten, die zur Aktivierung einer Unmenge von Information führten. Diese Information wurde temporär — bis zur Auswahl — repräsentiert. Versuchspersonen, welche ihre Wahl begründen mussten, konnten nur wenig Information eingehend analysieren, so dass sie möglicherweise eingeschränkter Information zu viel Gewicht beigemessen haben, was zu Verzerrungen führen kann, die unter paralleler Verarbeitung nicht vorkommen. Wenn die Entscheidungen vertraut sind — und wir nehmen an, die Auswahl von Postern und Kursen sind Studierenden vertraut -, dann ist es gut möglich, dass die sequentielle Verarbeitung von Information bei Elaboration gegenüber der parallelen Verarbeitung von Information bei bloßer Aktivierung im Nachteil ist.

Ein anderes Problem für das Access-Use-Modell liegt in Resultaten, die die Perseveranz von falscher Information in Urteilsaufgaben aufzeigen (z.B. Gilbert, Krull, & Malone, 1990; Ross, Lepper, & Hubbard, 1975; Schul & Burnstein, 1985; Wyer & Budesheim, 1987). Wenn Personen gesagt wurde, dass eine vorherige Information falsch war, dann schienen sie nicht fähig zu sein, das Urteil angemessen zu korrigieren, d.h. die falsche Information nicht zu gebrauchen. Es dürfte so sein, dass sich Personen bemühen, das Urteil zu korrigieren, dies gelingt ihnen aber nicht vollständig (siehe z.B. Nelson, Acker, & Manis, 1996). Die Personen sind nicht fähig, alle Gedanken ungeschehen zu machen, mittels derer die falsche Information in die bestehenden Schemata integriert wurde. So wird entweder nur die falsche Information rückgängig gemacht oder direkt für den möglichen Fehler korrigiert (siehe Wilson & Brekke, 1994), was zwar, wie vom Access-Use-Modell vorhergesagt, zu einem Nichtgebrauch der falschen Information führt, die in ihrem Ausmaß aber unterschätzt und somit nur unvollständig korrigiert wird.

Das Access-Use-Modell lässt sich gut in bestehende Ansätze der Evolutionstheorie integrieren. Wimsatt (1986) entwickelte das "Developmental Lock"-Modell für Entwicklungsvorgänge; nach diesem sind jeweils nachfolgende Ereignisse von den vorhergehenden Ereignissen abhängig, so dass sich nicht an jedem beliebigen Punkt der Entwicklung vorherige Errungenschaften abändern lassen. Die Aktivierung von Information als Reaktion auf Umweltereignisse und deren schnelle Umsetzung in Reaktionen gegenüber der Umwelt war für Organismen lange Zeit die einzige Art der Informationsnutzung. Entsprechend allgemein sind die Architekturen für diese Art der Informationsnutzung ausgelegt, so dass sie nicht einfach ohne Schaden für den Organismus abänderbar sind, wenn sich neue Möglichkeiten der Informationsverarbeitung ergeben (vgl. A.S. Reber, 1993). Obwohl ein Organismus, der dank bewusster Informationsverarbeitung flexibler auf Umweltreize reagieren kann, möglicherweise einen Selektionsvorteil besitzt, können die Baupläne für den Gesamtorganismus auch für bedeutende Evolutionsschritte nicht vollständig neu entworfen werden (Gould & Lewontin, 1979). Dies würde also bedeuten, dass die phylogenetisch alten Mechanismen größtenteils erhalten geblieben sind, während sich neue Mechanismen entwickelt haben, die die schnelle und kapazitätssparende, aber relativ rigide Aktivierung von Information um neue, zwar langsame und kapazitätsaufwendige, aber höchst flexible Elaborationsmechanismen ergänzen.

1.5 Kognitive Täuschungen in der Sozialpsychologie

Wenn Personen gefragt werden, warum eine fremde Person eine bestimmte Handlung ausgeführt habe (z.B. jemandem Hilfe geleistet oder jemanden angegriffen), dann wird das Verhalten oft stabilen Charaktermerkmalen attribuiert. Dies ist nicht der Fall, wenn eigenes Verhalten erklärt werden muss: Dieses wird variablen Merkmalen der Situation attribuiert. Dieser Effekt wurde der „Correspondence bias“ (Jones & Davis, 1965) oder der „fundamentale Attributionsfehler“ (Ross, 1977) genannt. Kognitionspsychologisch[5] kann der fundamentale Attributionsfehler damit erklärt wer-

---

[5] Ich gehe im Rahmen dieser Arbeit nicht auf sozialpsychologische Interpretationen der Effekte ein. Solche umfassen Selbstwertdienlichkeit (zum Beispiel Greenwald, Bellezza, & Banaji, 1988), die Motivation, ein akkurates Bild seiner selbst zu haben (zum Beispiel Trope, 1979) oder das Bedürfnis, ein konsistentes Selbstbild zu haben (Backman, 1988,

den, dass eine Person die eigenen Handlungen und deren Ursachen und Folgen recht genau kennt und deshalb die situationalen Variablen abrufen kann, die das zu erklärende Verhalten beeinflussten. Wenn man das Verhalten anderer Personen erklären muss, dann wird es schwierig, die situationalen Bedingungen abzurufen, da diese nicht Teil des eigenen Erlebens sind und aus ungenügender Information erschlossen werden müssten. Da ist es einfacher, eine Person, die jemandem hilft, als „hilfreich" einzustufen und einer Person, die jemanden angreift, das Label „aggressiv" anzuhängen.

Ein weiterer Bias wurde von Lee Ross (1977) der „false consensus effect" genannt: Personen tendieren zur Überzeugung, dass andere Personen ähnlich denken wie sie selbst und in gleichen Situationen ähnlich handeln würden. In einem Experiment gaben Ross, Greene & House (1977) ihren Versuchspersonen die Beschreibung eines Dilemmas vor: Sie, die Versuchsperson, sei in einem Supermarkt gewesen und wäre von einem Mann in einem Anzug gefragt worden, ob ihr der Supermarkt gefallen hätte. Die Versuchsperson hätte dann ehrlich geantwortet, dass es ihr gefalle, in diesem Supermarkt einzukaufen, dass er in der Nähe ihres Wohnortes sei und dass es hier gutes Fleisch zu vernünftigen Preisen gebe. Dann teilte ihr der Mann im Anzug mit, sie sei von einer versteckten Kamera gefilmt worden und fragte sie, ob sie bereit wäre, eine Erklärung zu unterschreiben, dass die gefilmten Kommentare für einen Werbespot gebraucht werden dürften. Danach wurden die Versuchspersonen aufgefordert, (a) einzuschätzen, in welchem Ausmaß Durchschittspersonen diese Anfrage annehmen oder ablehnen würden; (b) einzuschätzen, inwiefern die Versuchsperson selbst diese Anfrage annehmen oder ablehnen würde; und (c) die Charaktermerkmale anzugeben, die 'typische' Personen besitzen, die diese Anfrage annehmen bzw. ablehnen. Es konnte gezeigt werden, dass Personen, die erklärten, sie selbst würden die Anfrage annehmen, vermehrt glaubten, dass auch andere Personen die Anfrage annehmen würden (über 75%) als Personen, die erklärten, sie selbst würden ein solches Ansinnen ablehnen (57%). Ausserdem schätzten Versuchspersonen, die die Anfrage angenommen hätten, dass die 'typische' ablehnende Person 'extremer' sei als die 'typische' annehmende Person. Hingegen schätzten Versuchspersonen, die die Anfrage abgelehnt hätten, dass die 'typische' annehmende Person 'extremer' sei als die 'typische' ablehnende Person. In einem weiteren Experiment wurden die Versuchspersonen gefragt, ob sie mit einem Schild 'EAT AT JOE'S' 30 Minuten auf dem Campus umhergehen würden. Dabei wurde die Versuchssituation so real wie möglich gestaltet, so dass sich die Versuchspersonen vor eine reale Konfliktsituation gestellt sahen.

Swann, 1983). Miller & Ross (1975) haben aufgezeigt, dass Selbsterhöhung bei Abwesenheit einer klar selbstschützenden Funktion durch kognitive Faktoren erklärt werden kann.

Wiederum zeigte sich, dass diejenigen Versuchspersonen, die die Anfrage annahmen, glaubten, dass eine Mehrheit (62%) der Personen akzeptieren würden, mit dem Schild auf dem Campus umherzugehen. Versuchspersonen, die dieses Ansinnen ablehnten, glaubten, dass eine Mehrheit (67%) von Personen gleich handeln würden wie sie selbst. Der „false consensus effect“ ist also auch in Situationen nachweisbar, in denen sich Personen vor 'realen' Konfliktsituationen sehen.

Der „false consensus effect“ kann kognitionspsychologisch wie folgt erklärt werden: Da eine Person bei Vergleichen mit anderen Personen mehrheitlich von sich selbst ausgeht, ruft sie zuerst diejenige Information ab, die ihr über ihr eigenes Denken und Verhalten zur Verfügung steht. Danach ruft sie die relevante Information über das Denken und Verhalten der anderen Person ab. Der Abruf der Information über die andere Person ist aber abhängig von der Information, die man über sich selbst abgerufen hat: Man ruft zuerst diejenige Information über die andere Person ab, die am besten zur abgerufenen Information über sich selbst passt (im Sinne eines 'confirmation bias'; siehe Nisbett & Ross, 1980). Information über die andere Person, die Unähnlichkeit indizieren würde, wird also gar nicht abgerufen, so dass der fälschliche Eindruck eines hohen Konsens zwischen einem selbst und der anderen Person entsteht.

Ein dritter Effekt ist der „false feedback effect“ (vgl. Ross et al., 1975): Einer Gruppe von Versuchspersonen wurde nach dem Lösen einer bestimmten Aufgabe (z.B. einem Intelligenztest) die falsche Rückmeldung gegeben, dass sie darin sehr schlecht abgeschnitten hätten. Nach einiger Zeit wurde diese Rückmeldung korrigiert: Den Versuchspersonen wurde gesagt, dass eine Verwechslung stattgefunden hätte, weshalb ihnen ein falsches Resultat zurückgemeldet worden sei. Trotzdem schätzten diese Versuchspersonen ihre Leistungsfähigkeit negativer ein als eine Kontrollgruppe, die keine Rückmeldung erhielt. Auch dieser Effekt kann kognitionspsychologisch erklärt werden: Um die (falsche) Rückmeldung mit dem Selbstkonzept eigener Begabung in Einklang zu bringen, sind einige Anpassungen notwendig. Im Bemühen, ein mit der Realität möglichst konsistentes Selbstkonzept zu besitzen, rekonstruiert die Person die vorhandene Information, so dass mit der Zeit das Selbstkonzept an die falsche Information angepasst wird. Wenn später eine Korrektur der falschen Rückmeldung erfolgt, kann diese Anpassung des Selbstkonzepts nicht in einem Schritt rückgängig gemacht werden.

1.6 Konversationsnormen

Wenn Personen miteinander kommunizieren, nehmen sie an, dass ihr Gesprächspartner kooperativ ist (vgl. Grice, 1975; Schwarz, 1994; Sperber & Wilson, 1995). Ein kooperativer Gesprächspartner sollte idealerweise versuchen, die Übermittlung von Information nach gewissen Prinzipien zu gestalten, die bei seinem Zuhörer adäquate Inferenzen erlauben. Grice beschreibt vier Kategorien von kooperativen Prinzipien, die der Übermittlung von Information zugrundeliegen: Quantität (quantity), Qualität (quality), Relation (relation) und Art (manner). Die Kategorie der Quantität besagt, dass ein Beitrag so informativ wie möglich sein soll. Zwei Maximen liegen dieser Kategorie zugrunde: (1) „Gestalte Deinen Beitrag so informativ wie verlangt (für die momentanen Ziele des Informationsaustausches)". (2) „Dein Beitrag sollte nicht informativer sein, als verlangt ist". Zusammenfassend bedeutet dies, dass nicht mehr und nicht weniger Information übermittelt werden sollte, als zum Verstehen beim Zuhörer notwendig ist. Unter die Kategorie der Qualität fällt eine Obermaxime — „Versuche, Deinen Beitrag wahr zu gestalten" und zwei spezifischere Maximen: (1) „Sage nicht, was Deiner Meinung nach falsch ist" und (2) „Sage nicht etwas, wofür Du zu wenig Evidenz hast". Der Maxime der Relation folgen heisst, dass die übermittelte Information situationsangepasst ist, was sich in der Maxime ausdrückt: „Sei relevant". Der Zuhörer sollte annehmen dürfen, dass die übermittelte Information für die jetzige Situation bestimmt ist. Die Kategorie der Art hat nicht damit zu tun, was gesagt wird, sondern wie die Information übermittelt wird. Grice stellt vier Maximen vor: (1) „Vermeide Undeutlichkeit des Ausdrucks"; (2) „Vermeide Zweideutigkeit"; (3) „Sei kurz (vermeide unnötige Weitschweifigkeit)" und schließlich (4) „Sei ordentlich".

Die nichtanalytischen Grundlagen bestehen nun darin, dass Menschen im Normalfall diese Maximen automatisch, d.h. ohne Reflexion ihrer Grundlagen oder ihrer Berechtigung, verwenden. In einem eindrucksvollen Experiment haben Langer, Blank & Chanowitz (1978) gezeigt, dass Zuhörer automatisch („mindlessly", wie die Autoren schreiben) annehmen, dass ein Kommunikator informativ sein will. Das Experiment simulierte eine alltägliche Situation: Eine Person A kommt zum Kopierapparat und sieht, dass eine andere Person B gerade daran ist, zuerst an den Kopierapparat zu gehen. Nun fragt Person A, ob sie zuerst an den Kopierapparat dürfe. Damit Person B diesem Ansinnen zustimmt, sollte Person A eine gute Begründung liefern. So denken wir zumindest. Im Experiment war Person A ein Experimentator, der eine Versuchsperson (Person B), die sich bereitmachte, zu kopieren, fragte, ob er zuerst kopieren dürfte. Manipuliert wurden in diesem Experiment zwei Variablen: Erstens die Anzahl Kopien, die der Experimentator machen wollte und zweitens die Art der Fragestellung. In einer Kontrollbedingung wurde gefragt: „Entschuldigen Sie, ich habe fünf (zwanzig) Kopien. Dürfte ich bitte den Kopierapparat benützen?" In einer „Realen Information"-Bedingung wurden die Versuchspersonen gefragt: „Entschuldigen Sie, ich habe fünf (zwanzig) Kopien. Dürfte ich bitte den Kopierapparat benützen, weil ich in Eile bin?" In Eile zu sein gilt normalerweise als vernünftiger

Grund, um eine solche Bitte zu stellen. In der „Placebo-Information"-Bedingung wurden die Versuchspersonen gefragt: „Entschuldigen Sie, ich habe fünf (zwanzig) Kopien. Dürfte ich bitte den Kopierapparat benützen, weil ich Kopien machen muss?" Wie unschwer zu ersehen ist, enthält der letzte Nebensatz eine Scheininformation, die dem bereits Gesagten nichts Neues hinzufügt. Sehen wir uns zuerst die Resultate an, wenn der Fragesteller nur fünf Kopien machen wollte: In der Kontrollbedingung waren immerhin 60% der Versuchspersonen so freundlich, den Fragesteller vorzulassen. Wenn dieser eine gute Begründung gab (Reale Information-Bedingung), dann waren 94% der Versuchspersonen bereit, dem Fragesteller den Vortritt zu lassen. Wenn dieser eine schlechte Begründung lieferte (Placebo-Information-Bedingung), dann waren 93% der Versuchspersonen bereit, den Fragesteller seine Kopien machen zu lassen. Man kann hier also ersehen, wie Personen automatisch annehmen, dass eine abgegebene Begründung informativ ist. Nun ist das Warten auf fünf Kopien noch verschmerzbar, so dass die Versuchspersonen nicht viel kognitiven Aufwand betrieben, um die Frage genauer zu analysieren. Dies änderte sich, wenn der Fragesteller angab, zwanzig Kopien machen zu wollen: Dann ließen nur 24% der Versuchspersonen in der Kontrollbedingung den Fragesteller vorgehen und immerhin 42% der Versuchspersonen in der „Realen-Information"-Bedingung. Nur 24% der Versuchspersonen in der „Placebo-Information"-Bedingung ließen dem Fragesteller den Vortritt; wenn der drohende Zeitverlust schmerzlich wurde, dann schien die Versuchspersonen mehr über die Fragestellung nachzudenken, was dazu führte, dass der Placebocharakter der Information bemerkt wurde.

Für verschiedene grundlegende experimentelle Befunde konnte gezeigt werden, dass sie wenigstens zum Teil durch das Einhalten von Konversationsnormen zustande kommen können (vgl. Schwarz, 1994): Die Nichtbeachtung von vorgegebenen Wahrscheinlichkeiten (Schwarz, Strack, Hilton, & Naderer, 1991b), der fundamentale Attributionsfehler (Norenzayan, Choi, & Nisbett, in press) oder die Antworten von Kindern in Piagets Mengeninvarianzaufgaben (McGarrigle & Donaldson, 1974).

Wir haben verschiedene Stränge der Erforschung nichtanalytischer Grundlagen von Urteilen und Entscheiden beschrieben: Implizites Lernen, implizites Gedächtnis, die Verwendung von Heuristiken, die Rolle nichtanalytischen Urteilens bei kognitiven Täuschungen in der Sozialpsychologie sowie bei der Verwendung von Konversationsnormen. In dieser Forschung ging es immer um Urteile und Entscheidungen, deren Grundlagen nicht analysiert wurde und der urteilenden oder entscheidenden Person oft unbewusst blieben.

Nach dieser allgemeinen Einführung wird der Fokus auf eine bestimmte Art von nichtanalytischen Grundlagen von Urteilen und Entscheidungen gelegt: Auf die Verarbeitungsleichtigkeit.

2 Verarbeitungsleichtigkeit als nichtanalytische Basis des Urteilens und Entscheidens

Eine mögliche nichtanalytische Grundlage für das Fällen von Entscheidungen ist das phänomenale Erleben der Leichtigkeit, mit der Information verarbeitet werden kann, kurz Verarbeitungsleichtigkeit genannt. Die phänomenale Erfahrung der Verarbeitungsleichtigkeit wird als Information genutzt, um Urteile zu fällen: Wir haben anhand der Abrufleichtigkeit (Schwarz et al., 1991a; vgl. Unterkapitel 1.3) bereits gesehen, dass Urteile unterschiedlich ausfallen, abhängig von der Leichtigkeit, mit der Information verarbeitet werden kann. In Unterkapitel 2.3 werden wir weitere Beispiele für die Nutzung der Verarbeitungsleichtigkeit als Information kennenlernen.

Im Rahmen dieser Arbeit liegt das Schwergewicht vor allem auf der perzeptuellen Geläufigkeit, das phänomenale Erleben der Leichtigkeit der Wahrnehmung, hier speziell der visuellen Wahrnehmung. Im folgenden werden Abrufleichtigkeit (siehe Unterkapitel 1.3), konzeptuelle und motorische Anteile beim Erleben von Verarbeitungsleichtigkeit nur am Rande diskutiert. Es ist nicht einfach, die einzelnen Anteile der Verarbeitungsleichtigkeit empirisch voneinander zu trennen, vor allem wenn konzeptuelle Aktivierung oder die motorische Verarbeitung in der Aufgabe verlangt werden. Wenn zum Beispiel beim seriellen Positionslernen die Geschwindigkeit motorischer Reaktionen zunimmt, so kann nicht eindeutig gesagt werden, ob es sich hier um erleichterte Wahrnehmung oder um erleichterte motorische Prozesse handelt (vgl. Howard, Mutter, & Howard, 1992). Ich habe versucht, in den jeweiligen Aufgaben die perzeptuelle Geläufigkeit möglichst rein zu erfassen, ohne Kontamination durch konzeptuelle Aktivierung oder Leichtigkeit motorischer Verarbeitung. Ich werde im folgenden von Verarbeitungsleichtigkeit sprechen, wenn Aussagen für perzeptuelle Geläufigkeit, motorische Geläufigkeit, Konzeptaktivierung und Abrufleichtigkeit Gültigkeit haben.

Zuerst wird der Begriff 'perzeptuelle Geläufigkeit' genauer definiert. Danach folgt ein Unterkapitel über die Erforschung der Variablen, die perzeptuelle Geläufigkeit beeinflussen; diese sind für uns interessant, weil sie Möglichkeiten aufzeigen, perzeptuelle Geläufigkeit über andere Variablen als Wiederholung zu manipulieren. Ein weiteres Unterkapitel ist der bisherigen Forschung zu Effekten der Wiederholung auf evaluative Urteile gewidmet, vor allem dem 'Mere Exposure'-Effekt auf affektive Urteile. Schließlich folgen theoretische Überlegungen zur Wiederholungswirkung auf evaluative Urteile, vor allem zum attributionalen Ansatz von Jacoby et al. (1989b) und Mandler, Nakamura, & Van Zandt (1987).

2.1 Perzeptuelle Geläufigkeit

In den letzten zwei Jahrzehnten wurden eine Fülle von Untersuchungen berichtet, die den Schluss zulassen, dass bei der Bildung von Urteilen oft phänomenale Gefühle statt für das Urteil relevante Fakten als Information verwendet werden (vgl. Schwarz & Clore, 1996). Einer der phänomenalen Erfahrungen, die Prozesse des Urteilens beeinflussen können, ist die erlebte Geläufigkeit beim Wahrnehmen eines Stimulus (vgl. Johnston, Dark & Jacoby, 1985; Jacoby & Whitehouse, 1989).

Perzeptuelle Geläufigkeit ist die Leichtigkeit der Wahrnehmung eines Stimulus. Wird ein Stimulus dargeboten und ist dieser im Gedächtnis repräsentiert, dann wird diese Repräsentation aktiviert, was zu einer effizienteren Verarbeitung (z.B. Detektion, Identifikation) des dargebotenen Stimulus führt. Der dargebotene Stimulus kann schneller verarbeitet werden, was somit dessen perzeptuelle Geläufigkeit erhöht. Darüberhinaus können bestimmte Stimulusmerkmale — wie Symmetrie, gute Fortsetzung und hoher Kontrast — dazu führen, dass ein Stimulus schneller verarbeitet wird. Operationalisiert wird perzeptuelle Geläufigkeit über die Wahrscheinlichkeit der Identifikation von Stimuli, die nahe der Wahrnehmungsschwelle dargeboten werden (z.B. Jacoby & Dallas, 1981) oder über die Reaktionszeit zur Identifikation von langsam aus einer Maske erscheinenden Stimuli (Feustel et al., 1983). Jacoby und Dallas (1981) boten ihren Versuchspersonen fünfbuchstabige Wörter dar, jedes für 35 ms. Nach dem Wort folgte eine Maske. Die Versuchspersonen mussten das dargebotene Wort laut lesen. Es konnte gezeigt werden, dass im Lerndurchgang dargebotene Wörter mit größerer Wahrscheinlichkeit identifiziert werden konnten als neue Wörter. Feustel et al. (1983) entwickelten die sogenannte Klarifikationsprozedur, bei der abwechselnd eine Maske und ein Wort dargeboten wird. Mit zunehmender Präsentationsdauer wird die Dauer der Maske immer kürzer, die Dauer des Wortes immer länger. Dies ergibt den phänomenalen Eindruck eines langsam aus einer Maske hervorkommenden Wortes, das nach und nach besser lesbar wird. Die Versuchspersonen müssen eine Taste drücken, sobald sie das Wort lesen können. Nach dem Tastendruck müssen sie das Wort aufschreiben, um die Richtigkeit der Identifikation zu verifizieren. Auch mit der Klarifikationsprozedur konnte gezeigt werden, dass im Lerndurchgang gezeigte Wörter einen Vorteil gegenüber neuen Wörtern besaßen: Alte Wörter wurden schneller identifiziert als neue.

Nun ist aber fraglich, ob die Identifikationsgeschwindigkeit oder -wahrscheinlichkeit die adäquaten Maße sind, um perzeptuelle Geläufigkeit zu messen. Wie schon kurz erwähnt, könnte auch die Detektionsgeschwindigkeit als Maß benutzt werden. Perzeptuelle Geläufigkeit kann sich auch in der Geschwindigkeit von Parametern äussern, die nur schlecht messbar sind. So können wir zum Beispiel ein Gesicht als solches identifizieren und sogar benennen, ohne das Gesicht vollständig wahrnehmen zu müssen. Die vollständige Wahrnehmung eines Objektes (vgl. Experiment 5) dauert viel länger als zum Beispiel dessen Identifikation oder dessen Diskrimination von anderen Objekten der gleichen Kategorie. Ein Maß dafür, wann von einem bestimmten Stimulus alle Information wahrgenommen wurde, gibt es nicht.

Die perzeptuelle Geläufigkeit äussert sich nicht nur in der objektiven Wahrscheinlichkeit oder Geschwindigkeit der Identifikation, sondern auch im phänomenalen Erleben der Wahrnehmung des Stimulus: Die wiederholte Darbietung eines Stimulus führt zur Illusion einer längeren Präsentationszeit (Witherspoon & Allan, 1985) oder höherer Klarheit (Whittlesea, et al., 1990, Experiment 4). Witherspoon und Allan (1985) präsentierten ihren Versuchspersonen in einem Lerndurchgang Wörter. Nach dieser einmaligen Präsentation folgte ein Testdurchgang, in dem die vorher präsentierten und neue Wörter für 30 oder 50 Millisekunden (objektive Präsentationsdauer) gezeigt wurden, gefolgt von einer Maske. Die Aufgabe der Versuchspersonen bestand darin, die Zeitdauer der Präsentation zu beurteilen. Die Hypothese war, dass sowohl die objektive Präsentationsdauer wie die Vertrautheit der Stimuli (alt versus neu) die temporalen Urteile beeinflussen würden. Wie vorhergesagt, ergaben sich zwei Haupteffekte: Erstens wurden — wenig erstaunlich — die länger gezeigten Stimuli als länger dargeboten beurteilt. Zweitens wurden die alten Stimuli als länger präsentiert beurteilt als neue Stimuli, was aufzeigt, dass bereits eine einmalige Wiederholung zu einem phänomenalen Gefühl erhöhter perzeptueller Geläufigkeit führt.

Whittlesea, et al. (1990, Experiment 4) verwendeten ein ähnliches Paradigma, um zu zeigen, dass Wiederholung das phänomenale Gefühl erhöhter perzeptueller Geläufigkeit erzeugt: Sie zeigten ihren Versuchspersonen in einem Lerndurchgang wiederum eine Liste von Wörtern. Im Testdurchgang präsentierten sie dann dieselben (alte) und neue Wörter, etwas unklar, wobei zwei Stufen der visuellen Klarheit verwendet wurden (objektive Klarheit). Die Versuchspersonen mussten die visuelle Klarheit der Wörter beurteilen. Wiederum ergaben sich — wie vorhergesagt — zwei Haupteffekte: Klarere Wörter und wiederholte Wörter wurden jeweils als klarer beurteilt. Dies zeigt wiederum, dass die einmalige Wiederholung eines Wortes zu einem phänomenalen Gefühl erhöhter perzeptueller Geläufigkeit führt.

Ich verwende in dieser Arbeit den Begriff 'subjektive perzeptuelle Geläufigkeit' dann, wenn wir ausschließlich das phänomenale Erleben der Leichtigkeit der Wahrnehmung bezeichen. 'Objektive perzeptuelle Geläufigkeit' wird verwendet, wenn die objektive Leichtigkeit der Wahrnehmung bezeichnet werden soll. Objektive perzeptuelle Geläufigkeit wird als die Menge der Information definiert, die während eines bestimmten Zeitraumes aus einem wahrgenommenen Stimulus extrahiert werden kann.

Im gleichen Sinne spreche ich von 'subjektiver Verarbeitungsleichtigkeit', wenn eine Person die kognitive Verarbeitung phänomenal als leicht und 'flüssig' empfindet. 'Objektive Verarbeitungsleichtigkeit' wird — analog zur objektiven perzeptuellen Geläufigkeit — als die Menge der Information definiert, die eine Person während eines bestimmten Zeitraumes verarbeiten kann. Der Unterschied zwischen objektiver und subjektiver Verarbeitungsleichtigkeit bzw. perzeptueller Geläufigkeit spielt allerdings für die hier berichteten Experimente keine Rolle, zumal wir im Rahmen dieser Arbeit nicht an Dissoziationen zwischen objektiver und subjektiver Verarbeitungsleichtigkeit interessiert sind. Solche Dissoziationen könnten zum Beispiel unter pharmakologischem oder Alkoholeinfluss vorkommen, wenn zum Beispiel die subjektive Verarbeitungsleichtigkeit höher eingeschätzt wird, als durch die objektive Verarbeitungsleichtigkeit gerechtfertigt wäre.

Die Definition der perzeptuellen Geläufigkeit ist — ähnlich wie bei der Sprechgeläufigkeit in der Sprachpsychologie und der Lesegeläufigkeit in der Lesepsychologie — leistungsorientiert (performance oriented; vgl. Gleason & Ratner, 1993; Kilborn, 1994)[6]; damit sind — vorerst wenigstens — keine Aussagen über Strukturen und Prozesse verbunden, die zur perzeptuellen Geläufigkeit oder — im Falle der Sprach- und Lesepsychologie — zur Sprech- und Lesegeläufigkeit einen Beitrag leisten. So definieren Gleason und Ratner (1993) im Glossar des von ihnen herausgegebenen Buches Geläufigkeit (fluency) folgendermaßen: „Facility in the use of language, e.g., speaking or reading rapidly, effortlessly, and without error" (p. 421). Wie in unserer Definition der perzeptuellen Geläufigkeit wird eine objektive und eine subjektive Komponente als Merkmal für Geläufigkeit angesprochen: „reading rapidly" entpricht der objektiven Verarbeitungsleichtigkeit, d.h. die Schnelligkeit des Lesens. „Effortlessly" bezieht sich auf die subjektive Erfahrung der Leichtigkeit, mit der — im Falle der Lesepsychologie — gelesen werden kann oder — im Falle der Wahrnehmungspsychologie — Stimuli wahrgenommen werden können. „Without error" bezeichnet eine Rahmenbedingung, die erfüllt sein muss, damit von Geläufigkeit gesprochen werden kann: Das Sprechen oder Lesen muss fehlerfrei sein; wenn beim Lesen oder Sprechen zuviele Fehler gemacht würden, dürfte selbst bei großem Sprech- oder Lesetempo und dem subjektiven Gefühl hoher Leichtigkeit nicht von hoher Geläufigkeit geprochen werden. So ist es bei der perzeptuellen Geläufigkeit:

---

6 In der Sprach-, Neuro- und Lesepsychologie wird Geläufigkeit oft gemessen, um interindividuelle Unterschiede in der Sprachfertigkeit von Patienten oder in der Leseflüssigkeit von Schülern festzustellen. In unseren Studien wird perzeptuelle Geläufigkeit gemessen, um Unterschiede in der Verarbeitungsschwierigkeit von Stimuli festzustellen; interindividuelle Unterschiede in der Wahrnehmungsleichtigkeit spielen für diese Arbeit keine Rolle. Prinzipiell bleiben aber die verschiedenen Geläufigkeitsmasse durchaus vergleichbar, auch wenn sie unterschiedlich verwendet werden.

Nur wenn ein Objekt akkurat identifiziert werden kann, darf die Identifikationsgeschwindigkeit als Indikator für die perzeptuelle Geläufigkeit verwendet werden.

Es ist sehr schwierig, den Begriff der Verarbeitungsleichtigkeit neurophysiologisch zu verankern. Es gibt zum Beispiel Befunde, die zeigen, dass die Antwortamplituden von Nervenzellen in der Retina, im Geniculatum laterale und in einigen primären Kortexzellen von Katzen proportional zum Figur-Grund-Kontrast sind (Shapley & Kaplan, zitiert in Shapley, Caelli, Grossberg, Morgan, & Rentschler, 1990). Es konnte auch gezeigt werden, dass klarere Konturen zu höherer Antwortrate in V2-Zellen bei Affen führte (von der Heydt & Peterhans, 1989). Es wäre nun aber spekulativ, höhere Aktivität von Nervenzellen bei höherem Kontrast bzw. bei höherer Kontinuität als eine physiologische Entsprechung für Verarbeitungsleichtigkeit im Allgemeinen oder perzeptuelle Geläufigkeit im Besonderen zu sehen. Dazu fehlen die Prinzipien, nach denen sich die psychologisch erhobenen Maße, denen perzeptuelle Geläufigkeit zugrundeliegt, in die hier kurz vorgestellten neurophysiologischen Maße übertragen oder gar auf sie reduzieren ließen (man vergleiche Dupré, 1993, für eine grundlegende Diskussion der Reduzierbarkeit von Konzepten einer Disziplin auf Konzepte einer anderen Disziplin). Ein weiteres Problem für die bessere Fundierung der perzeptuellen Geläufigkeit — vor allem wenn diese über den Kontrast operationalisiert wird — liegt darin, dass psychophysische Untersuchungen zur Kontrastdetektion oft an der Wahrnehmungsschwelle durchgeführt werden (z.B. Foley & Legge, 1981; eine Übersicht gibt Watt, 1991). Dies ist ein Bereich, der für die hier berichteten Untersuchungen nicht von Interesse ist, da die in unseren Untersuchungen benutzten Kontraste klar überschwellig sind. Ähnlich wie bei den vorher erwähnten neurophysiologischen Befunden scheint es nicht möglich, perzeptuelle Geläufigkeit mit Erkenntnissen, die mittels psychophysischer Untersuchungen an der Wahrnehmungsschwelle gewonnen wurden, sinnvoll verbinden zu können.

Perzeptuelle Geläufigkeit müsste sich auch mittels Augenbewegungen messen lassen. Nach den Erkenntnissen der Augenbewegungsforschung (vgl. Groner & Fraisse, 1982; Kowler, 1995; Rayner, 1992) sind drei Möglichkeiten gegeben, wie sich die perzeptuelle Geläufigkeit in Augenbewegungen aufzeigen lässt: Erstens ist es möglich, dass sich höhere perzeptuelle Geläufigkeit in kürzeren Fixationen ausdrückt. Zweitens könnten die Fixationen immer gleich lange sein, aber die Sakkaden sind bei höherer perzeptueller Geläufigkeit länger, d.h. eine Person kann einen größeren Bereich des Stimulus „überspringen", wenn sie diesen betrachtet. Drittens konnte gezeigt werden, dass Personen ein Ziel, das sie mit einer Sakkade ansteuern wollen, oft verfehlen und Korrekturbewegungen notwendig sind, um das Ziel zu treffen (vgl. Kowler & Blaser, 1995). Sind nur geringfügige Korrekturbewegungen notwendig, sollte dies mit der subjektiven Erfahrung höherer perzeptueller Geläufigkeit einhergehen. Diese Variante der Relation zwischen Augenbewegungen und perzeptueller

Geläufigkeit ist deshalb interessant, weil diese — und die damit einhergehende positivere affektive Bewertung — mit der Vorhersagbarkeit des Ereignisses — hier der akkuraten Wahrnehmung des Stimulus — und damit mit der Reduktion von Unsicherheit (vgl. Berlyne, 1960) in Verbindung gebracht werden kann. Vorhersagbarkeit dürfte bei der intuitiven Evaluation der Umwelt eine wichtige Rolle spielen (vgl. Perrig, 1998).

Wir werden uns im weiteren Verlauf der Arbeit mit der performanzorientierten Definition von Verarbeitungsleichtigkeit und perzeptueller Geläufigkeit begnügen, wohlwissend, dass eine bessere neurophysiologische und wahrnehmungspsychologische Verankerung von Verarbeitungsleichtigkeit und perzeptueller Geläufigkeit wünschenswert wäre.

2.2 Variablen, die die perzeptuelle Geläufigkeit beeinflussen

Am bekanntesten ist die Forschung zu Wiederholung und perzeptueller Geläufigkeit (vgl. auch Unterkapitel 1.2): Haber und seine Mitarbeiter (Haber, 1965; Haber & Hershenson, 1965; Haber & Hillman, 1966) zeigten, dass die Wiederholung von tachistoskopisch dargebotenen Wörtern die Identifikationsleistung erhöht. Jacoby & Dallas (1981) konnten schließlich zeigen, dass bereits eine einmalige Darbietung eines Wortes zu dessen besserer Identifikation in einem Testdurchgang führt. Wiederholungseffekte konnten auch mit anderen Tests gezeigt werden, z.B. mit Wortfragmentergänzung (Tulving et al., 1982) oder der Klarifikationsprozedur (z.B. Feustel et al., 1983). Da Wiederholungseffekte mit indirekten Gedächtnisaufgaben aufgrund unbewusst gelernten Materials zustande kommen (Hofer & Perrig, 1990), im Gegensatz zu direkten Behaltensprüfungen nicht durch Aufmerksamkeitsbelastung gestört werden (Parkin et al., 1990; Wippich, Schmitt & Mecklenbräuker, 1989), und von direkten Gedächtnisaufgaben stochastisch unabhängig sind (Tulving et al., 1982), darf davon ausgegangen werden, dass sie nichtanalytische Prozesse abbilden, die phänomenal nicht als bewusstes Erkennen und Wissen, sondern als intuitives Spüren und Fühlen erlebt werden (vgl. Perrig et al., 1993).

Wenig ist bisher darüber geforscht worden, welche Mechanismen ausser Wiederholung zu erhöhter perzeptueller Geläufigkeit führen. In Experimenten zur Zeitwahrnehmung konnten verschiedene Charakteristika ermittelt werden, die die wahrgenommene Präsentationsdauer von Stimuli beeinflussen: Allan (1979) nennt in einer Übersichtsarbeit deren Modalität, visuelle Merkmale (z.B. gefüllt versus leer), Energie und Komplexität. Checkosky & Whitlock (1973) haben zeigen können, dass die Reaktionszeiten in einem Wiedererkennungstest länger sind, wenn die Stimuli niedrigen Kontrast aufweisen, was auf eine höhere Enkodierzeit der Stimuli und somit auf geringere perzeptuelle Geläufigkeit hinweist.

Buchner (1994) ging der Frage nach, ob beim Lernen künstlicher Grammatiken die perzeptuelle Geläufigkeit für grammatikalische Items erhöht wird. Im Lerndurchgang präsentierte er den Versuchspersonen Buchstabenketten, die nach einer komplexen Grammatik erstellt wurden (s. Berry & Dienes, 1993; A.S. Reber, 1967; 1993). Im Testdurchgang wurden mittels der in Unterkapitel 2.1 beschriebenen Klarifikationsprozedur (Feustel et al., 1983) alte, d.h. schon in Lerndurchgang präsentierte Buchstabenketten dargeboten, neue, grammatikalische Buchstabenketten sowie neue, ungrammatikalische Buchstabenketten. Buchner fand schnellere Identifikationszeiten für alte und grammatikalische Items als für ungrammatikalische Items. Dies lässt vermuten, dass nicht nur die Wiederholung exakt gleicher Stimuli oder die direkte Manipulation visuell-räumlicher Merkmale die perzeptuelle Geläufigkeit erhöhen können, sondern dass auch die Darbietung bestimmter Regelmäßigkeiten innerhalb von Stimuluskonfigurationen zur Bildung von Ordnungsstrukturen führt, die bei der Wahrnehmung von Stimuli, denen die gleiche Regelmäßigkeit zugrunde liegt, zu erhöhter perzeptueller Geläufigkeit führt.

Schließlich ist Verarbeitungsleichtigkeit auch im motorischen, auditiven und im konzeptuellen Bereich nachgewiesen worden: Im motorischen Bereich werden Ereignissequenzen dargeboten, bestehend aus einem Zielstimulus, der nach einer komplexen Regel in jeweils einer von vier Positionen erscheint. Die Versuchspersonen müssen dem Zielstimulus mittels Tastendruck folgen, wobei eine bestimmte Taste immer einer bestimmten Position entspricht (vgl. Nissen & Bullemer, 1987; Perruchet & Amorim, 1992; s. Perrig, 1996). Nach jedem Tastendruck erscheint der Zielstimulus an einer neuen Position, die wiederum quittiert werden muss. In dieser Weise werden Sequenzen von Positionswechseln dargeboten. Abhängige Variable ist die durchschnittliche Reaktionszeit pro Tastendruck. Es konnte verschiedentlich gezeigt werden, dass die Reaktionszeiten nach wiederholter Darbietung der Sequenz abnehmen. Wird nach einigen Wiederholungen eine zufällige Sequenz dargeboten, dann steigt die Reaktionszeit signifikant an, bei der Wiedereinsetzung der wiederholten Sequenz geht sie auf das ursprüngliche Niveau zurück. In dieser Aufgabe werden Repräsentationen aufgebaut, die zu bestimmten Erwartungen bezüglich der nächsten Position führen. Diese Erwartungen einer regelmäßigen Abfolge dürften sowohl die perzeptuelle Geläufigkeit für die Wahrnehmung des Zielstimulus an einer bestimmten Position wie die Leichtigkeit der motorischen Reaktion erhöhen, ohne dass gesagt werden kann, welche Anteile perzeptuelle und motorische Geläufigkeit an der Erhöhung der Reaktionsgeschwindigkeit haben.

Im auditiven Bereich wurden Geläufigkeitseffekte für die Musikwahrnehmung aufgezeigt. So konnten Primingeffekte von Akkorden auf nachfolgende Akkorde aufgezeigt werden, wenn der als Prime verwendete Akkord den Zielakkord erwarten ließ (Bharucha & Stoeckig, 1986; 1987; Schmuckler & Boltz, 1994; Tekman & Bharucha, 1992). Bigand & Pineau (1997) haben diese perzeptuellen Geläufigkeitseffekte bestätigen können: Versuchspersonen — musikalische Laien — erhielten Sequenzen zu acht Akkorden präsentiert und mussten beurteilen, inwiefern der letzte Akkord zur jeweils vorgespielten Sequenz gehöre (Experiment 2), und ob der Akkord konsonant oder dissonant sei (nachdem die Vpn mit konsonanten und dissonanten Einzelakkorden trainiert wurden; Experiment 3). Manipuliert wurden die ersten sechs Akkorde, so dass der letzte Akkord nach der Musiktheorie entweder wahrscheinlich und damit erwartet oder unwahrscheinlich und damit unerwartet war; diese Manipulation ist für den musikalische Laien nicht durchschaubar. Die Entscheidungszeiten für die Urteile der Zugehörigkeit des letzten Akkordes zur Sequenz und der Konsonanz/Dissonanz waren schneller, wenn die letzten Akkorde erwartet waren. Dieses Resultat kann so interpretiert werden, dass erwartete Akkorde zu höherer perzeptueller Geläufigkeit führen als unerwartete Akkorde.

Im konzeptuellen Bereich konnte mittels semantischem Priming gezeigt werden, dass die Präsentation eines semantisch ähnlichen Wortes als Prime eine lexikalische Entscheidungsaufgabe erleichtert (z.B. Meyer & Schwaneveldt, 1971; Neely, 1977). Natürlich handelt es sich hier um eine Stimuluswiederholung, wie dies in den am Anfang besprochenen impliziten Gedächtnisexperimenten der Fall war. Im Unterschied zu diesen folgt beim semantischen Priming der Zielstimulus unmittelbar — etwa hundert Millisekunden bis zwei Sekunden — nach dem Prime. In neuerer Zeit wurden Studien durchgeführt, in denen Bilder als Primes und Zielstimuli verwendet wurden (z.B. Biederman & Cooper, 1991). Diese Autoren konnten zeigen, dass ein großer Anteil des Primingeffekts auf semantische Aktivierung zurückgeführt werden konnte, ein signifikanter Anteil aber durch spezifisch visuelle, nicht durch semantische Aktivierung beeinflusste Verarbeitung verursacht wurde. Boucart & Humphreys (1994) konnten zeigen, dass semantische Ähnlichkeit zwischen Prime und Zielstimulus zu schnelleren Reaktionszeiten führte, wenn die Aufgabe darin bestand, aus zwei Stimuli den Zielstimulus mit derselben Größe oder derselben Orientierung auszuwählen. War die Aufgabe, den Zielstimulus nach dem Kontrast des Primes auszuwählen, dann zeigten sich keine Effekte semantischer Ähnlichkeit.

Eine reiche Literatur besteht auch zum Priming von Traits in der Forschung zur Eindrucksbildung (z.B. Higgins, Rholes & Jones, 1977). Die Aktivierung solcher Konzepte kann auch unbewusst geschehen, wie mit der Technik des parafovealen Primings gezeigt wurde (Bargh & Pietromonaco, 1982; Devine, 1989). Durch diese Techniken werden unbewusst Konzepte aktiviert, was bessere Geläufigkeit verwandter Konzepte zur Folge hat und zu schnelleren Reaktionszeiten bei lexikalischen Entscheidungsaufgaben oder zu einer Beeinflussung von sozialen Urteilen durch Primes führt.

In Unterkapitel 1.3 haben wir bereits das Konzept der Abrufleichtigkeit (Schwarz et al., 1991a) diskutiert. Analog zur Leichtigkeit der Verarbeitung bei der Wahrnehmung von Stimuli, bei der Ausführung von Reaktionen oder bei der Aktivierung von Begriffen existiert ein phänomenales Gefühl der Leichtigkeit des Abrufs, das evaluative Urteile beeinflussen kann. Wir haben gesehen, dass die Abrufleichtigkeit vor allem über die Anzahl Argumente oder Erinnerungen manipuliert wird, die aufgelistet werden müssen: Es ist leichter, zum Beispiel sechs Argumente oder Erinnerungen abzurufen als zwölf.

Eine reiche Literatur besteht zur Forschung über Wiederholung und evaluative Urteile: So konnte gezeigt werden, dass Wiederholung affektive Urteile beeinflusst (vgl. das nächste Unterkapitel): Wiederholte Stimuli werden positiver beurteilt als neue, vorher nicht präsentierte Stimuli (Zajonc, 1968; vgl. Bornstein, 1989, Zajonc, 1980). Wenn plausible Aussagen, über die wir wenig Vorwissen haben (z.B. "Der rechte Arm der Freiheitsstatue in New York ist 18 Meter lang") wiederholt dargeboten werden, dann werden diese Aussagen für wahrer beurteilt als neue Aussagen (Brown & Nix, 1996; Hasher et al., 1977). Effekte der Wiederholung auf Vertrautheitsurteile (Johnston et al., 1985) und der 'false fame effect' (Jacoby et al., 1989a) sollen hier nur erwähnt werden, da sie zu theoretisch ähnlichen Interpretationen führen.

2.3 Evaluative Urteile

Evaluative Urteile umfassen in dieser Arbeit affektive Urteile (Urteile über die affektive Bewertung von Stimuli), Präferenzurteile (Urteil über die Bevorzugung eines von mehreren Stimuli), und Wahrheitsurteile (Urteil über die Wahrheit einer Aussage).

Das Wort „Affekt“ wird in dieser Arbeit so gebraucht, wie es in der angelsächsischen Psychologie gebraucht wird: Als ein Oberbegriff für alle Zustände, die mit Emotion, Stimmung oder gefühlsmäßiger Präferenz zu tun hat. Nach der Komponententheorie der Emotion von Scherer (1984; 1990) umfasst eine Emotion eine kognitive Komponente, eine neurophysiologische Komponente, eine Ausdruckskomponente, eine motivationale Komponente sowie eine Gefühlskomponente. Die kognitive Komponente umfasst vor allem Interpretationen der Situation, die in einen Bewertungsprozess eingehen, der die Art der Emotion mitdeterminiert (vgl. Ellsworth, 1991; Frijda, 1993; Lazarus, 1991; Roseman, Antoniou, & Jose, 1996; Scherer, 1997). Die neurophysiologische Komponente bezeichnet physiologische

Aktivierungszustände, die für eine bestimmte Emotion konstituierend sind; zu den klassischen Theorien, die eine autonome Erregung als Determinanten der Gefühlszustände sehen, zählt James-Lange-Theorie (James, 1884; Lange, 1887). Die Ausdruckskomponente wird oft nicht nur als eine Komponente, sondern auch als Determinante einer Emotion gesehen, in Anlehnung an Darwins (1872) Überlegung, dass viele Ausdrucksbewegungen Überreste von früher zweckmäßigen Bewegungen sind, d.h. von Bewegungen, die in irgendeiner Form der Bewältigung der Situation dienten. Die Art der Ausdrucksbewegungen determinieren qualitativ unterschiedliche Emotionen (vgl. Ekman, 1984; Tomkins, 1984). Die motivationale Komponente hat damit zu tun, dass eine bestimmte Emotion zu bestimmten Verhaltenstendenzen führt. So führt zum Beispiel Angst zu einer Fluchtbereitschaft, während Ärger zu erhöhter Aggressionsbereitschaft führt (vgl. Frijda, 1986). Schließlich wird von Scherer die Gefühlskomponente einer Emotion genannt, die in der Psychologie vor allem zum Versuch führte, Erlebnisdimensionen der Emotion aufzuzeigen, wie etwa Lust-Unlust, Erregung-Beruhigung oder Spannung-Lösung, oder semantische Räume, die Gefühlszustände abbilden, zu definieren (z.B. Russell, 1980; Shaver, Schwartz, Kirson, & O'Connor, 1987).

Bei Stimmungen unterscheidet man innerhalb der Psychologie zwischen einer positiven und einer negativen Stimmung. Eine Stimmung ist meist weniger intensiv als eine Emotion, ihr fehlt vor allem der Aspekt der Gerichtetheit auf ein Objekt (vgl. Schwarz, 1987). So kann eine negative Stimmung nicht in qualitativ distinkte Qualitäten unterschieden werden, wie dies bei Emotionen der Fall ist. Eine Stimmung ist eine unspezifische Folge von persönlichen Zuständen oder Umweltereignissen. Entsprechend dient die eigene Stimmung oft als unspezifischer Indikator für den Zustand der Person und ihrer Umwelt: Ist die Stimmung positiv, wird dies oft als Indikator dafür verwendet, dass der Zustand der Person und der Umwelt gut ist und keiner weiteren Aufmerksamkeit bedarf, während eine negative Stimmung als Indikator dafür verwendet wird, dass etwas nicht in Ordnung ist, was größere Aufmerksamkeit für die Determinanten des Zustands der Person oder der Umwelt verlangt (vgl. Schwarz, 1987).

Für die affektive Bewertung von Stimuli gibt es keinen eigenen Terminus. Kunst-Wilson & Zajonc (1980) sprechen zum Beispiel von „affective discrimination" und „affective responses". Hier wird davon ausgegangen, dass wahrgenommene Stimuli oder Personen nicht nur kognitiv verarbeitet, sondern immer auch affektiv bewertet werden. Affektive Beurteilungen sind Bewertungen. Zajonc (1968) konnte eindeutige Zusammenhänge aufzeigen zwischen der Auftretenshäufigkeit von Wörtern in der englischen Sprache (als Operationalisierung der Darbietungshäufigkeit eines Stimulus, des 'Mere Exposure') und deren Beurteilung auf der Evaluationsdimension, nicht aber der Aktivitäts- und Potenzdimension im semantischen Differential von Osgood,

Suci, & Tannenbaum (1957). Hier zeigte sich also, dass häufigere Darbietung zu einer positiveren Bewertung führte, nicht aber zu einer höheren Beurteilung der anderen beiden Dimensionen. Im Gegensatz zu Stimmungen sind affektive Beurteilungen auf ein Objekt gerichtet, wie dies ein Kennzeichen von Emotionen ist. Im Gegensatz zu Emotionen sind affektive Beurteilungen diffus, d.h. es kann nur zwischen den Dimensionen positiv und negativ unterschieden werden, wie dies ein Kennzeichen von Stimmungen ist. Wir sprechen von affektiven Urteilen, wenn einzelne Stimuli bewertet werden, und von Präferenzurteilen, wenn zwei Stimuli auf ihre affektiven Gehalt hin verglichen werden. Mit Präferenzurteilen sind in dieser Arbeit immer affektive Präferenzurteile gemeint, nicht zum Beispiel Präferenzen aufgrund einer ökonomisch orientierten Bewertung, wie sie in den in Unterkapitel 1.3 beschriebenen Beispielen von Kaufentscheiden für einen CD-Player eine Rolle spielt.

Zajonc (1968) hat eine Reihe von Untersuchungen vorgelegt, in denen er aufzeigen konnte, dass die wiederholte Darbietung von Stimuli zu einer positiveren affektiven Einschätzung führte (vgl. auch die Zusammenfassung in Reber, 1994). Als Stimuli verwendete er unter anderem chinesische Schriftzeichen und vertraute versus unvertraute Wörter. Dieser 'Mere Exposure'-Effekt auf affektive Urteile konnte auch von anderen AutorInnen repliziert werden (vgl. Bornstein, 1989). In einem Experiment (Harmon-Jones & Allen, 1998), in dem elektromyographische Ableitungen verwendet wurden, konnte auch gezeigt werden, dass die Präsentation von Stimuli zu erhöhter Aktivität des Zygomaticus Major führte, dessen Aktivität mit positivem Affekt einhergeht. Der 'Mere-Exposure'-Effekt konnte auch unabhängig von Wiedererkennensleistungen gefunden werden (Kunst-Wilson & Zajonc, 1980; Moreland & Zajonc, 1977, 1979; Wilson, 1979). Ein typisches Experiment ist dasjenige von Wilson (1979; Experiment 2), in dem den Versuchspersonen auf das rechte Ohr eine Geschichte vorgelesen wurde, auf die sie sich konzentrieren mussten; auf das linke Ohr wurde etwa 30 Sekunden nach Beginn der Geschichte eine Tonsequenz vorgespielt. Im Testdurchgang wurde die Tonsequenz nochmals vorgegeben und die Probanden hatten anzugeben, ob (1) ihnen die Tonsequenz beim Hören der Geschichte schon einmal vorgespielt wurde und (2) welches Gefühl sie gegenüber den einzelnen Tonsequenzen hätten. Die Resultate waren eindeutig: Gaben die Versuchspersonen an, eine Tonsequenz komme ihnen bekannt vor, dann war der Affekt nicht signifikant positiver als bei subjektiv unvertrauten Tonsequenzen. Hingegen spielte eine Rolle, ob die Tonsequenzen tatsächlich vorgespielt wurden: Bereits vorher präsentierte Tonsequenzen wurden als signifikant positiver eingestuft als neue, zuvor nicht präsentierte Tonsequenzen, und dies unabhängig davon, ob die Versuchspersonen die Tonsequenzen als subjektiv vertrauter einschätzten. Eine kritische Variable ist die Darbietungszeit des Stimulus: Subliminale Präsentationen führen zu einem bedeutend stärkeren 'Mere Exposure effect' als lange Darbietungszeiten (Bornstein, 1989; Seamon, Brody & Kauff, 1983; Seamon, Marsh & Brody, 1984).

Zajonc (1980) hat aufgrund dieser Befunde postuliert, dass Affekte nicht einfach als Resultate kognitiver Evaluationsprozesse gesehen werden dürfen, sondern umgekehrt kognitive Verarbeitungsprozesse in bereits vorhandene Affekte eingebettet seien. Er ging von folgenden Postulaten aus: (1) Affekte sind zuerst vorhanden; zum Beispiel werden Entscheidungen nicht auf der Grundlage rationaler Prozesse getroffen, später aber rational gerechtfertigt. (2) Affekte dürften in der Evolution vor bewussten Kognitionen aufgetreten sein. So könnte der Umstand, dass bei der Kategorisierung von Gesichtsausdrücken etwa 50% der Varianz durch die Lust-Unlust-Dimension ausgedrückt wird, damit zu tun haben, dass wir Gesichter affektiv bewerten, ohne eine elaborierte Merkmalsanalyse des Gesichts vorzunehmen. (3) Affektiven Reaktionen kann man nicht ausweichen. Affektive Reaktionen können oft nicht kontrolliert werden, sie treten automatisch auf. Während Merkmale eines menschlichen Gesichts (Augenfarbe, Teint, Frisur) oft unbemerkt bleiben, können sich Personen einem Sympathieurteil kaum entziehen. (4) Affektive Urteile sind unwiderruflich, sie sind — im Gegensatz zu kognitiven Urteilen — selten 'falsch'; wenn Personen sehen, dass sie sich bei der Lösung eines Syllogismus geirrt haben, können sie dieses Urteil durch einen Augenschein revidieren; wenn sie hingegen ungerne Syllogismen lösen, lassen sie sich nicht so einfach vom Gegenteil überzeugen. (5) Affektive Urteile sind immer selbstbezogen. Personen sagen zum Beispiel: „Ich mag die Berge“ oder: „Ich finde die Berge schön“. Sie sagen aber nicht: „Ich finde die Berge weiss“. (6) Affektive Reaktionen sind schwierig zu verbalisieren, besonders die Gründe für ein bestimmtes affektives Urteil. Affektive Reaktionen nutzen andere Kanäle als die Verbalisierung, zum Beispiel Gesichtsausdruck, Muskeltonus, Änderungen des vegetativen Nervensystems usw. (7) Affektive Reaktionen sind nicht abhängig von kognitiver Verarbeitung. Absolut nachvollziehbar ist die Tatsache, dass ein Kind Spinat nicht lieber isst, auch wenn es mit den besten Argumenten überzeugt worden ist. (8) Affektive Reaktionen können vom Inhalt losgelöst sein. Wenn wir mit einer Person Streit hatten, so können wir selbst dann der Person ein negatives Urteil nachtragen, wenn der Konflikt beigelegt ist und wir der anderen Person gar recht geben mussten.

Die Frage erhebt sich, inwiefern bei Präferenzurteilen für abstrakte Figuren, wie sie zur Untersuchung des ‘Mere Exposure’-Effekts verwendet werden, von ästhetischen Urteilen gesprochen werden kann. Hier kommen philosophische und psychologische Traditionen zu gänzlich gegensätzlichen Schlüssen (siehe Hekkert, 1995): Während Phänomene wie die affektive Diskrimination, wie sie Kunst-Wilson & Zajonc (1980) demonstriert haben, in der Philosophie keinesfalls mit Ästhetik in Verbindung gebracht würden (vgl. z.B. Dickie, 1997), gibt es in der empirischen Ästhetik, beginnend mit Fechner (1876)[7], eine lange Tradition einer Ästhetik „von unten“, die von der atomistischen Annahme ausgeht, dass auch Elemente von bildlichem Material — wie Rechtecke, Kreise, usw. — ästhetisch bewertet werden können (vgl. Hekkert, 1995). Dabei wird von der Annahme ausgegangen, dass die Grundprozesse kognitiven und affektiven — oder auch ästhetischen — Erlebens von bildlichem Material die gleichen sind, unabhängig davon, ob es sich um einfache Stimuli oder um Kunstwerke handelt (vgl. z.B. Arnheim, 1966). Ich gehe auf diese Debatte nicht weiter ein und spreche fortan von affektiven Urteilen oder Präferenzurteilen, möchte aber nicht unerwähnt lassen, dass die hier präsentierte Forschung durchaus relevant für die empirische Ästhetik sein kann (vgl. Reber, 1998).

2.4 Theoretische Überlegungen zur Wirkung der Wiederholung auf evaluative Urteile

Jacoby und seine Mitarbeiter haben sich Gedanken gemacht, wie Wiederholungen evaluative Urteile beeinflussen können (z.B. Jacoby et al., 1989b). Er schlug ein Zweiphasenmodell vor: In einer ersten Phase wird durch Wiederholung die perzeptuelle Geläufigkeit erhöht, in einer zweiten Phase wird die perzeptuelle Geläufigkeit erfragten Merkmalen attribuiert: Der Präferenz, wenn affektive Urteile erfragt werden (vgl. auch Seamon et al., 1983), der Wahrheit, wenn diese beurteilt werden muss, oder der Vertrautheit, wenn die Frage beantwortet werden muss, wie vertraut ein Stimulus sei. Daraus folgt, dass ein bereits gezeigter Stimulus als affektiv positiver beurteilt werden müsste als ein neuer Stimulus, wenn der Fragefokus positiv ist, wenn also die Frage z.B. lautet, welcher Stimulus angenehmer sei oder welcher Stimulus mehr gefalle. Derselbe Stimulus müsste aber als affektiv negativer beurteilt werden, wenn der Fragefokus negativ ist, wenn also die Frage z.B. lautet, welcher Stimulus unangenehmer sei oder welcher Stimulus mehr missfalle (vgl. Mandler et al., 1987). Diese Hypothese steht im Gegensatz zum Ansatz von Zajonc (1968; 1980), der bei Wiederholung der Stimuli eine Veränderung ausschließlich in positiver Richtung vorhersagt. Zajonc geht davon aus, dass mit der Wiederholung eines Stimulus ursprünglich negativer Affekt, der mit dem Stimulus verbunden ist, sich nach und nach abschwächt. Der Affekt ist also an die Vertrautheit des Stimulus gebunden und ist nicht Resultat eines Attributionsprozesses. Eine mögliche Erklärung für einen ausschließlich positiven Effekt hoher perzeptueller Geläufigkeit ist die, dass mit der

---

[7] Fechner (1865; 1876) gilt mit seinen Studien zum Goldenen Schnitt als Begründer der empirischen Aesthetik. Seine ursprünglichen Resultate sind allerdings nur schwer replizierbar (Höge, 1997).

perzeptuellen Geläufigkeit die Vorhersagbarkeit des Stimulus oder der Situation ansteigt (vgl. auch die Diskussion in Perrig, 1998). Vorhersagbarkeit wiederum wird als affektiv positiv erlebt, was auch von einer Theorie der Unsicherheitsreduktion vorhergesagt wird (Berlyne, 1960). Mit dieser These könnte man durchaus eine Brükke schlagen zu Befunden, die einen Zusammenhang zwischen erlebter Kontrolle (Vorhersagbarkeit) und Wohlbefinden (affektiver Zustand) aufzeigen (z.B. Flammer, 1990; Flammer, Ito, Lüthi, Plaschy, Reber, Zurbriggen, & Sugimine, 1995).

Mandler et al. (1987) untersuchten die Frage, ob der 'Mere Exposure'-Effekt eher mit einem Attributionsansatz oder einer Hypothese, wonach Vertrautheit immer positive Wirkungen auf den Affekt habe, zu erklären sei, indem sie Versuchspersonen abstrakte Figuren zeigten und in einer Testphase die Versuchsperson zwischen alten und neuen Figuren wählen ließen. Die Versuchspersonen mussten entweder die angenehmere Figur, die dunklere oder die hellere Figur wählen. Das Resultat sprach für die Attributionshypothese: Alte Figuren wurden nicht nur bevorzugt, sie wurden auch als dunkler *und* heller beurteilt. Eine zusätzliche Gruppe musste diejenigen Figuren wählen, die unangenehmer waren. Hier konnte kein Unterschied zum Zufallsniveau beobachtet werden, so dass die Debatte ungelöst blieb, ob Effekte der Wiederholung auf affektive Urteile besser mit einer Attributionshypothese oder mit einer Hypothese der positiven Wirkung der Vertrautheit erklärt werden können (vgl. die Diskussion zu Experiment 2).

Mandler et al. (1987) haben nun den Effekt der Wiederholung auf Urteile der Dunkelheit und Helligkeit generalisiert auf Affekturteile: Da wiederholte Figuren als dunkler und heller beurteilt wurden, nahmen sie an, dass perzeptuelle Geläufigkeit dem Merkmal der jeweiligen Fragestellung attribuiert werde, der Dunkelheit, wenn Dunkelheit gefragt ist, der Helligkeit, wenn Helligkeit gefragt ist. Ausserdem wurde implizit die Annahme vertreten, dass affektiven Urteilen die gleichen Mechanismen zugrundeliegen wie den Dunkelheits- und Helligkeitsurteilen. Dies ist aber nicht notwendigerweise der Fall: Es scheint plausibel, dass Urteile der Helligkeit und der Dunkelheit hypothesengeleitet sind; wenn die Versuchsperson beurteilen muss, wie dunkel ein Stimulus ist, wird sie nach diesen dunklen Anteilen des Stimulus suchen. Wird eine Beurteilung der Helligkeit eines Stimulus verlangt, dann sucht die Versuchsperson möglicherweise nach hellen Anteilen des Stimulus. Eine derartige hypothesengeleitete Wahrnehmung (vgl. Neisser, 1976, dt. 1979) ist für affektive Urteile von neutralen Stimuli eher unwahrscheinlich: Versuchspersonen suchen kaum nach angenehmen bzw. unangenehmen Anteilen in einem affektiv neutralen Stimulus.

Jacoby und seine Mitarbeiter haben bisher vor allem die Wirkung der perzeptuellen Geläufigkeit auf Vertrautheitsurteile untersucht, indem sie Klarheit des Stimulus (gut versus weniger gut sichtbar) und vorherige Präsentation (alt versus neu) orthogonal manipulierten. In der Tat erhielten sie Effekte sowohl der Stimulusklarheit wie der vorherigen Präsentation (Jacoby & Whitehouse, 1989; Whittlesea, 1993; Whittlesea et al., 1990).

Bisher wenig untersucht wurde die Wirkung der nicht durch Wiederholung manipulierten perzeptuellen Geläufigkeit auf affektive Urteile. Whittlesea (1993) konnte Effekte der Verarbeitungsleichtigkeit auf affektive Urteile nachweisen, wobei Verarbeitungsleichtigkeit sowohl über die vorherige Präsentation wie über den semantischen Kontext manipuliert wurde (vgl. Einführung Kap. 3). In der Wahrnehmungspsychologie wurde von Palmer (1991) die Vermutung geäussert, dass die perzeptuelle Geläufigkeit per se die beurteilte Güte einer Form bestimmt: Er erklärt dies aus der Tatsache, dass diejenigen Formen, die leichter identifiziert werden (z.B. bestimmte Symmetrien), auch für gute Formen gehalten werden ("goodness of form" oder "pattern goodness"). Palmer gibt zu, dass diese Vermutung spekulativ ist, da die Leichtigkeit der Verarbeitung und die von ihm und anderen (z.B. Garner, 1974; Garner & Clement, 1963) verwendeten Urteile auch eine gemeinsame Ursache haben könnten, also nur miteinander korrelieren, ohne dass eine kausale Beziehung zwischen den beiden Maßen besteht. Immerhin konnte verschiedentlich gezeigt werden, dass diejenigen Symmetrien die kürzesten Reaktionszeiten in Symmetriedetektionsaufgaben aufwiesen (Palmer & Hemenway, 1978; Royer, 1981), die am wenigsten Transformationsvarianten besitzen (vgl. hierzu Weyl, 1952) und auch als gute Formen eingeschätzt wurden (Garner & Clement, 1963).

Schellenberg & Trehub (1996) haben im Bereich der Musikpsychologie nachgewiesen, dass Kleinkinder — von denen angenommen werden darf, dass noch wenig Kultureinflüsse vohanden sind — diejenigen Tonpaare leichter verarbeiten, die mittelalterliche Musikgelehrte als harmonische Kombinationen ansahen.

Die Verarbeitungsleichtigkeit beim Abruf spielt auch eine Rolle bei der Einschätzung der eigenen Erinnerungsfähigkeit (Begg, Duft, Lalonde, Melnick, & Sanvito, 1989; Benjamin et al., 1998): Je leichter ein Item bei der Einschätzungsaufgabe verarbeitet werden kann, desto höher schätzen Personen die Wahrscheinlichkeit ein, dass sie dieses Item später wieder abrufen können.

Es gibt aber auch zumindest einen Befund, der einen Effekt von perzeptueller Geläufigkeit auf evaluative Urteile nicht unterstützt. Buchner (1994) hat — wie bereits in Unterkapitel 2.2 erwähnt, herausgefunden, dass das Erlernen einer künstlichen Grammatik zu erhöhter perzeptueller Geläufigkeit führt, d.h. die Identifikationszeiten mit einer Klarifikationsprozedur (Feustel et al., 1983) waren für grammatikalische Items niedriger als für ungrammatikalische Items. Ausserdem waren die Grammatikalitätsurteile überzufällig richtig, d.h. die Versuchspersonen konnten überzufällig grammatikalische von ungrammatikalischen Items unterscheiden. Ihn interessierte nun, inwiefern die perzeptuelle Geläufigkeit Grammatikalitätsurteile beeinflusst. Dazu analysierte er, inwiefern kürzere Identifikationszeiten zur Klassifikation von

Items als grammatikalisch richtig beitrugen. Diese Analyse erbrachte keinerlei Zusammenhang zwischen Identifikationszeiten und der Klassifikation der Items. Es gibt nun verschiedene Gründe, warum dieser Zusammenhang nicht zustande kam. Erstens mag es in der Tat sein, dass eine Dissoziation besteht zwischen perzeptueller Geläufigkeit und Klassifikation: Das Erlernen der künstlichen Grammatik führt zwar dazu, dass die perzeptuelle Geläufigkeit erhöht wird, die Klassifikation wird aber nicht über eine Vertrautheitsheuristik vorgenommen (siehe Jacoby, 1991; Jacoby et al., 1989), sondern über das bewusste Erinnern von Fragmenten der Lernstimuli, wie dies Perruchet & Pacteau (1990) vorgeschlagen haben. Eine zweite Möglichkeit besteht darin, dass Personen sowohl explizites Wissen wie Vertrautheit als Grundlage ihrer Grammatikalitätsurteile verwenden können, dass aber in der Studie von Buchner explizites Wissen zeitlich zuerst aktiviert wurde, so dass das explizite Wissen zur Grundlage der Grammatikalitätsurteile wird. Diese beiden Möglichkeiten hat auch Buchner (1994) diskutiert. Eine dritte Möglichkeit ist die, dass die Versuchspersonen, die sowohl die Identifikation vornehmen wie das Grammatikalitätsurteil abgeben mussten, ihr Grammatikalitätsurteil revidierten, wenn ihnen bewusst wurde, dass dieses von der perzeptuellen Geläufigkeit, hier von der Identifikationsgeschwindigkeit, beeinflusst wurde. Es gibt gute Gründe für und gegen diese Erklärung: Für diese Erklärung spricht, dass wiederholt und für verschiedenste Bereiche solche Korrekturprozesse nachgewiesen werden konnten (Reber, 1997; siehe Unterkapitel 1.4 dieser Arbeit). Gegen diese Interpretation von Buchners Befunden spricht, dass es in Experimenten zur Wiederholung und Urteilen der Wahrheit (Brown & Nix, 1996) und der Berühmtheit (Jacoby et al., 1989a) selbst dann zu Effekten der perzeptuellen Geläufigkeit kam, wenn die Versuchspersonen darauf hingewiesen wurden, dass die im Lerndurchgang gezeigte Information falsch sei, d.h. dass die gezeigten Items unwahre Aussagen bzw. unberühmte Personen seien. Die Urteile wurden erst dann korrigiert, wenn die Versuchspersonen instruiert wurden, zuerst die Items wiederzuerkennen (Jacoby et al. 1989a). Es ist also nur schwer einsichtig, weshalb die Versuchspersonen in Buchners Experiment, die keinen Grund hatten, an der Grundlage ihrer Urteile zu zweifeln, ihre Grammatikalitätsurteile nicht auf der perzeptuellen Geläufigkeit basierten, ist es doch in anderen Experimenten trotz der Induktion massiver Zweifel an der Informationsquelle nicht gelungen, die Versuchspersonen zu einer Korrektur ihrer Urteile zu bewegen. Hier wird weitere Forschung nötig sein, um die Frage zu beantworten, ob die Vertrautheit von Stimuli — und damit einhergehend perzeptuelle Geläufigkeit — Grammatikalitätsurteile in artifiziellen Grammatiklernexperimenten beeinflussen kann.

2.5 Wiederholung, perzeptuelle Geläufigkeit, und evaluative Urteile: Eine Zusammenfassung

Bevor wir zum experimentellen Teil kommen, möchte ich das bisher Gesagte im Hinblick auf die experimentellen Variablen kurz zusammenfassen (vgl. Abb. 3).

Bis heute ist bekannt, dass Wiederholung sowohl die perzeptuelle Geläufigkeit als auch verschiedene evaluative Urteile, wie affektive oder Wahrheitsurteile, beeinflusst. Diese Ergebnisse wurden oben berichtet und werden z.T. auch im empirischen Teil weiter diskutiert. Die Fragestellung in allen nun folgenden Experimenten ist die, ob perzeptuelle Geläufigkeit evaluative Urteile beeinflussen kann.

Bisher wurde in Experimenten über evaluative Urteile perzeptuelle Geläufigkeit ausschließlich über Wiederholung manipuliert. Es konnte gezeigt werden, dass Wiederholung sowohl die perzeptuelle Geläufigkeit wie affektive und Wahrheitsurteile beeinflusst. Unsere Strategie wird es nun sein, aufzuzeigen, dass perzeptuelle Geläufigkeit über andere Variablen als die Wiederholung manipuliert werden kann und immer noch einen Einfluss hat auf affektive und Wahrheitsurteile.

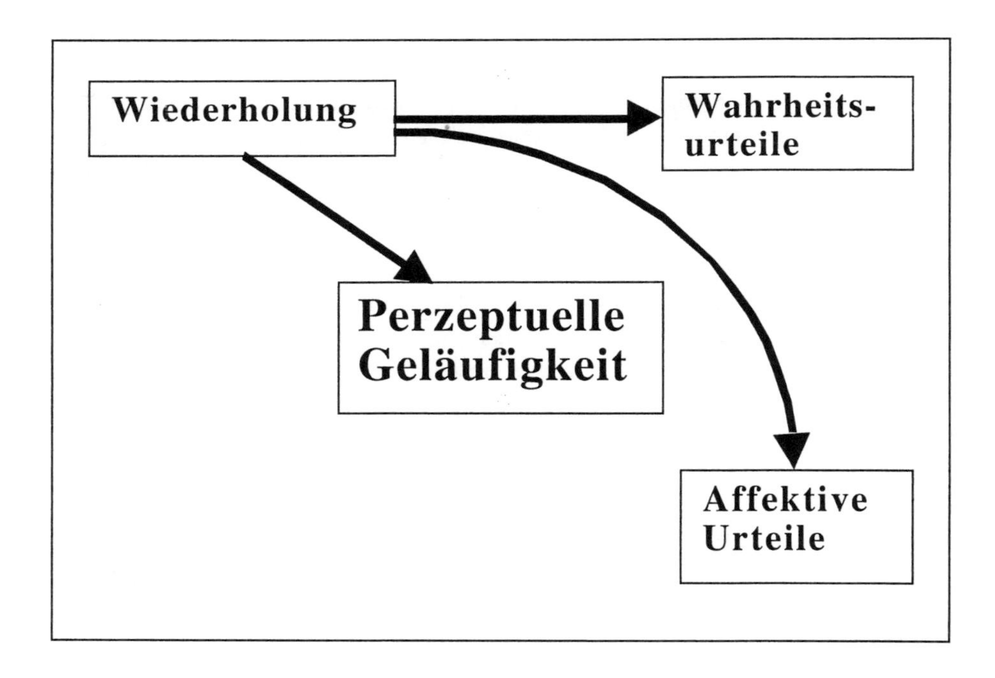

Abbildung 3: Stand der bisherigen Forschung

Experimenteller Teil

3 Die Wirkung von Priming, Präsentationszeit und Kontrast auf affektive Urteile

Es konnte gezeigt werden, dass die wiederholte Darbietung von Stimuli (z.B. Polygone) die Präferenz für diese Stimuli gegenüber neuen Stimuli erhöht (z.B. Kunst-Wilson & Zajonc, 1980; Zajonc, 1968; siehe Bornstein, 1989, für eine Uebersicht). Dieser "Mere Exposure"-Effekt wurde unter anderem durch eine zweistufige Attributions-Theorie erklärt (Bornstein & D'Agostino, 1994; Jacoby et al., 1989b; Seamon et al., 1983): In einem ersten Schritt führt die wiederholte Präsentation eines Stimulus zu einem subjektiven Gefühl erhöhter Wahrnehmungsleichtigkeit. In einem zweiten Schritt wird perzeptuelle Geläufigkeit positivem Affekt misattribuiert, was in einer erhöhten Präferenz für alte gegenüber neuen Stimuli resultiert. In der Tat konnte gefunden werden, dass die Leichtigkeit konzeptueller Verarbeitung von Wörtern — gemessen über die Lesezeit der Wörter — affektive Urteile beeinflusst, unabhängig davon, ob die Leichtigkeit konzeptueller Verarbeitung durch vorherige Präsentation des Wortes oder durch die Vorhersagbarkeit des semantischen Kontextes, in dem das Wort präsentiert wurde, manipuliert wurde (Whittlesea, 1993). Allerdings bleibt unklar, ob in der Tat perzeptuelle Geläufigkeit oder die Übereinstimmung des semantischen Kontexts mit dem zu beurteilenden Wort affektive Urteile beeinflussen. Überdies haben Whittlesea et al. (1990) gezeigt, dass erhöhte perzeptuelle Geläufigkeit zu erhöhter Vertrautheit führt, unabhängig davon, ob die perzeptuelle Geläufigkeit über wiederholte Darbietung oder visuelle Klarheit manipuliert wurde. In beiden Experimentserien wurden allerdings sowohl der Einfluss der objektiven Vertrautheit (alter versus neuer Stimulus) wie der visuellen Klarheit der Präsentation manipuliert. Dadurch ist eine alternative Erklärungsmöglichkeit der Befunde denkbar: Es ist nicht die perzeptuelle Geläufigkeit, die zu positiven affektiven Urteilen führt, sondern die Vertrautheit von Stimuli. In diesem Falle würde perzeptuelle Geläufigkeit der Vertrautheit attribuiert, welche wiederum als affektiv positiv empfunden wird. Wenn tatsächlich perzeptuelle Geläufigkeit zu erhöhter Präferenz führt, dann sollte Wahrnehmungsleichtigkeit, die ausschließlich über die visuelle Klarheit (z.B. hoher Kontrast) manipuliert wird, ausreichend sein, um erhöhte Präferenz zu erzeugen, unabhängig von der vorherigen Präsentation eines Stimulus.

Wenn perzeptuelle Geläufigkeit Präferenzurteile beeinflusst, dann sollte erhöhte perzeptuelle Geläufigkeit auch dann zu positiveren affektiven Urteilen führen, wenn jene über andere Variablen als die Wiederholung manipuliert wird. In der Tat sollte jede Variable, die perzeptuelle Geläufigkeit beeinflusst, auch einen Einfluss auf affektive Urteile haben. Wir wählten für unsere Untersuchungen zwei Variablen, die in früherer Forschung als abhängige Variablen zur Messung der perzeptuellen Geläufigkeit herangezogen wurden: Die Präsentationszeit und visuelle Klarheit. Die Teilnehmer in den Experimenten von Witherspoon und Allan (1985) beurteilten die Dauer von im Lerndurchgang dargebotenen Stimuli als kürzer als die Zeitdauer von neuen, vorher nie dargebotenen Stimuli. Whittlesea et al. (1990, Experiment 4) konnten zeigen, dass die Versuchspersonen für im Lerndurchgang dargebotene Items höhere Klarheitsratings gaben als für neue Items; wir manipulierten Klarheit über den Figur-Grund-Kontrast.

Jacoby & Dallas (1981) benutzten eine perzeptuelle Identifikationsaufgabe zur Messung der objektiven perzeptuellen Geläufigkeit: Die Versuchsteilnehmer mussten Wörter lesen, die für eine kurze Zeit präsentiert wurden. Sie konnten alte, bereits einmal gezeigte Wörter besser identifizieren als neue, vorher nicht gezeigte Wörter. Für beide Maße der subjektiven perzeptuellen Geläufigkeit — Präsentationszeit und Klarheit — konnte gezeigt werden, dass diese mit Maßen der objektiven perzeptuellen Geläufigkeit in Zusammenhang stehen. Mackworth (1963) zeigte, dass die Erhöhung der Präsentationszeit von maskierten Stimuli die Identifikationsleistung verbessert. In einem Experiment über die Wiedererkennung von Mustern fanden Chekkosky & Whitlock (1973), dass schwacher Figur-Grund-Kontrast die Reaktionszeiten erhöhte, was niedrigere perzeptuelle Geläufigkeit für Stimuli mit geringem Kontrast indiziert. Wir konnten diesen Befund replizieren, sowohl mit Feustel et al's. (1983) Klarifikationsprozedur wie mit Jacoby und Dallas' (1981) perzeptuellem Identifikationsparadigma (Reber, unpublizierte Daten): Je höher der Kontrast, desto besser die Leistung, d.h. desto schneller die Identifikation der fünf- oder sechsbuchstabigen Wörter mit der Klarifikationsprozedur beziehungsweise desto besser die Identifikation mit dem perzeptuellen Identifikationsparadigma.

Wenn der "Mere Exposure"-Effekt durch den von Jacoby und seinen Mitarbeitern postulierten zweistufigen Prozess beschrieben werden kann, dann stellt sich die Frage, ob perzeptuelle Geläufigkeit als subjektives Gefühl affektiv neutral ist. Ist dies der Fall, dann dürfte perzeptuelle Geläufigkeit positivem Affekt misattribuiert werden, wenn ein positives Stimulusmerkmal (z.B. „Gefallen“ oder „Angenehmheit“) erfragt wird; perzeptuelle Geläufigkeit dürfte hingegen negativen Stimulusmerkmale misattribuiert werden, wenn ein negatives Stimulusmerkmal erfragt wird (z.B. „Missfallen“ oder „Unangenehmheit“; siehe Bornstein & D'Agostino, 1994, 125). Wenn hingegen perzeptuelle Geläufigkeit affektiv positiv ist, dann sollte das affektive Urteil positiver ausfallen, unabhängig davon, wie die Frage gestellt wird. Theoretisch lässt sich eine affektiv positive Wirkung der perzeptuellen Geläufigkeit dadurch erklären, dass die Vorhersagbarkeit des Stimulus mit steigender perzeptueller Geläufigkeit erhöht wird (vgl. Berlyne, 1960; Obermiller, 1985). Einige Befunde zeigen, dass perzeptuelle Geläufigkeit jenen Merkmalen attribuiert werden, die erfragt werden, z.B. heller, dunkler, klarer, usw. (z.B. Mandler et al., 1987; Whittlesea, 1993; vgl. Unterkapitel 2.4). Bisher wurden allerdings Effekte der perzeptuelle Geläufigkeit nur für erfragte positive Stimulusmerkmale gefunden. Mandler et al. (1987) erhielten "Mere Exposure"-Effekte nur dann, wenn die Versuchspersonen gefragt wurden, welches von zwei Polygonen sie lieber hätten, nicht aber, wenn sie gefragt wurden, welches von zwei Polygonen sie weniger mögen. In neueren Studien konnten Seamon, McKenna, & Binder (1998) zeigen, dass Wiederholung zu höheren Urteilen des Gefallens und niedrigeren Urteilen des Missfallens führen. Sie konnten Mandler et al's (1987) Resultate zum Einfluss der Wiederholung auf Urteile der Dunkelheit bzw. Helligkeit der Stimuli nicht wiederholen. Hier wird sich entscheiden müssen, ob Mandler et al. (1987) die Attributionseffekte auf die Dunkelheits- und Helligkeitsurteile zufällig erhalten haben oder ob die experimentelle Anlage von Seamon et al. (1998) zu wenig sensitiv ist, um diese Effekte zu replizieren. Um die Fragen zu klären, ob (1) perzeptuelle Geläufigkeit affektive Urteile beeinflusst und (2) allfällige Effekte wegen nonspezifischer Attributionen von Aufgabestellungen (Beurteilung des Gefallens versus Beurteilung des Missfallens) auf die Urteile zustande kommen, wurden vier Experimente durchgeführt, in denen die Effekte der perzeptuellen Geläufigkeit von Stimuli auf die affektive Beurteilung gemessen wurden. Der Fragefokus war entweder positiv, („Gefallen“ in den Experimenten 1 und 2, „pretty“ in den Experimente 3 und 4) oder negativ (Missfallen in den Experimenten 1 und 2, „ugly“ in den Experimenten 3 und 4).

Hier muss ein kleiner Exkurs über die Begriffe eingefügt werden, die in den hier beschriebenen Experimenten zur Bezeichnung der Dimensionen des affektiven Urteils verwendet wurden. Man kann den Versuchspersonen natürlich kaum zumuten, sie sollen den „globalen, diffusen affektiven Gehalt“ eines präsentierten Stimulus beurteilen. Hier wäre nicht gewährleistet, dass alle Versuchspersonen auch nur annähernd das Gleiche darunter verstehen, abgesehen davon, dass es sich hier nicht um einen vertrauten, alltäglichen Begriff handeln würde, sondern — aus der Sicht der Versuchsperson — um eine gekünstelte Begriffskonstruktion. Also steht man vor der Aufgabe, Alltagsbegriffe zu suchen, die etwa denjenigen Dimensionen entsprechen, an denen man interessiert ist. In den Vereinigten Staaten wählten wir die Begriffe „pretty“ und „ugly“, was ich hier mit „angenehm“ und „unangenehm“ übersetzen werde (s. unten). Wir haben nun zwei Dinge getan: Erstens eine grobe Analyse der lexikalischen Bedeutung des Wortes, um abzuklären, ob das Wort im Zusammenhang mit dem in dieser Arbeit verwendeten Stimulusmaterial — Kreise, Strichzeichnungen, Schachbrettmuster oder Buchstabenketten — überhaupt gebraucht werden kann. Für „pretty" ist der Eintrag im Random House Webster's College Dictionary, Ausgabe 1992: „...2. pleasing or charming but lacking in grandeur, importance, or force...". Für ugly steht im gleichen Werk: „...2. disagreeable, objectionable". In der Tat scheinen die beiden Begriffe den Zustand eines Objekts zu bezeichnen, der im Falle von „pretty" einen positiven, im Falle von „ugly" einen negativen affektiven Zustand der Person zur Folge hat. Dieser Zustand scheint auf ein Objekt gerichtet zu sein, ist aber global und diffus, weil er nur eine Unterteilung des Objekts in affektiv positiv und affektiv negativ erlaubt. Nach dieser — zugegebenermaßen sehr groben — lexikalischen Analyse wurde in einem zweiten Schritt überprüft, ob diese Begriffe auf die Beurteilung der hier verwendeten Stimuli anwendbar sind. In der Tat haben sowohl amerikanische Kollegen wie Pilotversuchspersonen keinen Anstoss an diesen Begriffen genommen. Auch bei der Durchführung der Experimente mit Hunderten von Versuchspersonen ergaben sich keinerlei Anhaltspunkte, dass diese Begriffe inadäquat seien. Inzwischen sind einige dieser Experimente in einer impact-starken amerikanischen Zeitschrift mit strengem Review-Verfahren publiziert (Reber et al., 1998), ohne dass einer der muttersprachlichen Gutachter oder Herausgeber Anstoß an diesen Begriffen genommen hätte. Wie die grobe Analyse der lexikalischen Bedeutung brachte der empirische Zugang die Bestätigung, dass die Begriffe „pretty" und „ugly" für die hier gebrauchten Stimuli verwendet werden können.

Ganz anders im französischen und im deutschen Sprachraum: Hier scheint es keine Übersetzungen von „pretty" und „ugly" zu geben, die in ihrer Bedeutung breit genug wären, um als Begriffe für die affektive Beurteilung von Kreisen, Strichzeichnungen und dergleichen verwendet zu werden. Im französischen Sprachraum erklärte man mir, dass die Begriffe „beau" und „moche" keinesfalls geeignet seien, um die fraglichen Beurteilungsdimensionen erfassen zu können. Hingegen könne man danach fragen, ob einem die Stimuli gefallen oder missfallen (also „plaire und déplaire"). Im deutschen Sprachraum schien es mir klar, dass man die Begriffe „schön" und vor allem „hässlich" für das vorliegende Stimulusmaterial nicht gebrauchen kann. Dies wurde mir von Kolleginnen und Kollegen auch so bestätigt. Hingegen schienen die Begriffe „gefallen" und „missfallen" keine Probleme zu bereiten, und in der Tat gab es weder bei Pilotuntersuchungen noch bei Experimenten Anzeichen, dass diese Begriffe zur Erfassung der gewünschten Beurteilungsdimensionen ungeeignet seien. In dieser Arbeit werden Experimente berichtet, die an der University of Michigan in Ann Arbor, USA, und an der Université de Bourgogne in Dijon, Frankreich, durchgeführt wurden.

Nun wird auch verständlich, dass die Begriffe „pretty" und „ugly" in dieser Arbeit mit „angenehm" bzw. „unangenehm" übersetzt werden: Die Begriffe „schön" oder

„hübsch", mit denen „pretty" übersetzt werden könnten, oder „hässlich", was sich als Übersetzung von „ugly" anbietet, können für die in diesen Experimenten benutzten Stimuli nicht verwendet werden; Versuchspersonen in Frankreich und der Schweiz können wohl beurteilen, wie gut ihnen ein Kreis gefällt, es macht aber keinen Sinn für französisch- und deutschsprachige Versuchspersonen, solche Stimuli nach deren Angenehmheit zu beurteilen. Die Begriffe angenehm und unangenehm hingegen drücken ein affektives Urteil aus, ohne dass eine ästhetische Qualität impliziert wäre. Pilotexperimente in Frankreich haben gezeigt, dass der Begriff 'agréable' zur affektiven Beurteilung besser akzeptiert wurde als 'beau', der Begriff 'plaire' schien aber am besten geeignet, um ein affektives Urteil gegenüber einem Stimulus zu erfragen. Auch wenn ich im deutschsprachigen Raum noch keine Pilotversuche mit den Begriffen 'angenehm' und 'unangenehm' durchgeführt habe, scheinen sie die tauglichste Übersetzung von 'pretty' und 'ugly' zu sein.

In den ersten vier Experimenten wurde der Einfluss der perzeptuellen Geläufigkeit auf affektive Urteile geprüft. Die perzeptuelle Geläufigkeit der Stimuli wurde in Experiment 1 über visuelles Priming, in Experiment 2 über die Präsentationszeit von bedeutungslosen Mustern, in Experiment 3 über die Lesbarkeit von Buchstabenketten und in Experiment 4 über den Figur-Grund-Kontrast manipuliert. Wir wählten kurze Präsentationszeiten (eine Sekunde in Experiment 1, 100 bis 400 ms in Experiment 2, 200 ms in Experiment 3 und eine Sekunde in Experiment 4), die etwa im Bereich der Präsentationszeiten waren, wie sie in der Literatur zum impliziten Gedächtnis und zum 'Mere Exposure'-Effekt berichtet werden (z.B. 1 Sekunde in Mandler et al., 1987; 35 msec in Jacoby & Dallas, 1981).

In Experiment 1 mussten die Versuchspersonen beurteilen, inwiefern ihnen Konturen von Strichzeichnungen (nach Snodgrass & Vanderwart, 1980) gefallen, nachdem dieser Kontur entweder die identische oder eine unterschiedliche Strichzeichnung vorangegangen war. In einer Bedingung mussten die Versuchspersonen beurteilen, wie sehr ihnen die Konturen gefallen (positive Gruppe). In einer anderen Bedingung mussten die Versuchspersonen beurteilen, wie sehr ihnen die Konturen missfallen (negative Gruppe); diese Gruppe war notwendig, um zu prüfen, ob die perzeptuelle Geläufigkeit per se affektiv positiv ist und somit eine ausschließlich positive Wirkung auf affektive Urteile hat, oder affektiv neutral ist und somit eine positive Wirkung auf affektive Urteile hat, wenn "gefallen" gefragt wird, und eine negative Wirkung, wenn nach "missfallen" gefragt wird. Wenn perzeptuelle Geläufigkeit affektiv positiv ist, dann sollte sich eine Interaktion zwischen Gruppe und Prime ergeben: Wenn der Prime mit dem Target identisch ist, dann sollten die Ratings der positiven Gruppe höher sein und die Ratings der negativen Gruppe niedriger als bei einem Prime, der vom Target verschieden ist. Wenn perzeptuelle Geläufigkeit affektiv neutral ist, dann sollten die Ratings sowohl für die positive wie für die negative Gruppe bei identischen Primes höher sein als bei Primes, die sich vom Target unterscheiden.

In Experiment 2 hatten die Versuchspersonen zu beurteilen, inwiefern ihnen schachbrettartige Muster gefallen (oder missfallen); die Muster wurden entweder für 100, 200, 300, oder 400 ms dargeboten. Mit dieser Manipulation imitierten wir perzeptuelle Geläufigkeit, wie sie von Witherspoon & Allan (1985) gemessen wurde. Wenn perzeptuelle Geläufigkeit affektive Urteile beeinflusst, dann sollten die Muster besser gefallen, je länger sie gezeigt werden. Wiederum mussten die Versuchspersonen einer positiven Gruppe beurteilen, wie sehr ihnen die Muster gefallen. Die Versuchspersonen einer negativen Gruppe mussten beurteilen, wie sehr ihnen die Muster missfallen. Wenn perzeptuelle Geläufigkeit affektiv positiv ist, dann sollte sich eine Interaktion zwischen Gruppe und Präsentationszeit ergeben: Je länger die Präsentationszeit, desto höher die Ratings der positiven Gruppe und desto tiefer die Ratings der negativen Gruppe. Wenn perzeptuelle Geläufigkeit affektiv neutral ist, dann sollten die Ratings mit steigender Präsentationszeit sowohl für die positive wie für die negative Gruppe ansteigen.

In Experiment 3 hatten die Versuchspersonen der ersten Gruppe diejenige von zwei verschieden deutlichen Buchstabenketten auszuwählen, die angenehmer war. Die Versuchspersonen einer zweiten Gruppe wählten diejenigen Buchstabenkette aus, die sie unangenehmer fanden. Stimmt die Hypothese der Unsicherheitsreduktion, dann sollte die positive Gruppe überzufällig die klareren Buchstabenketten auswählen, die negative Gruppe überzufällig die unklareren Buchstabenketten. Ist die Attributionshypothese richtig, dann sollten beide Gruppen überzufällig die klareren Stimuli wählen, unabhängig von der Fragestellung.

In Experiment 4 hatten die Versuchspersonen die Angenehmheit von Kreisen zu beurteilen, die sich in ihrem Kontrast zum Hintergrund unterschieden. Stimuli mit höherem Kontrast zum Hintergrund sollten als angenehmer beurteilt werden als Stimuli mit niedrigem Kontrast. Zwei Kontrollgruppen wurden hinzugefügt, um zwei alternative Möglichkeiten auszutesten: Die eine Kontrollgruppe (Umkehr-Gruppe) erhielt helle Kreise auf schwarzem Hintergrund. Dies war notwendig, da in allen anderen Experimenten und Bedingungen der Hintergrund weiss war, was die Möglichkeit offenließ, dass die Versuchspersonen nicht höheren Kontrast angenehmer finden, sondern bestimmte, dunklere Grautöne unabhängig von der Hintergrundhelligkeit und somit unabhängig vom Figur-Grund-Kontrast bevorzugen. In einer zweiten Kontrollbedingung (negative Gruppe) wurden die Versuchspersonen angewiesen, die Unangenehmheit statt der Angenehmheit der Stimuli zu beurteilen, um — wie in Experiment 1 bis 3 — eine attributionale Erklärung für die Bevorzugung kontrastreicherer Stimuli bei der Beurteilung ihrer Angenehmheit auszuschließen. Wenn perzeptuelle Geläufigkeit affektiv positiv ist, dann sollte sich eine Interaktion zwischen Gruppe und Kontrast ergeben: Je höher der Figur-Grund-Kontrast, desto höher die Ratings der positiven Gruppe und desto tiefer die Ratings der negativen Gruppe. Wenn perzeptuelle Geläufigkeit affektiv neutral ist, dann sollten die Ratings mit steigendem Kontrast sowohl für die positive wie für die negative Gruppe ansteigen. Alle Experimente wurden individuell auf Macintosh Computer mit Farbbildschirmen durchgeführt. Die Experimente wurden in PsyScope, Version 1.0.2b.4 (Cohen, MacWhinney, Flatt & Provost, 1993), programmiert.

Experiment 1: Der Einfluss visuellen Primings auf affektive Urteile

Im ersten Experiment wurde die perzeptuelle Geläufigkeit über die Präsentation eines mit dem Zielstimulus identischen versus verschiedenen Primes manipuliert. Im Gegensatz zu den folgenden Experimenten wird die perzeptuelle Geläufigkeit in Experiment 1 über die Wiederholung von Stimuli manipuliert, die allerdings — im Gegensatz zu den in Unterkapitel 2.3 beschriebenen Experimenten zum 'Mere Exposure'-Effekt — unmittelbar erfolgt, wie beim bildlichen Priming (Biederman & Cooper, 1991). Wenn beim 'Mere Exposure'-Effekt tatsächlich die Wiederholung — und nicht bloß die Verfügbarkeit im Langzeitspeicher — eine Rolle spielt, dann müsste auch unmittelbare Wiederholung zu positivem Affekt führen.

Methode

24 Studierende des zweiten Grundstudienjahres der Université de Bourgogne in Dijon, Frankreich, nahmen am Experiment teil, um Punkte für die Vorlesung "Psychophysiologie" zu erhalten. Je zwölf Versuchspersonen wurden nach Zufall der positiven und der negativen Fragebedingung zugeordnet.

20 Konturen von Strichzeichnungen konketer Gegenstände (z.B. Flugzeug, Adler, Windmühle; Snodgrass & Vanderwart, 1980, vgl. Abb. 4) wurden für eine Sekunde in der Mitte des Bildschirmes präsentiert. Jedem Bild ging als Prime eine Strichzeichnung (nicht nur die Konturen) voran, die in ihren Konturen entweder mit dem Zielstimulus identisch war oder von diesem verschieden. Zum Beispiel erschien die Zeichnung eines Schwans, dann die Kontur des Schwans (Prime und Target identisch, für die Hälfte der Versuchspersonen) oder die Zeichnung eines Pultes, gefolgt von der Kontur eines Schwans (Prime und Target verschieden, für die andere Hälfte der Versuchspersonen). Die Reihenfolge der Präsentation der Bilder war fixiert.

Abbildung 4: Beispiele für verwendete Items in Experiment 1. Die Bilder sind in Originalgröße dargestellt. Die vollständigen Bilder wurden als Primes verwendet, die Konturen als Zielstimuli.

Der Hälfte der Targets ging ein identischer Prime voraus, der anderen Hälfte der Bilder ein nichtidentischer Prime. Die Prime-Target-Relation war zwischen den Versuchspersonen so ausbalanciert, dass pro Gruppe jedem Target gleich viele Male ein identischer und ein nichtidentischer Prime vorausging. Diejenigen Bilder, die als nicht identische Primes benutzt wurden, kamen nie als Zielstimuli vor.
Zuerst erschien ein Fixationspunkt für 500 Millisekunden, 500 Millisekunden nach Ende des Fixationspunktes erschien der Prime. Dieser wurde für 250 Millisekunden präsentiert, das Inter-Stimulus-Intervall zwischen Prime und Zielstimulus betrug ebenfalls 250 Millisekunden. Der Zielstimulus wurde für eine Sekunde präsentiert. Nach der Präsentation des Zielstimulus mussten die Versuchspersonen angeben, inwiefern ihnen der Stimulus gefalle (positive Gruppe) oder missfalle (negative Gruppe). Die Versuchspersonen erhielten folgende Instruktion (für die positive Gruppe, in eckigen Klammern für die negative Gruppe):

"Votre tâche consiste à évaluer dans quelle mesure un dessin vous plaît [déplaît]. Vous voyez d'abord un point de fixation, puis un dessin pour une période très courte, et enfin un deuxième dessin qui n'est pas bien visible.
Vous devez regarder attentivement les deux dessins jusqu'à ce qu'ils disparaissent.
Après le deuxième dessin, la question suivante vous est posée:
"Est-ce que ce dessin vous plaît [déplaît]?"
Pour le jugement, utilisez la partie droite du clavier (avec des chiffres).
Vous verrez l'échelle suivante:

```
               0  1  2  3  4  5  6  7  8  9
pas du tout    |--|--|--|--|--|--|--|--|--|  beaucoup
```

Si le deuxième dessin vous plaît [déplaît] beaucoup, appuyez sur le '9'.
Si le deuxième dessin ne vous plaît [déplaît] pas du tout, appuyez sur le '0'.
Les nombres entre les extrêmes sont pour des jugements intermédiaires:
Plus le numéro est haut, plus le deuxième dessin vous plaît [déplaît].
Appuyez sur la barre 'espace' si vous êtes prêt à commencer."

("Ihre Aufgabe besteht darin, zu beurteilen, inwiefern Ihnen eine Zeichnung gefällt [missfällt]. Sie sehen zuerst einen Fixationspunkt, dann für sehr kurze Zeit eine Zeichnung, schließlich eine zweite Zeichnung. Schauen Sie aufmerksam auf die Zeichnungen, bis sie verschwinden.
Nach der zweiten Zeichnung wird Ihnen folgende Frage gestellt:
"Gefällt [Missfällt] Ihnen die zweite Zeichnung?"
Bitte verwenden Sie zum Eingeben des Urteils den rechten Teil der Tastatur (mit den Zahlen).
Sie werden folgende Skala sehen:

```
                 0  1  2  3  4  5  6  7  8  9
überhaupt nicht |--|--|--|--|--|--|--|--|--| sehr
```

Wenn Ihnen die zweite Zeichnung sehr gefällt [missfällt], dann drücken Sie die '9'.
Wenn Ihnen die zweite Zeichnung überhaupt nicht gefällt [missfällt], dann drücken Sie die '0'.
Die Zahlen zwischen den Extremen dienen der Abstufung des Urteils:
Je höher die Zahl, desto mehr gefällt [missfällt] Ihnen die zweite Zeichnung.
Drücken Sie die Leertaste, wenn Sie bereit sind, zu beginnen.")

Ergebnisse und Diskussion

Wir rechneten eine 2 x 2-faktorielle Varianzanalyse, mit Fragebedingung (Gefallen versus Missfallen) als zwischen den Versuchspersonen manipulierter Faktor und Prime-Target-Bedingung (identisch versus verschieden) als innerhalb der Versuchspersonen manipulierter Faktor. Diese erbrachte die nach der Hypothese der Unsicherheitsreduktion erwartete signifikante Interaktion Fragebedingung x Prime-Target-Bedingung, $F\,[1,23] = 4.98$, $p < 0.05$. In der positiven Gruppe sind die 'Gefallen'-Urteile höher, wenn der Prime mit dem Target übereinstimmt ($M = 5.55$, $SD = 1.43$ versus $M = 4.13$, $SD = 1.67$; $t\,[11] = 1.83$, $p < 0.05$, einseitig). In der negativen Gruppe sind die 'Missfallen'-Urteile tiefer, wenn der Prime mit dem Target übereinstimmt ($M = 3.12$, $SD = 2.19$ versus $M = 4.61$, $SD = 2.39$; $t\,[11] = 1.42$, $p < 0.1$, einseitig). In diesem Zusammenhang nicht relevant ist ein Haupteffekt der Fragebedingung, $F\,[1,23] = 4.49$, $p < 0.05$, da die höheren absoluten Werte der positiven ($M = 4.84$, $SD = 0.76$) als der negativen Bedingung ($M = 3.86$, $SD = 1.40$) nicht miteinander verglichen werden können. Der Haupteffekt der Prime-Target-Bedingung war nicht signifikant ($F\,[1,23] < 1$).

Die Resultate legen nahe, dass perzeptuelle Geläufigkeit auch dann zu positiverem Affekt führt, wenn diese nicht über die Präsentation eines Items in einem inzidentellen Lerndurchgang manipuliert wird. Ausserdem wurde perzeptuelle Geläufigkeit nicht negativen Merkmalen von Objekten attribuiert. Dieser Befund spricht gegen die Attributionshypothese von Mandler et al. (1987). In einem weiteren Experiment (Reber et al., 1998, Experiment 1) konnte gezeigt werden, dass perzeptuelle Geläufigkeit auch dann affektive Urteile beeinflusst, wenn die Versuchspersonen nicht merken, dass ein Prime gezeigt wurde.

Man kann nun einwenden, dass auch in diesem Experiment die perzeptuelle Geläufigkeit über die Wiederholung von Stimuli manipuliert wurde, wenn auch nicht in einem gesonderten Lern- und Testdurchgang. Ausserdem könnten Anteile semantischen Primings (vgl. Biederman & Cooper, 1991; Unterkapitel 2.2) und die damit einhergehende Erleichterung der semantischen Verarbeitung dazu beitragen, dass Zielbilder mit identischem Prime positiver beurteilt werden als Zielbilder mit unterschiedlichem Prime. In den weiteren Experimenten wurde die perzeptuelle Geläufigkeit über Merkmale manipuliert, die nichts mit Wiederholung zu tun haben: Präsentationszeit (Experiment 2), Kontrast (Experimente 3 bis 10), Symmetrie (Experiment 10) und Konturbeschaffenheit (Experiment 10).

Experiment 2: Der Einfluss der Präsentationszeit auf affektive Urteile

In diesem Experiment wurde die perzeptuelle Geläufigkeit über die Präsentationszeit manipuliert (vgl. Reber et al., 1998). Eine Gruppe von Versuchspersonen (positive Gruppe) musste beurteilen, inwiefern ihnen Stimuli gefallen, die für 100, 200, 300 oder 400 Millisekunden dargeboten wurden, während die negative Gruppe beurteilen musste, inwiefern ihnen die verschieden lange dargebotenen Stimuli missfallen.

Methode

20 Studierende des zweiten Grundstudienjahres der Université de Bourgogne in Dijon, Frankreich, nahmen am Experiment teil, um Punkte für die Vorlesung "Psychophysiologie" zu erhalten. Je zehn Versuchspersonen wurden nach Zufall der positiven und der negativen Fragebedingung zugeordnet.

20 zufällige, schachbrettartige Muster mit 64 (8 x 8) quadratischen Feldern wurden in der Mitte des Bildschirmes präsentiert. 32 Felder waren schwarz, 32 weiss. Die Seitenlänge des gesamten Musters war ca. 3.7 Zentimeter. Beispiele solcher Muster werden in Originalgröße in Abbildung 5 gezeigt. Um Häufigkeitseffekte zu verhindern, die auftreten könnten, weil Felder einer bestimmten Farbe bei mehreren Mustern am selben Ort vorkommen, wurden zuerst zehn Muster konstruiert (z.B. das Muster links in Abb. 5), dann zehn weitere, identische Muster, bei denen die schwarzen und weissen Felder vertauscht wurden: Die schwarzen Felder waren nun weiss, die weissen Felder schwarz (z.B. das Muster rechts in Abb. 5). Je fünf Muster wurden für 100, 200, 300, und 400 ms präsentiert, unmittelbar gefolgt von einer Zufallsmaske, die für 250 ms gezeigt wurde. Jedem Muster ging ein Fixationspunkt in der Mitte des Bildschirms voraus, der für 500 ms präsentiert wurde. Das Intervall zum Stimulus betrug 200 ms. Die Versuchspersonen erhielten folgende Instruktion (für die positive Gruppe, in eckigen Klammern für die negative Gruppe):

"Votre tâche consiste à évaluer dans quelle mesure un dessin vous plaît [déplaît]. Vous voyez d'abord un point de fixation, puis un dessin pour une période très courte, et enfin un masque. Vous devez regarder attentivement le dessin jusqu'à ce qu'il disparaisse.
Après chaque dessin, la question suivante vous est posée:
"Est-ce que ce dessin vous plaît [déplaît]?"
Pour le jugement, utilisez la partie droite du clavier (avec des chiffres).
Vous verrez l'échelle suivante:

```
              0  1  2  3  4  5  6  7  8  9
pas du tout  |--|--|--|--|--|--|--|--|--|  beaucoup
```

Si le dessin vous plaît [déplaît] beaucoup, appuyez sur le '9'.
Si le dessin ne vous plaît [déplaît] pas du tout, appuyez sur le '0'.
Les nombres entre les extrêmes sont pour des jugements intermédiaires:
Plus le numéro est haut, plus le dessin vous plaît [déplaît].
Appuyez sur la barre 'espace' si vous êtes prêt à commencer."

("Ihre Aufgabe besteht darin, zu beurteilen, inwiefern Ihnen eine Zeichnung gefällt [missfällt]. Sie sehen zuerst einen Fixationspunkt, dann für sehr kurze Zeit eine Zeichnung, schließlich eine Maske. Schauen Sie aufmerksam auf die Zeichnung, bis sie verschwindet.
Nach jeder Zeichnung wird Ihnen folgende Frage gestellt:
"Gefällt [Missfällt] Ihnen diese Zeichnung?"
Bitte verwenden Sie zum Eingeben des Urteils den rechten Teil der Tastatur (mit den Zahlen).
Sie werden folgende Skala sehen:

```
                    0  1  2  3  4  5  6  7  8  9
überhaupt nicht    |--|--|--|--|--|--|--|--|--|  sehr
```

Wenn Ihnen die Zeichnung sehr gefällt [missfällt], dann drücken Sie '9'.
Wenn Ihnen die Zeichnung überhaupt nicht gefällt [missfällt], dann drücken Sie '0'.
Die Zahlen zwischen den Extremen dienen der Abstufung des Urteils:
Je höher die Zahl, desto mehr gefällt [missfällt] Ihnen die Zeichnung.
Drücken Sie die Leertaste, wenn Sie bereit sind, zu beginnen.")

Die positive Gruppe wurde gefragt, ob ihnen die Zeichnung gefalle, die negative Gruppe, ob ihnen die Zeichnung missfalle. Die Reihenfolge der Präsentation der Muster war fixiert; einem bestimmten Muster folgte nie das identische Muster mit umgekehrten Farben. Die vier Präsentationszeiten wurden vom Computerprogramm nach Zufall den jeweiligen Mustern zugeteilt.

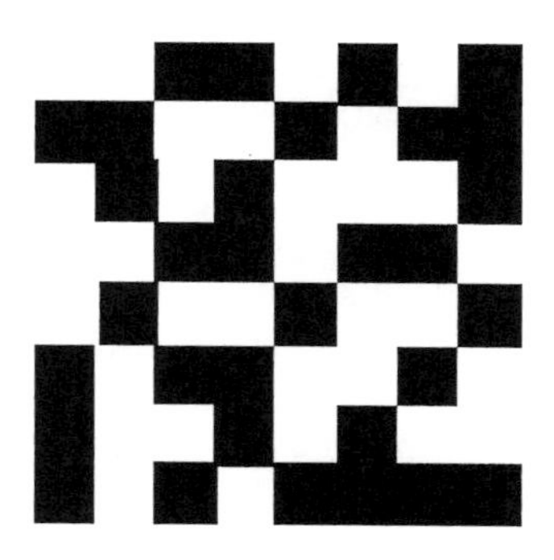

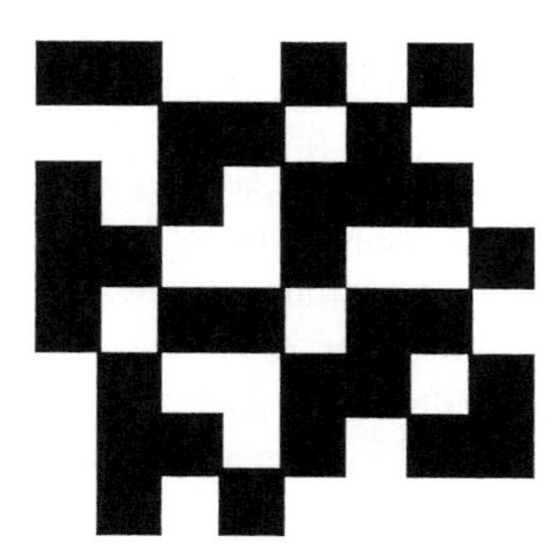

Abbildung 5: Schachbrettartige Zufallsmuster, wie sie in Experiment 2 verwendet wurden. Das rechte Muster ist dem linken identisch, ausser der Schwarz-Weiss-Umkehr.

Ergebnisse und Diskussion

Die Mittelwerte und Standardabweichungen für die Gruppen sind in Tabelle 4 dargestellt. Daraus kann ersehen werden, dass mit steigender Präsentationszeit die Gefallensurteile linear ansteigen, während die Missfallensurteile im Bereich von 100 ms bis 300 ms linear abfallen, um von 300 ms bis 400 ms wieder etwas anzusteigen.

Tabelle 4: *Mittlere Urteile des Gefallens und des Missfallens (Standardabweichungen in Klammern) in Abhängigkeit von der Präsentationszeit.*

	Präsentationszeit			
Gruppe	100 ms	200 ms	300 ms	400 ms
positiv	3.02 (2.45)	3.12 (2.65)	3.36 (2.64)	3.94 (3.03)
negativ	4.18 (2.34)	3.68 (2.07)	3.30 (2.11)	3.64 (2.36)

Wir analysierten mit einem geplanten Interaktionskontrast (siehe Keppel, 1991), ob der lineare Trend der Beurteilungen für die positive und die negative Gruppe unterschiedlich ist. Dieser geplante Kontrast erbrachte eine signifikante Interaktion Gruppe x linearer Trend F [1,18] = 5.35, $p < 0.05$. Die einfachen Effekte der Präsentationszeit für die positive und die negative Gruppe waren tendenziell signifikant, $F[1,9] = 2.91$ bzw. 2.53, $p < 0.06$ bzw. 0.07, einseitig).

Die Resultate legen wiederum nahe, dass (a) den Versuchspersonen länger präsentierte Objekte besser gefielen als kurz präsentierte und (b) perzeptuelle Geläufigkeit nicht negativen Merkmalen von Objekten attribuiert wurde.

In Übereinstimmung mit Seamon et al. (1998) spricht dieses Experiment klar gegen den attributionalen Ansatz, wie er von Mandler und seinen Mitarbeitern vertreten wird (Mandler et al., 1987). Vielmehr scheint perzeptuelle Geläufigkeit affektiv positiv zu sein. Die Frage ist nun, weshalb affektive Urteile in Abhängigkeit von der perzeptuellen Geläufigkeit nicht einer attributionalen Logik gehorchen, während Urteile höherer Dunkelheit bzw. Helligkeit dies offensichtlich tun, wie Mandler et al. überzeugend zeigen konnten. Der Grund dürfte darin liegen, dass affektive und nichtaffektive Urteile nicht unbedingt miteinander vergleichbar sind, wie bereits Murphy & Zajonc (1993) in ihrer Studie zum affektiven Priming zeigen konnten: Die unterschwellige Darbietung von Gesichtern mit affektiv positivem bzw. negativem Ausdruck beeinflusste Präferenzurteile für chinesische Schriftzeichen, während die überschwellige Darbietung derselben Gesichter keinen Einfluss auf die affektive Beurteilung der Schriftzeichen hatte. Die unterschwellige Darbietung von perzeptuellen Dimensionen, z.B. der Größe oder der Symmetrie, hatte keinen Einfluss auf die Beurteilung der Größe bzw. der Symmetrie der Schriftzeichen. Die überschwellige Darbietung derselben perzeptuellen Dimensionen hatte hingegen einen Einfluss auf die Größen- bzw. Symmetrieurteile für die chinesischen Schriftzeichen.

Mandler et al. (1987) fanden nur schwache Hinweise dafür, dass perzeptuelle Geläufigkeit affektiven Urteilen attribuiert werden: Während die 'liking'-Gruppe die alten Figuren signifikant bevorzugte (61.7%), zeigte die 'disliking'-Gruppe keinen signifikanten Unterschied zum Zufallsniveau (53.3%). Anders bei den Helligkeits- und Dunkelheitsurteilen: Bei beiden Urteilen wurden klar die alten, d.h. perzeptuell geläufigeren Figuren bevorzugt (60.0% und 60.1%). Eine Möglichkeit besteht darin, dass die Versuchspersonen, die die Helligkeit eines Stimulus beurteilen müssen, nach Informationen über die Helligkeit suchen, während Versuchspersonen, die die Dunkelheit des Stimulus beurteilen müssen, nach Informationen über die Dunkelheit suchen. Wie in Unterkapitel 1.5 dargelegt, konnte ein solche positive Teststrategie in anderen Kontexten schon oft nachgewiesen werden (siehe Klayman & Ha, 1987). Wenn wir weiter davon ausgehen, dass Versuchspersonen vom alten Stimulus mehr Information aufnehmen können, dann dürften sie mehr Information finden, die auf Helligkeit schließen lässt, wenn nach Information über die Helligkeit gesucht wird, während mehr Information zur Dunkelheit gefunden wird, wenn nach Dunkelheit gesucht wird. Ein solches hypothesengeleitetes Vorgehen (vgl. Neisser, 1976, dt. 1979) scheint jedoch beim Beurteilen der Präferenz für einen Stimulus weniger wahrscheinlich: Versuchspersonen suchen nicht nach Information, die ihnen gefällt, wenn sie beurteilen müssen, wie sehr ihnen ein Stimulus gefällt, oder nach Information, die ihnen missfällt, wenn sie beurteilen müssen, wie sehr ihnen ein Stimulus missfällt. Vielmehr determiniert die Leichtigkeit, mit der die Versuchsperson Information aus dem Stimulus extrahieren kann, inwiefern ihr der Stimulus gefällt: Je leichter Information extrahiert werden kann, desto besser gefällt ihr der Stimulus, unabhängig von der Art der Fragestellung.

In Experiment 1 wurde darauf hingewiesen, dass die Leichtigkeit der semantischen Verarbeitung zu positiverem Affekt führen könnte. Obwohl in Experiment 2 abstrakte Stimuli verwendet wurden, kann eingewendet werden, dass die höheren Präsentationszeiten ein höheres Ausmaß an semantischer Verarbeitung zur Folge haben. Boucart & Humphreys (1994) konnten in ihren Experimenten zeigen, dass die Verarbeitung von Kontrast nicht von semantischen Faktoren beeinflusst wurde. Somit darf mit großer Wahrscheinlichkeit angenommen werden, dass die Möglichkeit semantischer Einflüsse auf affektive Urteile vernachlässigbar sind, wenn perzeptuelle Geläufigkeit über den Kontrast manipuliert wird. Dies wird in den nächsten Experimenten der Fall sein.

Experiment 3: Die Wirkung der Klarheit auf die affektive Beurteilung von Buchstabenketten

Mit dieser Studie (Reber, Wooley, Chalela, & Schwarz, 1996, Experiment 1) beginnt eine Serie von Experimenten, in denen die Klarheit der Stimuli manipuliert wird. In Experiment 3 wird diese über die Entfernung von Pixeln aus einer schwarzen Buchstabenkette vorgenommen, in den Experimenten 4 bis 9 über den Figur-Grund-Kontrast.

Methode

40 Collegestudenten der University of Michigan aus dem Versuchspersonenpool der Einführungsvorlesung in die Psychologie nahmen am Experiment teil. Die Teilnahme am Experiment war Teil eines Leistungsnachweises für diese Vorlesung. Je 20 Versuchspersonen wurden per Zufall der positiven und der negativen Gruppe zugeteilt.

Zwanzig Paare bedeutungsloser Buchstabenketten[8] wurden für je 200 ms präsentiert. Jede Buchstabenkette bestand aus fünf Konsonanten. In jedem Paar war in einer Konsonantenkette 20% der Pixels entfernt, in der anderen Konsonantenkette 40% der Pixels. Dies wurde durch die 'image degradation'-Option in PsyScope erreicht, in der die eine Buchstabenkette den 'image degradation'-Wert 0.2, die andere den Wert 0.4 erhielt. Das Resultat waren zwei Buchstabenketten, die subjektiv den Eindruck machten, es seien "Wölkchen" vor den Buchstabenketten, wobei eine Buchstabenkette etwas undeutlicher erschien (oder: etwas "bewölkter") als die andere. In zehn Durchgängen erschien die besser lesbare Buchstabenkette links, in zehn Fällen rechts. Sowohl die Auswahl der Seite, auf der die besser lesbare Buchstabenkette erschien, wie die Reihenfolge der Stimuluspaare wurden durch das Computerprogramm für jede Versuchsperson randomisiert. Jedem Buchstabenkettenpaar ging ein Fixationspunkt voraus, der in der Mitte zwischen den Buchstabenketten erschien. Die Präsentationszeit des Fixationspunkts war 500 ms, das Intervall zwischen Ende der Präsentation des Fixationspunkts und Beginn der Präsentation des Stimuluspaares 200 ms. Die positive Gruppe erhielt nach der Präsentation des Stimuluspaars die Frage: "Which letter string is prettier?"; die negative Gruppe erhielt die Frage: "Which letter string is uglier?"

Die Versuchspersonen erhielten folgende Instruktion (in eckigen Klammern die Instruktion für die negative Gruppe, die sich nur im Gebrauch des Wortes "ugly" statt "pretty" unterscheidet):

"In this experiment your task is to make choices between two letter strings.
You will be shown two strings -- one on the left and one on the right -- for a brief time.
Please examine both strings until they disappear.
Then you get the question "Which letter string is prettier [uglier]?"
Select the string you find is prettier [uglier].
If you find that the string on the left is prettier [uglier], press the "z" key.
If you find that the string on the right is prettier [uglier], press the "/" key.
Please do not press either key before you see the question!
Please put the left-hand forefinger on the "z" key
and the right-hand forefinger on the "/" key.
An asterisk (*) will signal the beginning of each trial.
Please keep your eyes focused on the asterisk so you will not miss any strings.
The first pair of strings is just for exercise.
Press space bar if you are ready to begin."

---

8 Wir verwendeten Konsonantenkettern statt Wörter, um die Identifikation der Stimuli so schwer wie möglich zu gestalten (vgl. die Experimente zum Wortüberlegenheitseffekt; zum Beispiel Reicher, 1969; Wheeler, 1970).

("In diesem Experiment besteht ihre Aufgabe darin, zwischen zwei Buchstabensequenzen zu unterscheiden.
Ihnen werden für eine kurze Zeit zwei Sequenzen gezeigt — eine links und eine rechts.
Bitte betrachten Sie beide Sequenzen, bis sie verschwinden.
Sie erhalten dann die Frage: "Welche Buchstabensequenz ist angenehmer [unangenehmer]?"
Wählen Sie die Sequenz, die Sie angenehmer [unangenehmer] finden.
Wenn Sie die Seuquenz links angenehmer [unangenehmer] finden, dann drücken Sie die "z"-Taste.
Wenn Sie die Seuquenz rechts angenehmer [unangenehmer] finden, dann drücken Sie die "/"-Taste.
Bitte drücken Sie keinerlei Taste bevor Sie die Frage sehen!
Bitte legen Sie den linken Zeigfinger auf die "z"-Taste und den rechten Zeigfinger auf die "/"-Taste.
Ein Stern (*) wird den Beginn eines jeden Durchgangs anzeigen.
Bitte halten Sie Ihre Augen auf den Stern fixiert, damit Sie keine Sequenzen verpassen.
Das erste Sequenzenpaar dient bloß der Übung.
Bitte drücken Sie die Leertaste, wenn Sie bereit sind, zu beginnen.")[9]

Nach dem Ende der zwanzig Durchgänge wurden die Versuchspersonen gefragt, ob sie Unterschiede bemerkt hätten in (a) der Klarheit (clarity) und (b) der Helligkeit (brightness) der Stimuli.

Ergebnisse und Diskussion

Wie erwartet, beurteilten die Versuchspersonen der positiven Gruppe die klareren Buchstabenketten als angenehmer.Die Anzahl der Entscheidungen für die besser lesbaren Strings war signifikant über dem Zufallsniveau von 10 aus 20 Durchgängen ($M = 13.95$, $SD = 4.64$; $t\ (19) = 3.81$, $p < 0.01$). Die Versuchspersonen der negativen Gruppe hingegen beurteilten die lesbareren Buchstabenketten als weniger unangenehm, was sich in einer signifikant unter dem Zufallsniveau liegenden Anzahl Entscheidungen für die besser lesbaren Strings ausdrückte ($M = 7.30$, $SD = 4.60$; $t\ (19) = -2.62$, $p < 0.05$).

Fünf von 40 Versuchspersonen — zwei aus der positiven und drei aus der negativen Gruppe — hatten die Differenz zwischen den beiden auf dem Bildschirm präsentierten Buchstabenketten nicht bemerkt, weder Unterschiede in der Klarheit (clarity) noch Unterschiede in der Helligkeit (brightness). Eine zusätzliche Analyse der Er-

[9] Anzumerken bleibt, dass es sich um die z- bzw. die /-Taste der amerikanischen Tastatur handelte, was den Tasten 'w' bzw. '-' der deutschschweizerischen Tastatur entspricht.

gebnisse unter Ausschluss dieser fünf Versuchspersonen führte zu den gleichen signifikanten Effekten.

Die Resultate zeigen, dass (a) Personen klarer dargebotene Stimuli bevorzugten und (b) dass perzeptuelle Geläufigkeit nicht auf negative Stimulusmerkmale misattribuiert wurden. Nun kann man sich aber leicht vorstellen, dass schwache Lesbarkeit affektiv negativ ist: Wer hat sich nicht schon geärgert, wenn er einen Text nicht lesen konnte, weil er die Schrift nicht entziffern konnte? Dies heisst, dass Personen möglicherweise nicht perzeptuelle Geläufigkeit an sich besser mögen, sondern die bessere Lesbarkeit der klarer dargebotenen Strings. Hier läge also eine emotionale Bewertung der Lesbarkeit vor. In einem nächsten Experiment muss die alternative Erklärung der obigen Befunde, wonach die Versuchspersonen die geringere Lesbarkeit der Buchstabenketten negativ beurteilt hätten, ausgeschlossen werden können.

Eine weitere Möglichkeit ist die, dass lesbarere Buchstabenketten den Versuchspersonen vertrauter sind als unlesbare. Dann wäre das positivere Urteil nicht auf Wahrnehmungsleichtigkeit, sondern auf die höhere Vertrautheit klar lesbarer statt „wolkiger" Buchstabenketten zurückzuführen. Allerdings muss hier angefügt werden, dass Effekte der Vertrautheit höchst spezifisch sind. Wie in Unterkapitel 1.2 erwähnt, fanden Roediger und seine Mitarbeiter heraus, dass die Veränderung physikalischer Oberflächenmerkmale zwischen Lern- und Testphase zu schlechterem Priming führte (vgl. Roediger et al., 1989).

Das Experiment eröffnet eine interessante Perspektive in die affektive Verarbeitung beim Lesen von Texten. Geht man von der Stufentheorie des Lesens von LaBerge und Samuels (1974) aus, dann folgt einer visuellen Verarbeitung eine phonologische, bevor die Bedeutung des Texts verarbeitet werden kann. Das hier berichtete Experiment würde — unabhängig davon, ob die Resultate durch perzeptuelle Geläufigkeit, emotionale Bewertung oder Vertrautheit zustande kam — die Möglichkeit aufzeigen, dass gelesener Text affektiv beurteilt würde, bevor seine Bedeutung verarbeitet ist, aufgrund visueller und — denkt man an das Stufenmodell von LaBerge und Samuels (1974) — möglicherweise phonologischer Merkmale. Die affektive Verarbeitung der Bedeutung würde dann in die vorher stattgefundene affektive Verarbeitung der visuellen und phonologischen Stufe eingebettet — so wie sich dies Zajonc (1980) für die Verarbeitung visueller Stimuli aufgrund derer Vertrautheit vorgestellt hat. Die empirische Erforschung dieser Hypothese kann hier nicht geleistet werden, könnte aber ein fruchtbares Feld für die Zukunft sein.

In Experiment 3 (vgl. Reber et al., 1998, Experiment 2) präsentierten wir Kreise, die sich im Figur-Grund-Kontrast unterschieden. Alle Kreise waren klar sichtbar, so dass sie sich im Informationsgehalt nicht unterschieden. Es ist auch nicht ersichtlich, dass Kreise mit höherem Kontrast vertrauter sein sollten als Kreise mit kleinem Kontrast. Eine Ausnahme ist möglicherweise ein schwarzer Kreis auf weissem

Grund. Dann allerdings sollte nur dieser eine Stimulus mit dem höchsten Kontrast zu positiverem Affekt führen als alle anderen Stimuli.

Experiment 4: Die Wirkung des Figur-Grund-Kontrasts auf affektive Urteile

In Experiment 4 wurden Kreise in verschiedenen Grautönen gezeigt. Damit konnte der Figur-Grund-Kontrast sauber manipuliert werden. Das Material ist so konstruiert, dass — im Gegensatz zu den Buchstabenketten — die Stimuli auf jeden Fall identifiziert werden konnte.

Methode

36 Collegestudenten der University of Michigan aus dem Versuchspersonenpool der Einführungsvorlesung in die Psychologie nahmen am Experiment teil. Die Teilnahme am Experiment war Teil eines Leistungsnachweises für diese Vorlesung. Je 12 Teilnehmer wurden zufällig den drei Bedingungen zugeteilt. Die Versuchspersonen beurteilten entweder die Angenehmheit von dunklen Kreisen auf weissem Hintergrund, von hellen Kreisen auf schwarzem Hintergrund, oder die Unangenehmheit von dunklen Kreisen auf weissem Hintergrund.

19 Kreise (Durchmesser: 5 cm) wurden für je eine Sekunde in der Mitte des Bildschirms präsentiert. Die Kreisflächen waren unterschiedlich grau, von 10% schwarz bis 100% schwarz, in Intervallen von 5% schwarz (d.h. 10%, 15%, 20%, ..., 90%, 95%, 100% schwarz; CMYK-Skala in MacDrawPro). Wir haben die Luminanz der einzelnen Kreise gemessen, wie sie in Adobe Photoshop 2.5.1 gespeichert waren (s. unten), um daraus den auf dem Bildschirm präsentierten Kontrast zu berechnen[10]. Wir verwendeten hierfür C_w, die mit dem Weberschen Gesetz assoziierte Kontrastdefinition: $C_w = \Delta L/L$ (vgl. Walraven, Enroth-Cugell, Hood, MacLeod, & Schnapf, 1990). Diese Definition wurde dem Michelson-Kontrast C_M vorgezogen, weil der Michelson-Kontrast vor allem für die Kontrastmessung bei Gitterstrukturen verwendet wird. Die entsprechenden Werte sind in Tabelle 5 dargestellt.

---

[10] Wir haben die Luminanzen in einem Labor der Universität Bern nachgemessen, wobei ähnliche Bedingungen wie in den Labors der University of Michigan vorlagen (normale Neon-Deckenbeleuchtung), so dass die gemessenen Luminanzen und vor allem die errechneten Kontraste zwischen den beiden Labors vergleichbar sein dürften.

Tabelle 5: Berechnung des Kontrastes C_w für die in Experiment 4 präsentierten Kreise. L ist der Durchschnitt aus der Luminanz der Figur und der Luminanz des Grundes. ΔL ist die Differenz zwischen L und der maximalen Luminanz (oder der minimalen Luminanz, was das gleiche Resultat ergibt).

Kontrast %schwarz	Luminanz Figur [cd/m^2]	Luminanz Grund [cd/m^2]	L	C_w
10	94.4	106	102.2	0.057
15	88.6	106	97.2	0.099
20	81.3	106	93.6	0.132
25	74.3	106	90.2	0.176
30	68.3	106	87.2	0.217
35	62.0	106	84.0	0.262
40	56.2	106	81.1	0.307
45	50.3	106	78.2	0.357
50	45.3	106	75.7	0.402
55	40.3	106	73.2	0.449
60	35.5	106	70.8	0.499
65	31.1	106	68.6	0.547
70	27.0	106	66.5	0.594
75	23.9	106	65.0	0.632
80	20.8	106	63.4	0.672
85	18.1	106	62.1	0.709
90	16.2	106	61.2	0.735
95	15.2	106	60.6	0.749
100	14.6	106	60.3	0.758

Um gute Grautöne mit hoher Auflösung zu erhalten, wurden die Kreise als PICT II-Dateien unter MacDrawPro 1.0v1 gespeichert; dann wurden diese Dateien mit Adobe Photoshop 2.5.1 geöffnet und als PICT-Dateien gespeichert; diese Dateien wurden dann von PsyScope abgerufen. In der Bedingung mit hellen Kreisen vor schwarzem Hintergrund waren die Kreise 0% schwarz (d.h. weiss) bis 90% schwarz — wiederum in Intervallen von 5% -, während der Hintergrund 100% schwarz war[11]. Die Versuchspersonen erhielten folgende Instruktion (in eckigen Klammern die Instruktion

[11] Wir erreichten die Umkehrung von schwarz und weiss mit der 'inversed video'-Option in PsyScope, das heisst für die aus Adobe Photoshop abgerufenen Bilder, für die die Cw-Werte in Tabelle 5 präsentiert sind, wurde eine Schwarz-Weiss-Umkehr vorgenommen, so dass die Cw-Werte vergleichbar sein dürften. Wir legten den Berechnungen dieser Bedingung die Cw-Werte aus Tabelle 5 zugrunde.

für die Unangenehmheitsgruppe, die sich nur im Gebrauch des Wortes "ugly" statt "pretty" oder "beautiful" unterscheidet):

In this study your task is to judge how beautiful [ugly] a circle is.
All circles are identical, except their contrast to the background.
You will be shown 20 circles -- one by one.
Please examine the circles until they disappear.
Then you get the question "How pretty [ugly] is the circle?"
For the judgment, please use the right part of your keyboard (with the digits).
You will see the following scale:

```
                        0  1  2  3  4  5  6  7  8  9
    not at all pretty  |--|--|--|--|--|--|--|--|--|--|  very pretty
               [ugly]                                        [ugly]
```

If you think that the circle is very pretty [ugly], press a "9".
If you think that the circle is not at all pretty [ugly], press a "1".
The numbers between the extremes are for the differentiation of your judgment:
The higher the number, the prettier [uglier] you think the circle is.
Please do not press either key before you see the question!
The answer will not be accepted.
An asterisk (*) will signal the beginning of each trial.
Please keep your eyes focused on the asterisk so you
will not miss the onset of any circle.
Press space bar if you are ready to begin.

(In dieser Studie ist ihre Aufgabe, zu beurteilen, wie angenehm [unangenehm] ein Kreis ist.
Alle Kreise sind identisch, bis auf den Kontrast zum Hintergrund.
Ihnen werden 20 Kreise gezeigt, einer nach dem anderen.
Bitte betrachten Sie die Kreise, bis sie verschwinden.
Sie erhalten dann die Frage: "Wie angenehm [unangenehm] ist der Kreis?"
Bitte verwenden Sie für das Eingeben des Urteils den rechten Teil der Tastatur (mit den Zahlen).
Sie werden folgende Skala sehen:

```
                   0  1  2  3  4  5  6  7  8  9
überhaupt nicht   |--|--|--|--|--|--|--|--|--|--|  sehr
       angenehm                                    angenehm
   [unangenehm]                                  [unangenehm]
```

Wenn Sie denken, dass der Kreis sehr angenehm [unangenehm] ist, drücken Sie eine "9".
Wenn Sie denken, dass der Kreis überhaupt nicht angenehm [unangenehm] ist, drücken Sie eine "0".
Die Zahlen zwischen den Extremen sind für die Abstufung des Urteils:

Je höher die Zahl, desto angenehmer [unangenehmer] ist Ihrer Meinung nach der Kreis.
Bitte drücken Sie keinerlei Taste bevor Sie die Frage sehen!
Die Antwort wird nicht akzeptiert.
Ein Stern (*) zeigt den Beginn eines jeden Durchgangs an.
Bitte behalten Sie den Stern im Auge, damit Sie nicht den Beginn der Kreise verpassen.
Drücken Sie die Leertaste, wenn Sie bereit sind, zu beginnen.)

Vor jedem Kreis erschien ein Fixationspunkt. Die Präsentationszeit betrug 500 ms, das Intervall zum Stimulus 200 ms. Nach der Präsentation des Kreises erhielten die Versuchspersonen der beiden positiven Gruppen die Frage: "How pretty is the circle?" Darunter war eine Skala von 0 bis 9 zu sehen, deren linkes Ende (=0) mit "not at all pretty", das rechte Ende (=9) mit "very pretty" beschriftet war. Die Versuchspersonen der negativen Gruppe erhielten die Frage: "How ugly is the circle?" Darunter war ebenfalls die Skala von 0 bis 9 zu sehen, deren linkes Ende (=0) mit "not at all ugly", das rechte Ende (=9) mit "very ugly" beschriftet war. Die Präsentationsreihenfolge der 19 Kreise wurde für jede einzelne Versuchsperson randomisiert.

Ergebnisse

Wir berechneten lineare Regressionsgleichungen, mit den mittleren Beurteilungen jeder Gruppe als abhängiger Variable und dem Kontrast zwischen Kreisfläche und Hintergrund als unabhängiger Variable. Wie in Abbildung 6 gezeigt, wurden dunkle Kreise auf weissem Hintergrund als angenehmer beurteilt, je höher der Figur-Grund-Kontrast war ($p < 0.001$). Dieser Befund ist auf die Präferenz für höheren Kontrast zurückzuführen, nicht auf die Präferenz bestimmter Grautöne: Auch für helle Kreise auf schwarzem Hintergrund war die Steigung der Regressionsgeraden positiv ($p < 0.001$), d.h. höherer Kontrast führte auch dann zu höheren Urteilen positiven Affekts, wenn der Vordergrund hell, der Hintergrund dunkel war. Schließlich wurde die Steigung der Regressionsgeraden für die negative Gruppe negativ ($p < 0.05$), d.h. höherer Kontrast führte niedrigeren Urteilen negativen Affekts, was den Befund aus Experiment 1 bestätigt, wonach perzeptuelle Geläufigkeit nicht negativem Affekt attribuiert wird. Dieser Befund wird nicht wesentlich verändert, wenn wir den Regressionsanalysen statt des Helligkeitskontrastes den Figur-Grundkontrast zugrundelegen (vgl. Abb. 7).

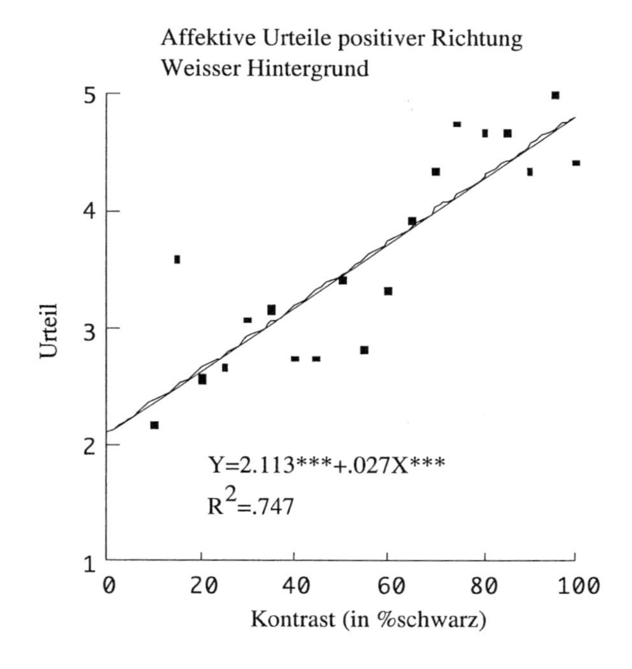
Affektive Urteile positiver Richtung
Weisser Hintergrund
5
4
3
2
1
Urteil
Y=2.113***+.027X***
R2=.747
0
20
40
60
80
100
Kontrast (in %schwarz)

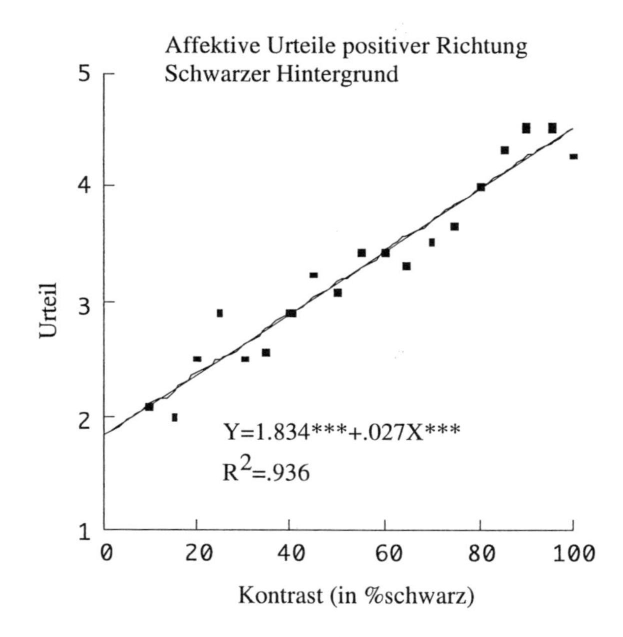
Affektive Urteile positiver Richtung
Schwarzer Hintergrund
5
4
3
2
1
Urteil
Y=1.834***+.027X***
R2=.936
0
20
40
60
80
100
Kontrast (in %schwarz)

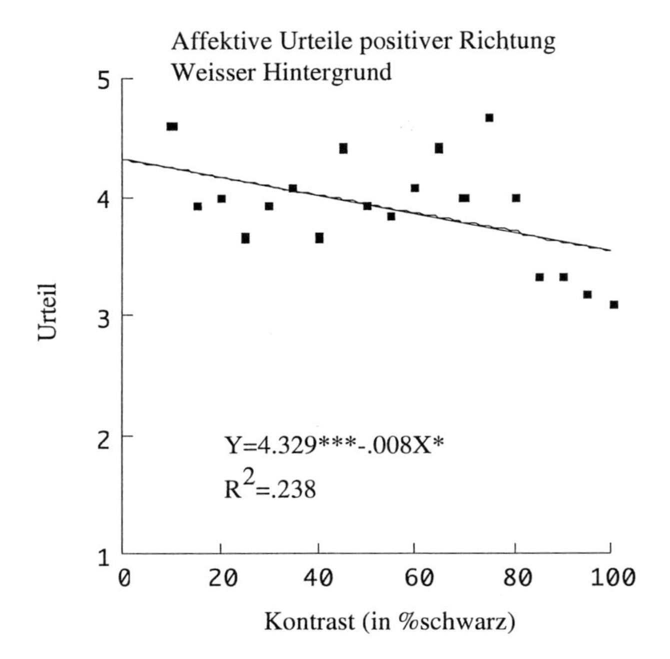

* = $p < 0.05$; *** = $p < 0.001$

Abbildung 6: Angenehmheits- und Unangenehmheitsurteile als Funktion des Figur-Grund-Kontrasts. Die linke Graphik zeigt Angenehmheitsurteile für dunkle Kreise auf weissem Hintergrund. Die mittlere Graphik zeigt Angenehmheitsurteile für helle Kreise auf schwarzem Hintergrund. Die rechte Graphik zeigt Unangenehmheitsurteile für dunkle Kreise auf weissem Hintergrund. Zusätzlich werden die Regressionsgleichungen und die Determinationskoeffizienten berichtet.

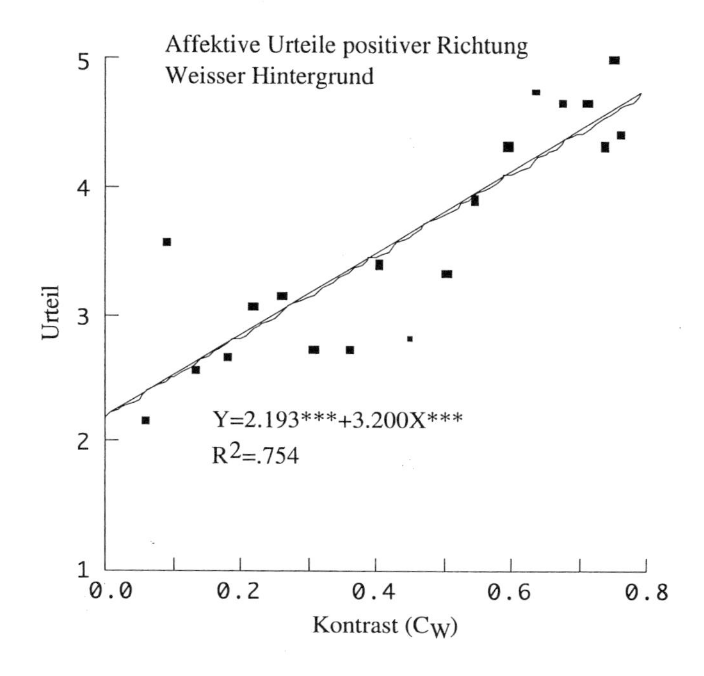
Affektive Urteile positiver Richtung
Weisser Hintergrund
Y=2.193***+3.200X***
R2=.754
Urteil
Kontrast (CW)
5
4
3
2
1
0.0
0.2
0.4
0.6
0.8

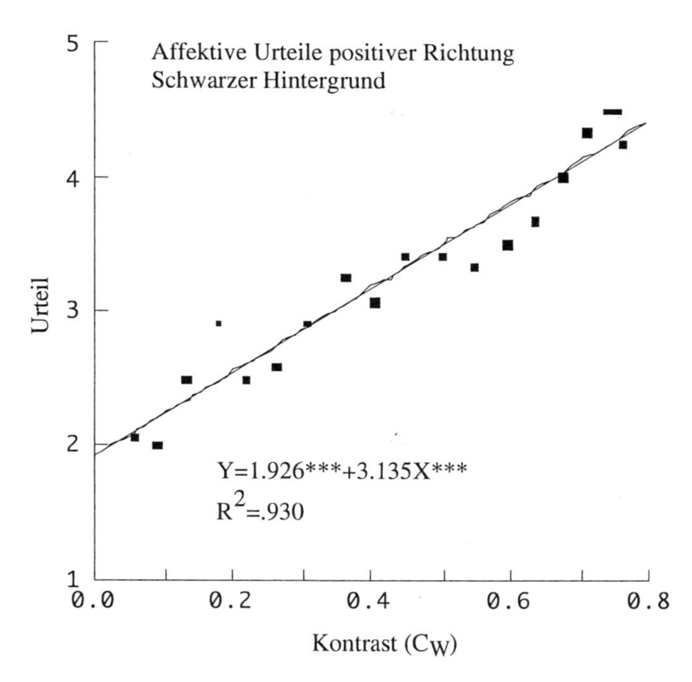
Affektive Urteile positiver Richtung
Schwarzer Hintergrund
Y=1.926***+3.135X***
R2=.930
Urteil
Kontrast (CW)
5
4
3
2
1
0.0
0.2
0.4
0.6
0.8

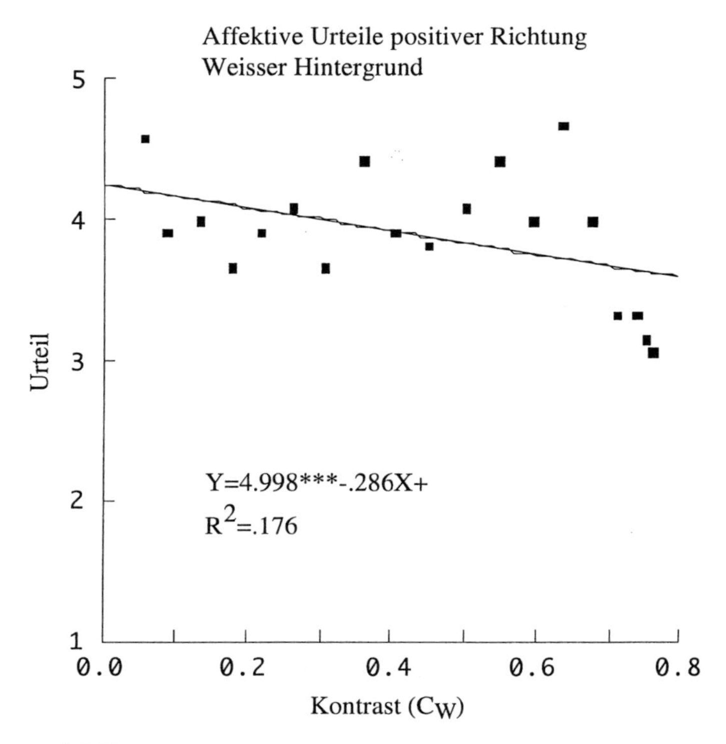

***: $p < 0.001$

Abbildung 7 (diese und vorherige Seite): Angenehmheits- und Unangenehmheitsurteile als Funktion des Figur-Grund-Kontrasts, definiert nach Weber (C_w). Die linke Graphik zeigt Angenehmheitsurteile für dunkle Kreise auf weissem Hintergrund. Die mittlere Graphik zeigt Angenehmheitsurteile für helle Kreise auf schwarzem Hintergrund. Die rechte Graphik zeigt Unangenehmheitsurteile für dunkle Kreise auf weissem Hintergrund. Zusätzlich werden die Regressionsgleichungen und die Determinationskoeffizienten berichtet.

Während die beiden positiven Steigungen für Urteile der Angenehmheit weiterhin hochsignifikant sind, ist die negative Steigung für Urteile der Unangenehmheit nur noch marginal signifikant ($p < .10$).

Wir analysierten, ob der lineare Trend unterschiedlich war für die positiven Gruppen und die negative Gruppe. Hierzu berechneten wir einen geplanten Interaktionskontrast des linearen Trends mit den beiden positiven Gruppen einerseits und der negativen Gruppe andererseits (vgl. Keppel, 1991). Dieser ergab in der Tat eine signifikante Interaktion Gruppe x linearer Trend, $F\,[1,34] = 16.15$, $p < 0.001$.

Diskussion

Höhere perzeptuelle Geläufigkeit führte zu positiveren affektiven Urteilen, unabhängig von der Art der Fragestellung (Beurteilung der Angenehmheit oder der Unangenehmheit) und unabhängig davon, ob die perzeptuelle Geläufigkeit über die Lesbarkeit von Buchstabenketten oder den Figur-Grund-Kontrast manipuliert wurde. Perzeptuelle Geläufigkeit führt also zu ausschließlich positivem Affekt und wird nicht bei entsprechender Fragestellung negativem Affekt attribuiert. Dies entspricht den Resultaten — wenn auch nicht den Interpretationen -, die Mandler et al. (1987) bereits in ihrem Experiment zu Effekten der wiederholten Darbietung auf affektive Urteile berichtet haben.

Die gefundenen Ergebnisse sind kompatibel mit der Zweistufentheorie des 'Mere Exposure'-Effekts: Zuerst führt die wiederholte Darbietung der Stimuli zu erhöhter perzeptueller Geläufigkeit (wie z.B. Haber, 1965, Haber & Hershenson, 1965; Haber & Hillman, 1966, oder Jacoby & Dallas, 1981, gezeigt haben). Zweitens führt höhere perzeptuelle Geläufigkeit zu erhöhter affektiver Präferenz, wie in den hier berichteten Experimenten gezeigt wurde, in denen die perzeptuelle Geläufigkeit unabhängig von der Darbietungshäufigkeit manipuliert wurde.

Zusammenfassend kann aus diesen ersten experimentellen Befunden gesagt werden, dass die perzeptuelle Geläufigkeit affektive Urteile in positiver Richtung beeinflusst. Allerdings muss einschränkend gesagt werden, dass wenig bekannt ist über die exakten Charakteristika der perzeptuellen Geläufigkeit bei der wiederholten Darbietung von Stimuli. Es ist deshalb schwierig zu bestimmen, inwiefern unsere Manipulationen der perzeptuellen Geläufigkeit die perzeptuelle Geläufigkeit wiederspiegelt, wie sie in Experimenten mit wiederholter Darbietung auftreten (z.B. Jacoby & Dallas, 1981; Whittlesea et al., 1990; Witherspoon & Allan, 1985). Allerdings konnte in Übereinstimmung mit den Resultaten von Seamon et al. (1998) gezeigt werden, dass unterschiedliche Manipulationen der perzeptuellen Geläufigkeit und unterschiedliche Aufgabestellungen (Beurteilung des Gefallens versus Missfallens) zum immer selben Ergebnis führen: Perzeptuelle Geläufigkeit führt zu positiveren affektiven Urteilen.

Wir haben Effekte der perzeptuellen Geläufigkeit auf affektive Urteile aufgezeigt, unter Konstanthaltung der Komplexität des Materials. Allerdings haben wir nur sehr einfaches Stimulusmaterial verwendet; obwohl die Verwendung von einfachen visuellen Elementen in der empirischen Ästhetik durchaus üblich ist, verlangt eine Generalisierung der Ergebnisse auf die Evaluierung von Kunstwerken Experimente mit komplexerem bildlichen Material (siehe Berlyne, 1974; Takahashi, 1995). Ein weiteres Problem, das die Generalisierbarkeit der Resultate einschränkt, sind die kurzen Präsentationszeiten der Stimuli. Diese sind zwar dadurch gerechtfertigt, dass wir die Testsituation in Experimenten zur perzeptuellen Geläufigkeit und zum 'Mere Exposure'-Effekt simulieren wollten, in denen die Präsentationszeiten auch recht kurz sind. Wir können aber bisher nur aussagen, dass Personen spontan Stimuli angenehmer finden, aus denen sie Information leichter extrahieren können.

Im nächsten Kapitel gehen wir der Frage nach, ob die in den Experimenten 3 und 4 gefundenen Effekte der Klarheit auf affektive Urteile auch ohne perzeptuelle Geläufigkeit erklärt werden könnten. Es wäre möglich, dass Personen einfach klarere Stimuli besser mögen, dies aber nichts zu tun hat mit der Leichtigkeit, mit der Information aus dem Stimulus extrahiert werden kann.

4 Effekte des Kontrasts auf affektive Urteile: Merkmale des Stimulus oder perzeptuelle Geläufigkeit?

In den bisherigen Experimenten konnte gezeigt werden, dass (1) visuelles Priming, (2) die Präsentationszeit des Stimulus, (3) dessen Klarheit und (4) dessen Kontrast affektive Urteile beeinflusst. Aus diesen Studien kann der Schluss gezogen werden: Je mehr Information aus dem Stimulus extrahiert werden kann, desto positiver wird dieser Stimulus beurteilt. Während bei der Manipulation der Präsentationsdauer der Stimulus selbst identisch war und deshalb die Effekte auf die affektiven Urteile nicht auf stimulusinhärente Merkmale zurückgeführt werden können, ist bei der Manipulation der Stimulusklarheit und des Kontrasts die Möglichkeit gegeben, dass nicht die perzeptuelle Geläufigkeit bzw. die Leichtigkeit der Informationsaufnahme die affektiven Urteile determiniert, sondern stimulusinhärente Merkmale. Ein solches stimulusinhärentes Merkmal könnte zum Beispiel die Prototypikalität sein, wie sie Whitfield & Slatter (1979) und Martindale & Moore (1988) vorgeschlagen haben. Dies hieße, dass statische, die visuelle Klarheit erhöhende Merkmale des Stimulus zu positiveren affektiven Urteilen führen würden, statt — wie von uns vorgeschlagen — die erhöhte Dynamik der Wahrnehmung des Stimulus: Im ersten Falle würden Personen einen Stimulus bevorzugen, weil er klarer ist, im zweiten Falle würden sie den Stimulus bevorzugen, weil er schneller erfasst werden kann.

Diese beiden unterschiedlichen Hypothesen führen zu unterschiedlichen Vorhersagen bezüglich des Effekts der Klarheit auf affektive Urteile bei unterschiedlichen Präsentationszeiten von Stimuli: Die Hypothese, wonach die affektiven Urteile von stimulusinhärenten Merkmalen abhängen, führt zur Vorhersage, dass die Präsentationszeit der Stimuli überhaupt keinen Einfluss auf affektive Urteile hat: Ob ein Stimulus für eine Sekunde oder für 15 Stunden angeschaut wird, ändert nichts an dessen affektivem Gehalt; ebensowenig ändert die Präsentationszeit etwas am Effekt des

Kontrasts auf die affektiven Urteile: Je höher der Kontrast, desto positiver die Evaluation des Stimulus, unabhängig davon, wie lange ein Stimulus betrachtet wird. Die Hypothese, wonach die affektiven Urteile von der erlebten Leichtigkeit der Informationsaufnahme abhängen, führt zur Vorhersage, dass die Präsentationszeit zu unterschiedlichen Effekten des Kontrasts auf affektive Urteile führt.

Sehen wir uns Abbildung 8 an: Hier ist die Menge der aufgenommenen Information in Abhängigkeit von der Präsentationszeit aufgetragen. Zwei Kurven werden dargestellt: Die früher aufsteigende, 'linke' Kurve ist die Menge der aufgenommenen Information in Abhängigkeit von der Präsentationszeit, wenn der Stimulus hohen Kontrast aufweist. Die später aufsteigende, 'rechte' Kurve ist die Menge der aufgenommenen Information in Abhängigkeit von der Präsentationszeit, wenn der Stimulus niedrigen Kontrast aufweist. Beiden Kurven ist gemeinsam, dass mit längerer Präsentationsdauer auch mehr Information aufgenommen wird, wie Mackworth (1963) gezeigt hatte. Es wird davon ausgegangen, dass die wahrgenommene Informationsmenge nicht linear mit der Präsentationsdauer ansteigt, sondern in der Anfangsphase des Wahrnehmungsprozesses kaum Information aufgenommen werden kann. Dann folgt ein plötzlicher Anstieg der Kurve, der anzeigt, dass innert kurzer Zeit ein grosser Teil der Information aus dem Stimulus extrahiert wird. Schließlich flacht die Kurve der Informationsaufnahme ab, so dass der Informationsgewinn aus weiterer Betrachtung nur noch gering ist. Für den steilen Anstieg und die nachfolgende Abflachung der Informationsaufnahme mit der Zeit hat Mackworth (1963) mittels der Identifikation maskierter Stimuli empirische Evidenz geliefert, die bereits in Kapitel 3 diskutiert wurde. Nun nehmen wir an, dass Information über Stimuli mit hohem Kontrast zu einem früheren Zeitpunkt verarbeitet werden kann als Information über Stimuli mit niedrigem Kontrast. Dies konnte prinzipiell mit dem in Kapitel 3 erwähnten perzeptuellen Identifikationsexperiment gezeigt werden, in dem der Kontrast des Schriftbildes zum Hintergrund manipuliert wurde (Reber, unpublizierte Daten): Nach 20 Millisekunden können 77% der Stimuli mit einem Helligkeitskontrast von 100% identifiziert werden, während nach der gleichen Präsentationsdauer nur 20% der Stimuli mit einem Helligkeitskontrast von 20% identifiziert werden können. Die frühere Verarbeitung von Stimuli mit hohem Kontrast führt zu einem phänomenalen Erleben höherer Verarbeitungsleichtigkeit.

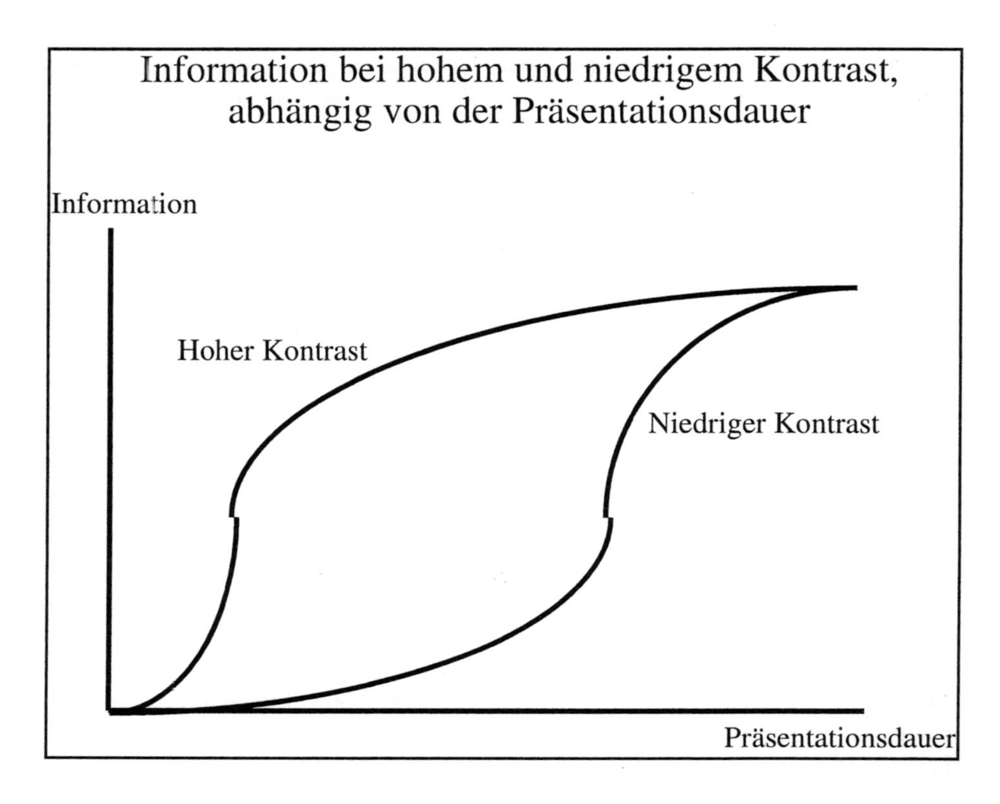

Abbildung 8: Information in Abhängigkeit von der Präsentationsdauer

Wenn unsere Annahmen nun stimmen und das affektive Urteil über einen Stimulus tatsächlich von der Verarbeitungsleichtigkeit abhängig ist (und nicht von stimulusinhärenten Merkmalen), dann müsste auch das affektive Urteil für Stimuli mit hohem Kontrast nach relativ kurzer Präsentationsdauer positiver sein als für Stimuli mit niedrigem Kontrast. Wenn wir also affektive Urteile in Abhängigkeit vom Kontrast erheben, dann sollte — nach den Kurven in Abbildung 8 — nach sehr kurzer Präsentationsdauer ein kleiner Unterschied in den affektiven Urteilen bestehen, da bei beiden Stimuli nur wenig Information verarbeitet werden konnte und die erlebte perzeptuelle Geläufigkeit sehr niedrig ist.

Mit zunehmender Präsentationsdauer nimmt dann der Unterschied zwischen den affektiven Urteilen zu, wenn nämlich viel Information des Stimulus mit hohem Kontrast und wenig Information des Stimulus mit niedrigem Kontrast aufgenommen wurde, was sich auch in einer hohen Differenz der erlebten perzeptuellen Geläufigkeit niederschlägt. Nach einer bestimmten Zeit wird die Differenz zwischen den affektiven Urteilen für Stimuli mit hohem und niedrigem Kontrast wieder zunehmend kleiner, wenn der Informationsgewinn für Stimuli mit hohem Kontrast kleiner wird und der Informationsgewinn für Stimuli mit niedrigem Kontrast größer. Dann flacht auch der Informationsgewinn für die Stimuli mit niedrigem Kontrast ab, bis schließlich für Stimuli mit hohem wie mit niedrigem Kontrast praktisch die gesamte Information aufgenommen wurde. Für diese Präsentationsdauer, d.h. wenn die gesamte Information aufgenommen wurde, wird kein Unterschied in der erlebten perzeptuellen Geläufigkeit und damit in den affektiven Urteilen zwischen den beiden Stimuli erwartet.

Zusammenfassend kann festgestellt werden, dass die phänomenale Erfahrung der perzeptuellen Geläufigkeit nur so lange unterschiedlich ist, wie Information aus dem Stimulus extrahiert werden muss. Dies heisst auch, dass die von der perzeptuellen Geläufigkeit abhängigen affektiven Urteile nur so lange unterschiedlich sind, bis alle Information aus einem Stimulus extrahiert ist.

Die folgenden Experimente wurden durchgeführt, um die hier beschriebenen Möglichkeiten auszutesten: In Experiment 5 mussten die Versuchspersonen Kreise anschauen, bis sie diese vollständig gesehen hatten. Diese Studie lieferte die Information, dass die für die Kurven in Abbildung 8 sichtbaren Asymptoten bei über drei Sekunden für helle und etwas unter drei Sekunden für dunkle Kreise lagen (genaueres in Experiment 5). Damit sollten bis zu einer Präsentationszeit von drei Sekunden Effekte der perzeptuellen Geläufigkeit auf affektive Urteile nachweisbar sein, während bei einer Präsentationszeit von zehn Sekunden kein solcher Effekt zu sehen sein sollte, da es nach zehn Sekunden keine Differenz in der erlebten Leichtigkeit der Informationsaufnahme geben sollte. In den Experimenten 6 und 7 konnte genau diese Hypothese bestätigt werden. In Experiment 8 konnte gezeigt werden, dass bei komplexerem Material — Buchstabenketten — der Effekt der perzeptuellen Geläufigkeit auf affektive Urteile auch bei einer Präsentationszeit von zehn Sekunden nachgewiesen werden kann, was darauf hinweist, dass Effekte der Präsentationszeit von der Komplexität des Stimulusmaterials abhängig ist.

Experiment 5: Die vollständige Wahrnehmung eines Kreises: Eine Pilotstudie

In diesem Experiment wurden die Versuchspersonen gebeten, einen auf dem Computerbildschirm dargebotenen Kreis solange anzuschauen, bis alle Information aus dem Kreis aufgenommen sei. Damit wurde versucht, die Präsentationsdauer zu bestimmen, bei der die Informationsaufnahme ein asymptotisches Niveau erreicht hat.

Methode

12 Studierende und Fakultätsmitglieder der Université de Bourgogne in Dijon nahmen an der Studie teil. Je sechs Versuchspersonen wurden nach Zufall den zwei Gruppen zugeteilt, die erste Gruppe sah zuerst den hellen Stimulus, die zweite Gruppe den dunklen Stimulus.

Zwei Kreise aus Experiment 4 wurden gezeigt, einer mit einem Helligkeitskontrast zwischen Figur und Grund von 10% ($C_w = 0.057$), der andere mit einem Helligkeitskontrast von 100% ($C_w = 0.758$). Es waren immer dunkle Kreise auf weissem Hintergrund. Die Reihenfolge der Präsentation war ausbalanciert: Sechs Versuchspersonen erhielten zuerst den hellen (10% schwarz), dann den dunklen (100% schwarz) Kreis präsentiert, sechs Versuchspersonen erhielten zuerst den dunkleren, dann den helleren Kreis präsentiert. Jedem Kreis ging ein Fixationspunkt voran, der für 500 Millisekunden erschien; das Intervall zwischen Fixationspunkt und Stimulus betrug 200 Millisekunden.

Den Versuchspersonen wurde mündlich eine standardisierte Instruktion gegeben, dass nach dem Fixationspunkt einfache Figuren dargeboten würden, und ihre Aufgabe sei es, diese Figur zu betrachten, bis sie diese Figur vollständig gesehen hätten, d.h. dass sie alle Information aus der Figur extrahiert hätten. Wenn sie die Figur gesehen hätten, sollen sie auf die Maus drücken. Dann wurde erklärt, dass zum Beispiel bei der Betrachtung eines Autos dieses sehr schnell als Auto identifiziert werden könne, aber man habe das Auto noch nicht in allen Details gesehen, z.B. die Konturen oder die Farben. Es wurde dann nochmals betont, dass es wichtig sei, dass man alles gesehen habe, nicht nur wisse, was die Figur sei.

Ergebnisse und Diskussion

Wir berechneten die mittleren Zeiten und Standardabweichungen für die 10% und die 100% Kontrastbedingung, getrennt nach zeitlicher Position des Kreises, d.h. ob der Kreis an erster oder zweiter Stelle erschien. Für die zuerst erscheinenden Kreise waren die Mittelwerte und Standardabweichungen (in Klammern) 4.58 sec (3.65; *Median* = 3.09 sec) für die 10%-Bedingung und 2.96 sec (1.75; *Median* = 2.37) für die 100% Bedingung. Für die an zweiter Stelle erscheinenden Kreise waren diese Werte 2.98 sec (2.07; *Median* = 2.22) für die 10%-Bedingung und 1.72 sec (2.16; *Median* = 0.75) für die 100% Bedingung. Für die folgenden Analysen wurden die Daten quadratwurzeltransformiert, damit diese normalverteilt waren. Wir rechneten eine 2 x 2

Varianzanalyse, mit Reihenfolge als zwischen den Versuchspersonen manipuliertem Faktor und Kontrast als innerhalb der Versuchspersonen manipuliertem Faktor. Sowohl der Haupteffekt des Faktors Kontrast, $F\,[1,10] = 5.55$, $p < 0.05$, wie die Interaktion von Reihenfolge und Kontrast, $F\,[1,10] = 5.68$, $p < 0.05$, waren signifikant. Der signifikante Haupteffekt bedeutet, dass Kreise mit niedrigem Kontrast länger angeschaut wurden als Kreise mit hohem Kontrast. Die Interaktion kann folgendermaßen aufgeschlüsselt werden: In derjenigen Gruppe, die zuerst die hellen, dann die dunklen Kreise sah, d.h. niedrigen vor hohem Kontrast, waren die Zeiten für die hellen Kreise höher als für die dunklen Kreise, $t\,[5] = 2.54$, $p < 0.05$, einseitig. Wurden zuerst die dunklen, dann die hellen Kreise präsentiert, dann gab es keinen Unterschied $t\,[5] = 0.97$, n.s.). Hier spiegelt sich also neben dem Haupteffekt des Kontrasts die Zeitverkürzung wieder, die durch die Wiederholung der Kreise entsteht: Der gleiche, aber andersfarbige Kreis wird für kürzere Zeit angeschaut als der zuerst präsentierte Kreis. Der Haupteffekt des Faktors Reihenfolge war nicht signifikant, $F\,[1,10] = 0.05$, n.s.

Wichtig ist, dass die Zeit, um einen nie dargebotenen Kreis zu betrachten, über drei Sekunden beträgt, wenn der Kontrast niedrig ist, und unter drei Sekunden, wenn er hoch ist. Wenn die Hypothese stimmt, wonach perzeptuelle Geläufigkeit auf affektive Urteile wirkt, dann sollte der Effekt des Kontrasts auf affektive Urteile nach drei, nicht aber zum Beispiel nach zehn Sekunden festzustellen sein: Es braucht knapp mehr als drei, aber weniger als zehn Sekunden, um alle Information aus einem hellgrauen Kreis zu extrahieren. Damit haben wir die notwendige Information, um in den zwei folgenden Experimenten die unabhängige Variable — die Präsentationszeit — manipulieren zu können.

Experiment 6: Effekte perzeptueller Geläufigkeit auf die affektive Beurteilung von Kreispaaren: Der Einfluss der Präsentationszeit

In Experiment 6 mussten vier Gruppen von Versuchspersonen die Präferenz für einen von zwei dunklen Kreisen auf weissem Hintergrund angeben. Die Präsentationszeit für die Kreise betrug 0.3, 1, 3 und 10 Sekunden, manipuliert als Variable zwischen den Versuchspersonen. Stimuli mit höherem Kontrast sollten als angenehmer beurteilt werden als Stimuli mit niedrigem Kontrast. Ist die Wirkung des Kontrasts auf affektive Urteile auf dem Kontrast inhärente Stimulusmerkmale zurückzuführen, dann sollte dieser Effekt für alle Präsentationszeiten aufzeigbar sein. Wenn aber die Hypothese stimmt, dass die perzeptuelle Geläufigkeit affektive Urteile determiniert, dann sollte dieser Effekt bestehen, wenn die Präsentationszeiten 0.3, 1, und 3 Sekunden sind. Bei einer Präsentationszeit von 10 Sekunden würde sowohl von den Kreisen mit hohem wie mit niedrigem Kontrast alle Information extrahiert (entsprechend den Befunden von Experiment 5), so dass kein Unterschied in der erlebten Leichtigkeit der Wahrnehmung und damit im affektiven Urteil zwischen Kreisen verschiedenen Kontrasts bestehen sollte.

Zusätzlich wurde exploriert, ob nicht nur das zeitliche Ende der in Abbildung 8 dargestellten Kurve experimentell abgebildet werden kann, sondern auch der Anfang. Das heisst, ob die Gruppe mit einer Präsentationszeit von 0.3 Sekunden in der Tat einen schwächeren Effekt aufweisen würde als die beiden Gruppen mit einer beziehungsweise drei Sekunden Präsentationszeit.

Methode

48 Collegestudenten der University of Michigan aus dem Versuchspersonenpool der Einführungsvorlesung in die Psychologie nahmen am Experiment teil. Die Teilnahme am Experiment war Teil eines Leistungsnachweises für diese Vorlesung. Je zwölf Versuchspersonen wurden nach Zufall den vier Gruppen zugeteilt, die sich in der Präsentationszeit der Stimuli unterschieden (0.3, 1, 3 und 10 Sekunden).

40 Kreispaare wurden konstruiert, 34 Experimentalpaare und sechs Füllerpaare. Der Durchmesser eines Kreises war fünf Zentimeter, die Distanz zwischen den Mittelpunkten der beiden Kreise zehn Zentimeter. Von den 34 Experimentalpaaren waren bei neun Paaren der linke Kreis 10% schwarz, während die Farbe des rechten Kreises von 20%, 30%, 40% ... 80%, 90%, 100% schwarz, ansteigend in Intervallen von 10%; bei neun Paaren war der rechte Kreis 10% schwarz, während die Farbe des linken Kreises von 20% bis 100% schwarz war, wiederum ansteigend in Intervallen von 10%; bei acht Paaren war der linke Kreis 100% schwarz, während die Farbe des rechten Kreises von 90% bis 20% schwarz abnahm, in Intervallen von 10% schwarz (das Kreispaar 100% — 10% wurde bereits oben erwähnt); bei den letzten acht Paaren war der rechte Kreis 100% schwarz, während die Farbe des linken Kreises von 90% bis 20% schwarz abnahm, in Intervallen von 10% schwarz (das Kreispaar 10% — 100% wurde bereits oben erwähnt). Damit ergaben sich je vier Kreispaare, deren Kontrastdiffererenz 10%, 20%, 30%, 40%, 50%, 60%, 70% und 80% waren, sowie je zwei Kreispaare mit einer Kontrastdifferenz von 90%. Je zweimal pro Kontrastdifferenz war der eine Kreis 10% schwarz, je zweimal 100% schwarz. Je zweimal pro Kontrastdifferenz war der dunklere Kreis links, je zweimal rechts; bei der Kontrastdifferenz von 90% war einmal der dunklere Kreis links, einmal rechts.

Tabelle 6: Luminanzen und berechnete Kontraste nach der Weber'schen Definition ('C_w links' und 'C_w rechts') sowie die errechenten Kontrastunterschiede (ΔC_w). Die Luminanz des Grundes betrug 107 cd/m².

Kontrast %schwarz links-rechts	Luminanz [cd/m²] Figur links	Luminanz [cd/m²] Figur rechts	C_w links	C_w rechts	ΔC_w
10 - 20	90.9	75.1	.081	.175	.094
10 - 30	90.9	62.1	.081	.266	.185
10 - 40	90.9	50.4	.081	.360	.279
10 - 50	90.9	39.4	.081	.462	.381
10 - 60	90.9	29.3	.081	.570	.489
10 - 70	90.9	20.7	.081	.676	.595
10 - 80	90.9	14.2	.081	.766	.685
10 - 90	90.9	9.2	.081	.842	.761
20 - 10	76.6	89.7	.166	.088	-.078
30 - 10	64.3	89.7	.249	.088	-.161
40 - 10	52.4	89.7	.343	.088	-.255
50 - 10	41.8	89.7	.438	.088	-.350
60 - 10	31.8	89.7	.542	.088	-.454
70 - 10	23.5	89.7	.640	.088	-.552
80 - 10	16.9	89.7	.727	.088	-.639
90 - 10	11.9	89.7	.794	.088	-.706
90 - 100	11.8	6.9	.801	.879	.078
80 - 100	16.9	6.9	.727	.879	.152
70 - 100	23.4	6.9	.641	.879	.238
60 - 100	31.8	6.9	.542	.879	.337
50 - 100	41.6	6.9	.440	.879	.439
40 - 100	52.3	6.9	.343	.879	.536
30 - 100	64.0	6.9	.251	.879	.628
20 - 100	76.6	6.9	.166	.879	.713
10 - 100	90.9	6.9	.081	.879	.798
100 - 90	9.6	9.2	.835	.842	.001
100 - 80	9.6	14.3	.835	.764	-.071
100 - 70	9.6	20.8	.835	.674	-.161
100 - 60	9.6	29.4	.835	.569	-.266
100 - 50	9.6	39.4	.835	.462	-.373
100 - 40	9.6	50.4	.835	.360	-.475
100 - 30	9.6	62.1	.835	.266	-.569
100 - 20	9.6	75.2	.835	.175	-.660
100 - 10	9.6	89.9	.835	.087	-.748

Von den sechs Füllerpaaren hatten zwei eine Kontrastdifferenz von 10%, zwei eine Differenz von 30%, und zwei eine Differenz von 50%. Bei den Paaren mit einer Kontrastdifferenz von 10% war der eine Kreis 55% schwarz, der andere 45% schwarz. Bei den Paaren mit einer Kontrastdifferenz von 30% war der eine Kreis 65% schwarz, der andere 35% schwarz, bei den Paaren mit einer Kontrastdifferenz von 50% war der eine Kreis 75% schwarz, der andere 25% schwarz. Von den sechs Füllerpaaren wurden drei zu Beginn als Demonstrationsitems präsentiert, je ein Paar mit einer Kontrastdifferenz von 10%, 30% und 50%. Die drei anderen Füllerpaare — die gleichen wie die Demonstrationsitems, aber mit umgekehrten Seiten — wurden im Verlaufe der Experimentaldurchgänge gezeigt.

Wiederum wurden für die Experimentalpaare die Luminanzen gemessen und die Kontraste nach der Weber'schen Definition gerechnet. Die entsprechenden C_w-Werte sind in Tabelle 6 aufgetragen.

Die Versuchspersonen erhielten folgende Instruktion:

"In this study your task is to make choices between pairs of circles which are identical, except their brightness.
You will be shown 40 pairs of circles -- one on the left and one on the right.
Please examine both circles until they disappear.
Then you get the question "Which circle do you prefer?"
Select the circle you like better.
If you prefer the circle on the left, press a key in the negative range (—1 to —5). The more you like the left circle, the more negative the value should be.
If you prefer the circle on the right, press a key in the positive range (+1 to +5). The more you like the right circle, the more positive the value should be.
If you have no preference at all, please press the 0 key.
Please do not press either key before you see the question!
An asterisk (*) will signal the beginning of each trial.
Please keep your eyes focused on the asterisk so you will not miss the onset of any circles.
The first pair of shapes is just for exercise.
Press space bar if you are ready to begin.

"In dieser Studie ist es ihre Aufgabe, eine Wahl zwischen Paaren von Kreisen zu treffen, die identisch sind, ausser in ihrer Helligkeit.
Ihnen werden 40 Kreispaare gezeigt — jeweils einer links und einer rechts.
Bitte betrachten Sie die Kreise, bis sie verschwinden.
Sie erhalten die Frage: "Welchen Kreis bevorzugen Sie?"
Wählen Sie den Kreis, den Sie besser mögen.
Wenn Sie den Kreis links bevorzugen, dann drücken Sie eine Taste im negativen Bereich (-1 bis -5). Je mehr Sie den linken Kreis mögen, desto negativer sollte der Wert sein.

Wenn Sie den Kreis rechts bevorzugen, dann drücken Sie eine Taste im positiven Bereich (+1 bis +5). Je mehr Sie den rechten Kreis mögen, desto positiver sollte der Wert sein.
Wenn Sie keinerlei Präferenz haben, drücken Sie bitte die Nulltaste.
Bitte drücken Sie keinerlei Taste bevor Sie die Frage sehen!
Ein Stern (*) zeigt den Beginn eines jeden Durchgangs an.
Bitte halten Sie mit den Augen den Stern fixiert, damit Sie nicht den Beginn der Kreise verpassen.
Das erste Kreispaar ist bloß zur Übung.
Drücken Sie die Leertaste, wenn Sie bereit sind, zu beginnen.")

Die 11-Punkte-Skala von —5 bis +5 wurde auf der mittleren Reihe der US-Tastatur angelegt (a = —5 bis ' = +5). Die Buchstaben wurden mit selbstklebenden Punkten überklebt, auf denen die einzelnen Zahlen aufgetragen waren.

Drei Kreispaare wurden zur Übung gezeigt. Danach folgten die 34 Experimentalpaare und die drei Füllerpaare in randomisierter Reihenfolge.

Ergebnisse und Diskussion

Wir berechneten für jede Gruppe lineare Regressionsgleichungen mit der Präferenz als abhängiger Variable und der Kontrastdifferenz zwischen den beiden Kreisen als unabhängiger Variable. Die Kontrastdifferenz ist negativ, wenn der linke Kreis den höheren Kontrast zum weissen Hintergrund aufweist als der rechte, und positiv, wenn der rechte Kreis den höheren Kontrast aufweist. Wir erwarteten, dass die Versuchspersonen die Kreise mit höherem Kontrast bevorzugen würden. Wie in Abbildung 9 dargestellt, ist dies auch der Fall: Je höher der Kontrastunterschied zwischen zwei Kreisen, desto ausgeprägter war die Bevorzugung des Kreises mit höherem Helligkeitskontrast, wie sich aus den signifikant positiven Regressionssteigungen für jede Gruppe zeigen lässt. Auch die positive Steigung der Regressionsgeraden der 10-Sekunden-Gruppe war signifikant unterschiedlich von Null. Die Differenz zwischen den Steigungen der Regressionsfunktionen zeigen an, inwiefern der Effekt des Kontrasts auf Präferenzurteile unterschiedlich ist. Wie aus Abbildung 10 ersichtlich wird, änderte sich dieses Bild nicht, wenn der Figur-Grund-Kontrast statt in Helligkeitsprozenten nach der Weber'schen Definition angegeben wurde.

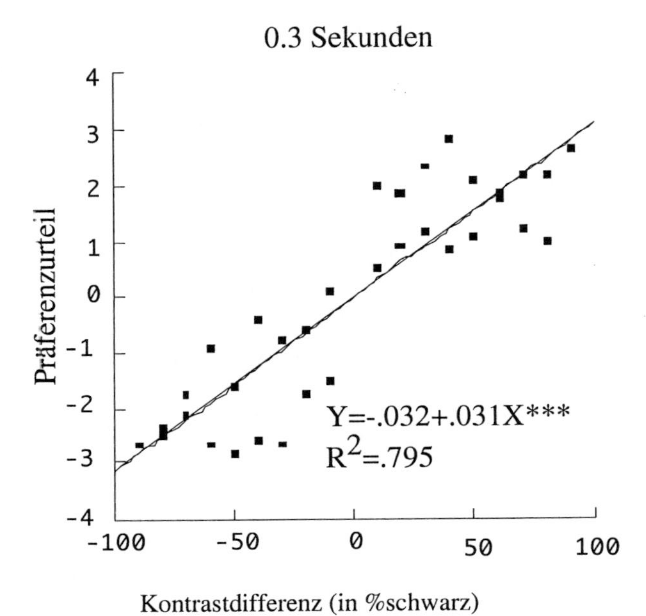

0.3 Sekunden
Präferenzurteil
4
3
2
1
0
-1
-2
-3
-4
-100
-50
0
50
100
Y=-.032+.031X***
R2=.795
Kontrastdifferenz (in %schwarz)

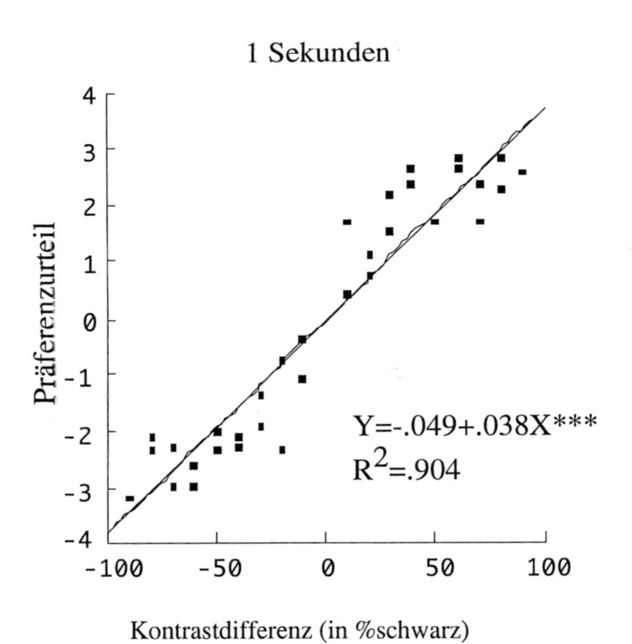

1 Sekunden
Präferenzurteil
4
3
2
1
0
-1
-2
-3
-4
-100
-50
0
50
100
Y=-.049+.038X***
R2=.904
Kontrastdifferenz (in %schwarz)

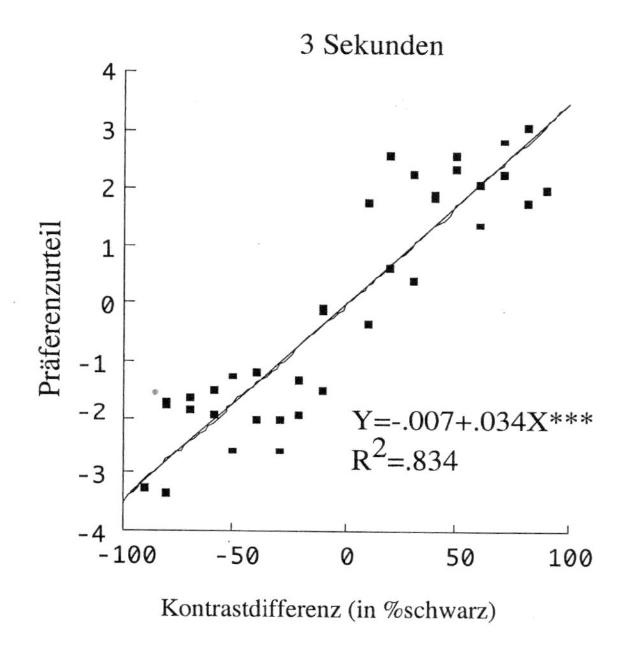
3 Sekunden
Präferenzurteil
4
3
2
1
0
-1
-2
-3
-4
-100
-50
0
50
100
Y=-.007+.034X***
R2=.834
Kontrastdifferenz (in %schwarz)

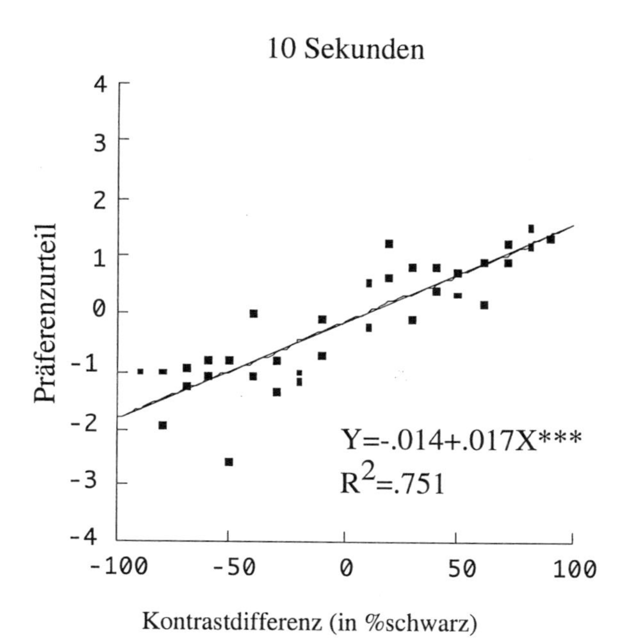
10 Sekunden
Präferenzurteil
4
3
2
1
0
-1
-2
-3
-4
-100
-50
0
50
100
Y=-.014+.017X***
R2=.751
Kontrastdifferenz (in %schwarz)

Abbildung 9 (vorhergehende zwei Seiten): Regressionsfunktionen von Präferenzurteilen als Funktion des Kontrastunterschiedes zwischen zwei Kreisen. Dargestellt sind die Funktionen für die 0.3-Sekunden, 1-Sekunden-, 3-Sekunden- und 10-Sekunden-Gruppe. Abhängige Variable war das Präferenzurteil; Negative Werte bedeuteten eine Präferenz für den linken Kreis, positive Werte für den rechten Kreis. Unabhängige Variable war die Differenz des Figur-Grund-Kontrasts zwischen den beiden Kreisen; negative Werte bedeuten, dass der linke Kreis, positive Werte, dass der rechte Kreis den höheren Figur-Grund-Kontrast aufwies. ***: $p < 0.001$

Wir benutzten die 'dummy variable'-Methode (siehe Gujarati, 1995, 512ff.), um die vier Regressionsgleichungen — mit Präsentationszeiten von 0.3, 1, 3 und 10 Sekunden — hinsichtlich ihrer Steigungen miteinander zu vergleichen. Wenn zum Beispiel die 10-Sekunden-Gruppe mit allen anderen Gruppen verglichen wird, dann ergibt sich das folgende Modell:

PRÄFERENZURTEIL =	a4 + a1 * D1 + a2 * D2 + a3 * D3 + b4*CON + b1 * (D1 * CON) + b2 * (D2 * CON) + b3 * (D3 * CON);

wobei CON = Kontrast und D1, D2, D3 und D4 die 'dummy'-Variablen sind (D1 = 1 wenn Präsentationszeit = 0.3 Sekunden, sonst D1 = 0; D2 = 1 wenn Präsentationszeit = eine Sekunde, sonst D2 = 0; D3 = 1 wenn Präsentationszeit = drei Sekunden, sonst D3 = 0; D4 = 1 wenn Präsentationszeit = zehn Sekunden, sonst D4 = 0).

Mit dieser Technik wird der Unterschied einer Gruppe zu den anderen Gruppen sowohl hinsichtlich der Konstanten wie hinsichtlich der Steigung berechnet. In unserem Beispiel — Vergleich der 10-Sekunden-Gruppe zu allen anderen Gruppen — erhalten wir acht Zahlenwerte: Die Konstante der 10-Sekunden-Gruppe, die Steigung der 10-Sekundengruppe, der Unterschied hinsichtlich der Konstanten zur 0.3-Sekunden-Gruppe, der Unterschied hinsichtlich der Steigung zur 0.3-Sekunden-Gruppe, der Unterschied hinsichtlich der Konstanten zur 1-Sekunden-Gruppe, usw. Da wir uns für die Modulation der Effekte des Kontrasts auf die affektiven Urteile interessieren, berichten wir hier nur die Resultate für die Steigungen, nicht aber für die Konstanten; allfällige Unterschiede hinsichtlich der letzteren wären von untergeordnetem Interesse und tragen nichts zur hier verfolgten Fragestellung bei.

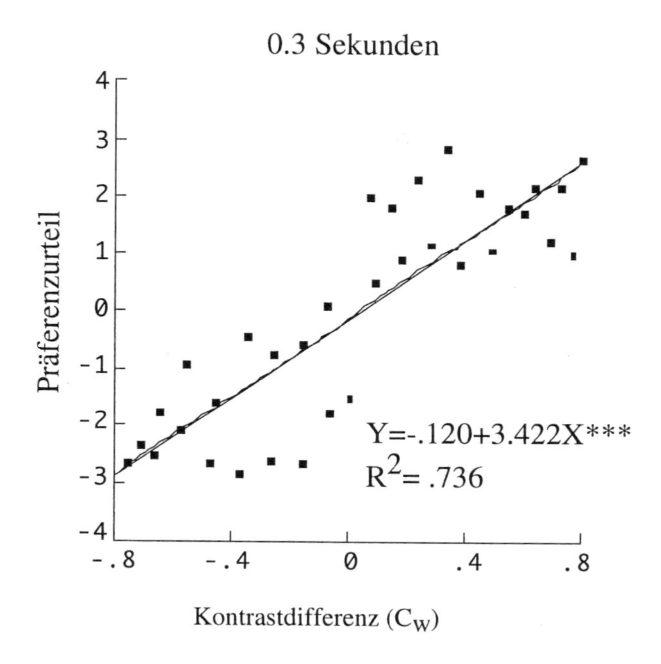
0.3 Sekunden
4
3
2
1
0
-1
-2
-3
-4
Präferenzurteil
-.8
-.4
0
.4
.8
Kontrastdifferenz (C$_W$)
Y=-.120+3.422X***
R^2= .736

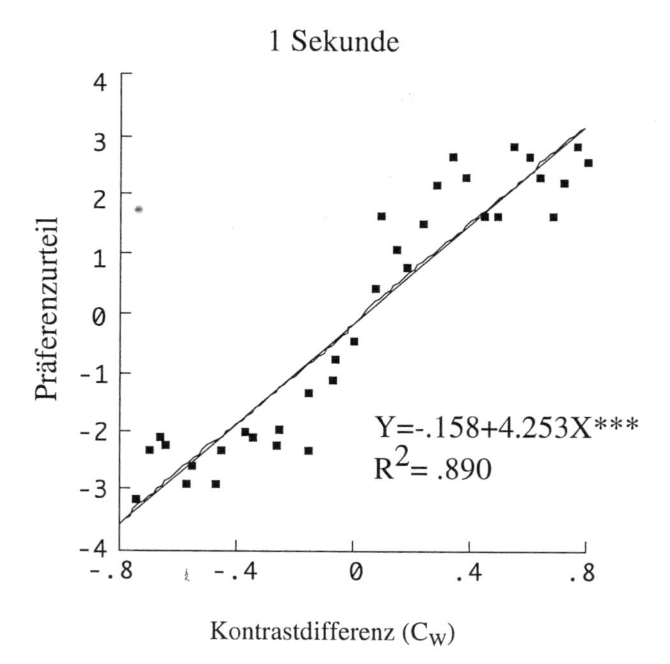
1 Sekunde
4
3
2
1
0
-1
-2
-3
-4
Präferenzurteil
-.8
-.4
0
.4
.8
Kontrastdifferenz (C$_W$)
Y=-.158+4.253X***
R^2= .890

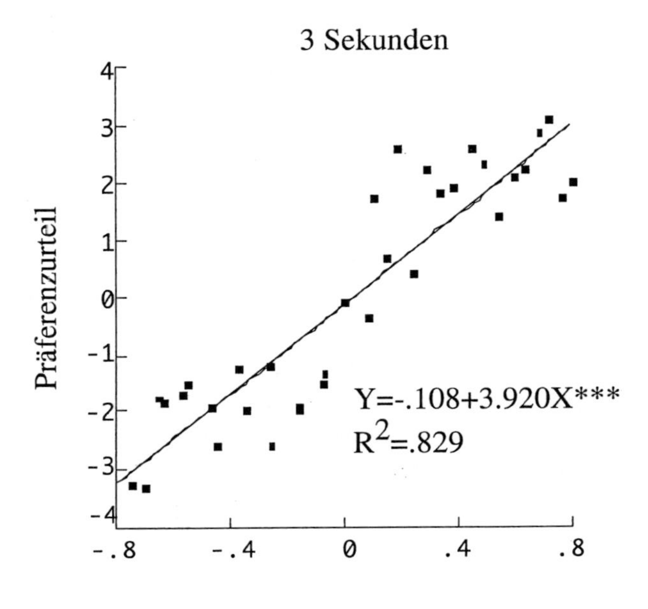

3 Sekunden
Präferenzurteil
4
3
2
1
0
-1
-2
-3
-4
-.8
-.4
0
.4
.8
Y=-.108+3.920X***
R2=.829
Kontrastdifferenz (Cw)

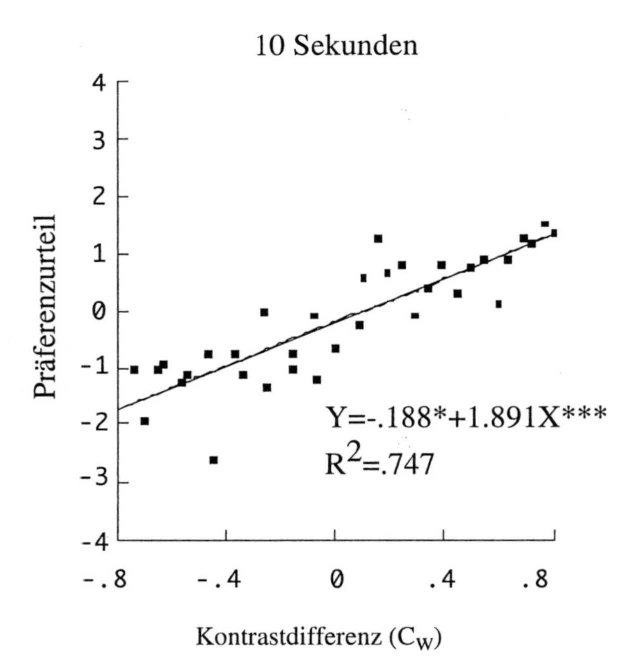

10 Sekunden
Präferenzurteil
4
3
2
1
0
-1
-2
-3
-4
-.8
-.4
0
.4
.8
Y=-.188*+1.891X***
R2=.747
Kontrastdifferenz (Cw)

Abbildung 10 (vorhergehende zwei Seiten): Regressionsfunktionen von Präferenzurteilen als Funktion des Kontrastunterschiedes, berechnet nach der Definition Webers, C_w, zwischen zwei Kreisen. Dargestellt sind die Funktionen für die 0.3-, 1-, 3- und 10-Sekunden-Gruppe. Abhängige Variable war das Präferenzurteil; Negative Werte bedeuteten eine Präferenz für den linken Kreis, positive Werte für den rechten Kreis. Unabhängige Variable war die Differenz des Figur-Grund-Kontrasts zwischen den beiden Kreisen; negative Werte bedeuten, dass der linke Kreis, positive Werte, dass der rechte Kreis den höheren Figur-Grund-Kontrast aufwies. *: $p < 0.05$; ***: $p < 0.001$

Die Resultate waren sehr klar: Die Steigung der 10-Sekunden-Gruppe war signifikant niedriger als die Steigung aller anderen Gruppen, t [128] = 4.31, 6.21, und 5.29 für die 0.3-Sekunden-, 1-Sekunden- bzw. 3-Sekunden-Gruppe; alle *p's* < 0.001. Die Steigung der 0.3-Sekunden-Gruppe war marginal niedriger als die Steigung der 1-Sekunden-Gruppe (t [128] = -1.90, $p = 0.06$). Alle anderen Effekte waren nicht signifikant (t [128] < 1).

Zusammenfassend sprechen diese Resultate für die Hypothese, wonach Präferenzen von der perzeptuellen Geläufigkeit abhängig sind und gegen die Hypothese, dass die beurteilte Angenehmheit von stimulusinhärenten Merkmalen abhängt.

Experiment 7: Effekte perzeptueller Geläufigkeit auf die affektive Beurteilung von einzelnen Kreisen: Der Einfluss der Präsentationszeit

In Experiment 7 (vgl. Reber & Schwarz, 2001) wurde versucht, die Befunde aus Experiment 6 zu replizieren und zu erweitern. In Experiment 6 mussten die Versuchspersonen aus zwei Kreisen denjenigen auswählen, der ihnen besser gefiel. In Experiment 7 hatten die Versuchspersonen die Angenehmheit einzelner Kreise mit unterschiedlichem Figur-Grund-Kontrast zu beurteilen. Es wurde also ein affektives Urteil statt ein Präferenzurteil erfragt. Wiederum wurde die Präsentationszeit zwischen den Versuchspersonen manipuliert. Die Hypothese, wonach perzeptuelle Geläufigkeit affektive Urteile determiniert, lässt erwarten, dass der Effekt des Kontrasts auf affektive Urteile nur auftritt, wenn die Präsentationszeit 0.3, 1 und 3, nicht aber 10 Sekunden ist.

Methode

48 Collegestudenten der University of Michigan aus dem Versuchspersonenpool der Einführungsvorlesung in die Psychologie nahmen am Experiment teil. Die Teilnahme am Experiment war Teil eines Leistungsnachweises für diese Vorlesung. Je zwölf Versuchspersonen wurden nach Zufall den vier Gruppen zugeteilt, die sich in der Präsentationszeit der Stimuli unterschieden (0.3, 1, 3 und 10 Sekunden).

Das Material waren die gleichen 19 Kreise wie in Experiment 4, mit einem Helligkeitskontrast zwischen Figur und Grund von 10%, 15%, 20% und so weiter, bis 100%. Im Gegensatz zu Experiment 4 gab es keine Gruppe, deren Versuchspersonen helle Kreise auf dunklem Hintergrund präsentiert wurden, d.h. es waren immer dunkle Kreise auf weissem Hintergrund. Ebenfalls verzichtet wurde auf eine negative Gruppe, die die Unangenehmheit der Kreise hätte beurteilen müssen.

Die Versuchsdurchführung war gleich wie in Experiment 4: Die Versuchspersonen erhielten die Aufgabe, die Kreise zu betrachten, bis diese verschwinden. Nach der Präsentation eines Kreises erschien die Frage auf dem Bildschirm: "How pretty is the circle?" Für das Urteil verwendeten die Versuchspersonen eine Skala von 0 (not at all pretty) bis 9 (very pretty). Auch alle anderen Merkmale blieben sich gleich.

Ergebnisse und Diskussion

Wir berechneten lineare Regressionsgleichungen mit den Durchschnittsratings jeder Gruppe als abhängige Variable und dem Kontrast als unabhängiger Variable. Wie in Abbildung 11 ersichtlich wird, wurden Kreise mit höherem Kontrast für angenehmer befunden, wenn die Präsentationszeit 0.3, eine oder drei Sekunden betrug, d.h. die positive Steigung der Regressionsgeraden unterschied sich signifikant von Null. War die Präsentationszeit zehn Sekunden, dann unterschied sich die Regressionsgerade nicht signifikant von Null. Wie aus Abbildung 12 ersichtlich wird, änderte sich dieses Bild nicht, wenn der Figur-Grund-Kontrast statt in Helligkeitsprozenten nach der Weber'schen Definition angegeben wurde. Die C_w-Werte sind in Tabelle 5 (Experiment 4) dargestellt.

Wir benutzten wie in Experiment 6 die 'dummy variable'-Methode (siehe Gujarati, 1995, 512ff.), um die Unterschiede zwischen den Steigungen der einzelnen Gruppen zu berechnen.

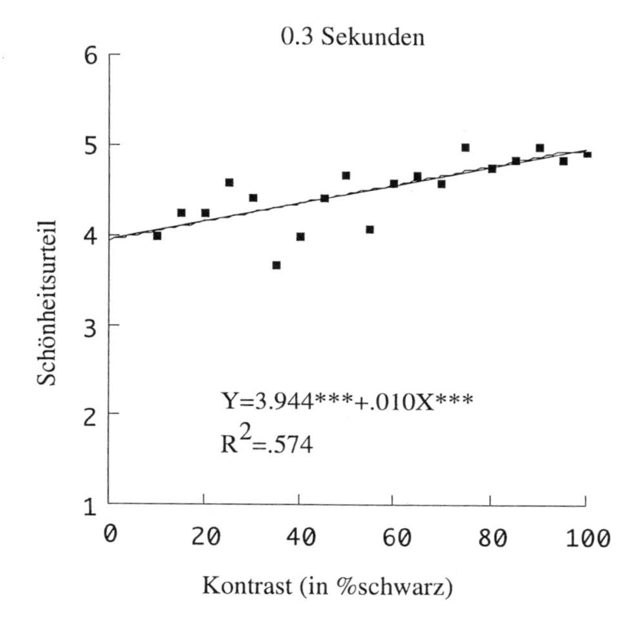
0.3 Sekunden
Schönheitsurteil
6
5
4
3
2
1
Y=3.944***+.010X***
R2=.574
0
20
40
60
80
100
Kontrast (in %schwarz)

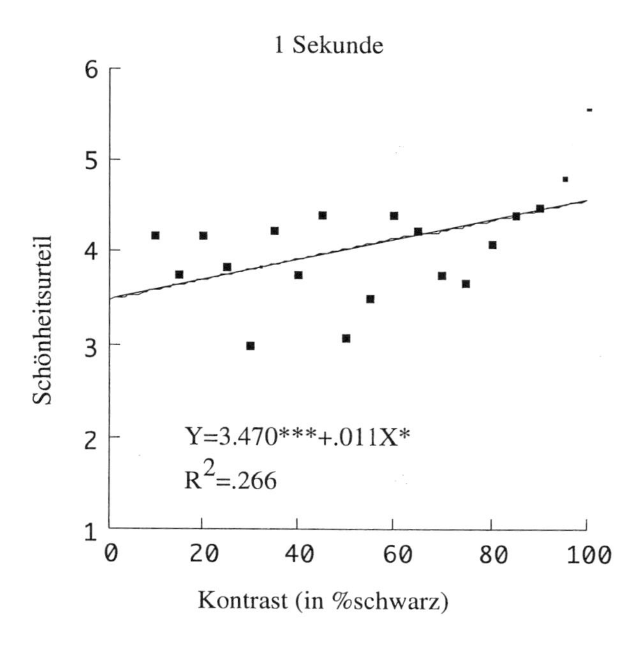
1 Sekunde
Schönheitsurteil
6
5
4
3
2
1
Y=3.470***+.011X*
R2=.266
0
20
40
60
80
100
Kontrast (in %schwarz)

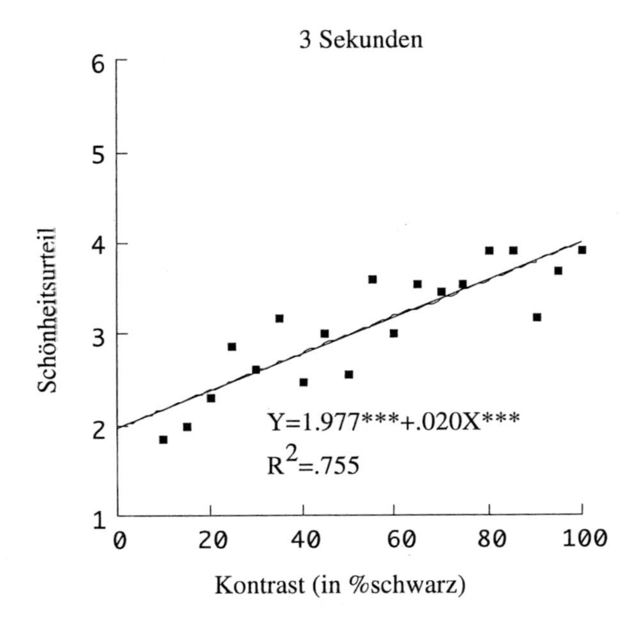
3 Sekunden
Schönheitsurteil
1
2
3
4
5
6
0
20
40
60
80
100
Y=1.977***+.020X***
R2=.755
Kontrast (in %schwarz)

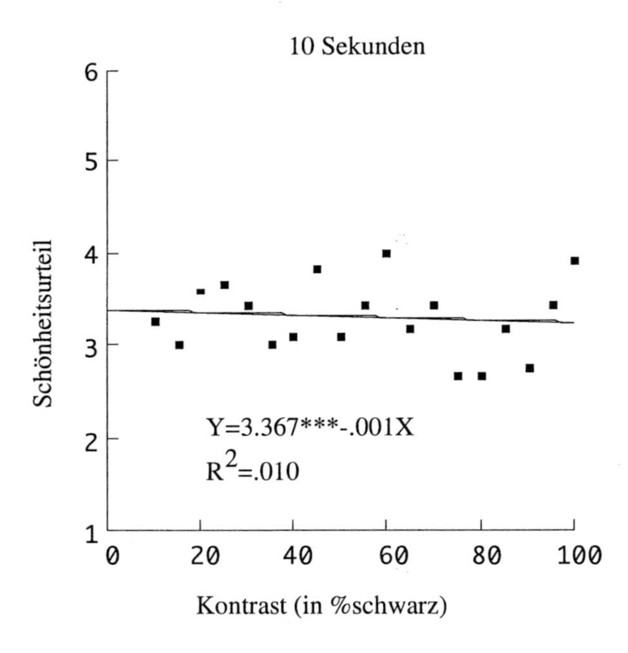
10 Sekunden
Schönheitsurteil
1
2
3
4
5
6
0
20
40
60
80
100
Y=3.367***-.001X
R2=.010
Kontrast (in %schwarz)

Abbildung 11 (zwei vorhergehende Seiten): Regressionsgeraden für Angenehmheits- und Unangenehmheitsurteile in Abhängigkeit vom Figur-Grund-Kontrast, für die 0.3-Sekunden-, 1-Sekunden-, 3-Sekunden- bzw. 10-Sekunden-Gruppe. Abhängige Variable ist das Angenehmheitsurteil auf einer Skala von 0 bis 9; unabhängige Variable ist der Figur-Grund-Kontrast in %schwarz. * = $p < 0.05$; *** = $p < 0.001$

Die Steigung der 10-Sekunden-Gruppe war signifikant niedriger als die Steigungen jeder der anderen Gruppen, t [68] = -2.32, $p < 0.05$ für die 0.3-Sekunden-Gruppe; t [68] = -2.50, $p < 0.05$ für die 1-Sekunden-Gruppe; t [68] = -4.42, $p < 0.001$ für die 3-Sekunden-Gruppe. Dies bestätigt klar die in Experiment 6 erhaltenen Befunde. In Experiment 6 war eine tendenziell niedrigere Steigung für die 0.3-Sekunden-Gruppe gegenüber der 1-Sekunden-Gruppe zu beobachten. Auch dieser Befund konnte repliziert werden: Die Steigung der 0.3-Sekunden-Gruppe war signifikant niedriger als die Steigung der 3-Sekunden-Gruppe, t [68] = -2.10, $p < 0.05$. Zudem war die Steigung der 1-Sekunden-Gruppe marginal niedriger als die Steigung der 3-Sekunden-Gruppe, t [68] = -1.92, $p = 0.06$. Die anderen Effekte waren nicht signifikant, t [68] < 1.
Die Ergebnisse sind deutlich: Sie sprechen für die Hypothese, dass affektive Urteile von der perzeptuellen Geläufigkeit beeinflusst werden und gegen die Hypothese, dass die beurteilte Angenehmheit von stimulusinhärenten Merkmalen abhängig ist. Die Ergebnisse sind nicht mit einem in der empirischen Ästhetik vertretenen 'preference-for-prototypes'-Ansatz vereinbar, wie er von Whitfield & Slatter (1979), Martindale & Moore (1988) oder Hekkert & van Wieringen (1990) vertreten wird (vgl. Hekkert, 1995, für eine ausführliche Diskussion). Wenn denn tatsächlich Kreise mit höherem Kontrast prototypischer wären als Kreise mit niedrigem Kontrast (was keineswegs der Fall sein muss), dann müssten prototypische Kreise auch bei einer Präsentationszeit von zehn Sekunden als angenehmer beurteilt werden. Dies war in diesem Experiment offensichtlich nicht der Fall.

Schliesslich zeigen die Experimente auf, dass mit einer ausgeweiteten Definition von perzeptueller Geläufigkeit gearbeitet werden muss: Nicht Detektions- und Identifikationsgeschwindigkeit eines Stimulus scheinen das affektive Urteil zu determinieren, sondern die Leichtigkeit, mit der die Information aus einem Stimulus extrahiert werden kann. Ist alle Information aus dem Stimulus extrahiert, gibt es zwischen den Stimuli keine Differenz in der perzeptuellen Geläufigkeit. Entsprechend gibt es zwischen den Stimuli keine Unterschiede in den affektiven Urteilen.

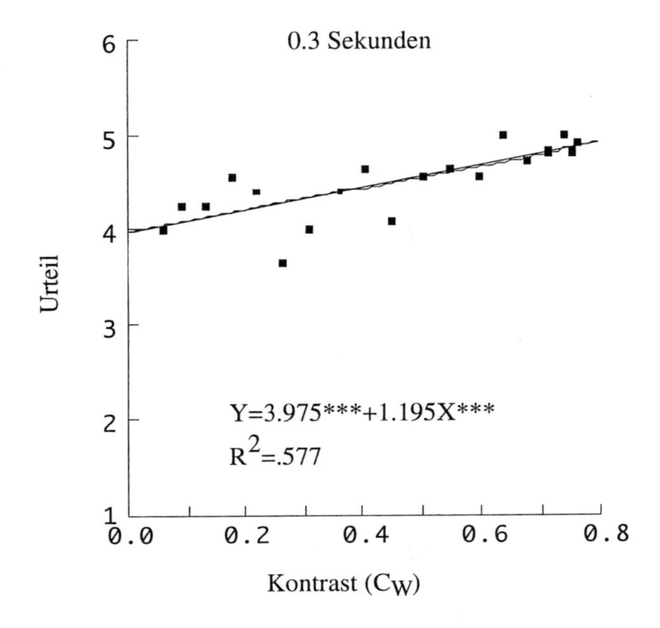
0.3 Sekunden
6
5
4
3
2
1
Urteil
Y=3.975***+1.195X***
R2=.577
0.0
0.2
0.4
0.6
0.8
Kontrast (CW)

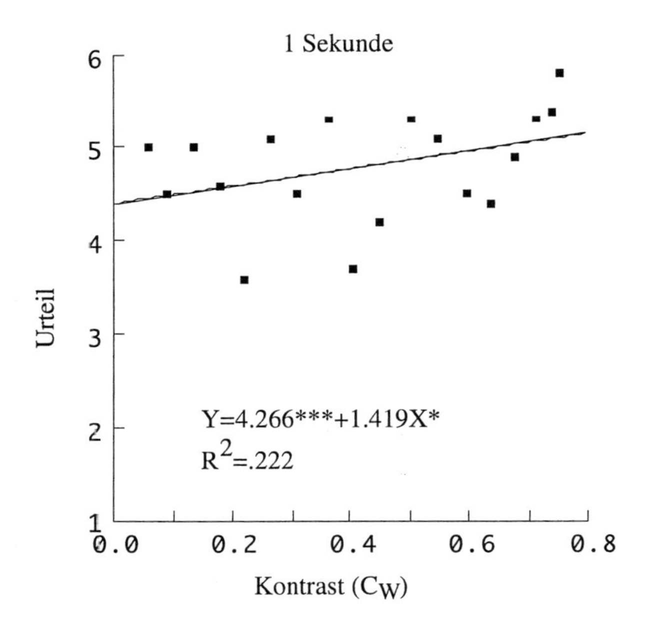
1 Sekunde
6
5
4
3
2
1
Urteil
Y=4.266***+1.419X*
R2=.222
0.0
0.2
0.4
0.6
0.8
Kontrast (CW)

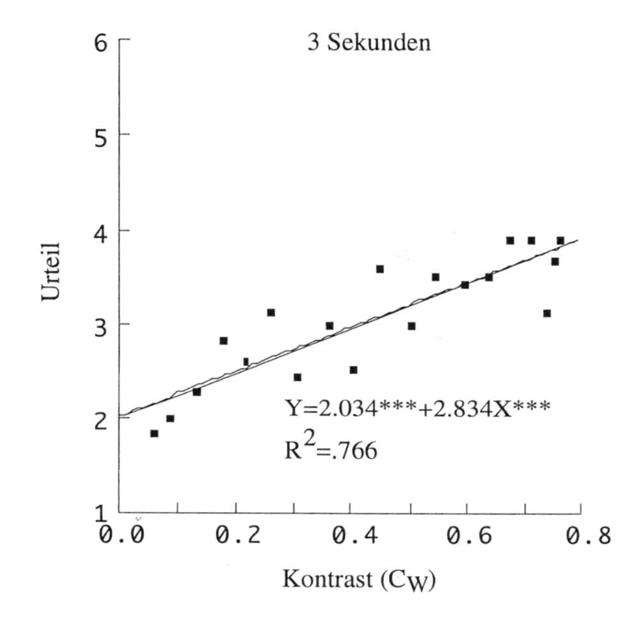
3 Sekunden
Urteil
Kontrast (CW)
Y=2.034***+2.834X***
R2=.766
6
5
4
3
2
1
0.0
0.2
0.4
0.6
0.8

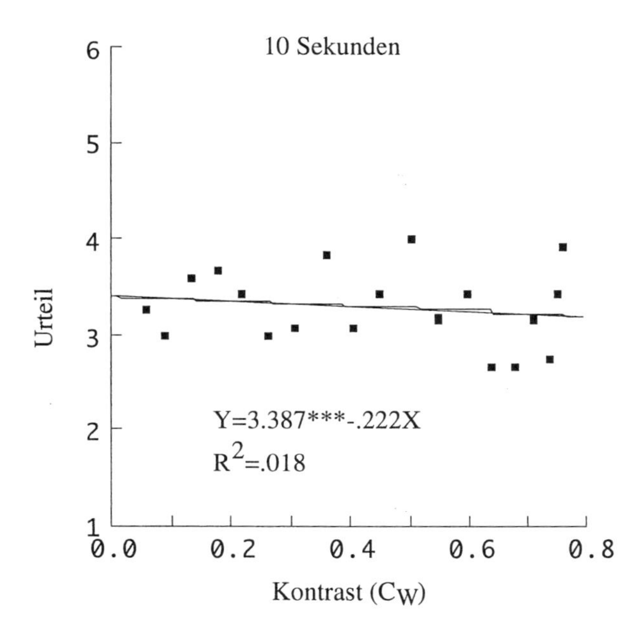
10 Sekunden
Urteil
Kontrast (CW)
Y=3.387***-.222X
R2=.018
6
5
4
3
2
1
0.0
0.2
0.4
0.6
0.8

Abbildung 12 (vorhergehende zwei Seiten): Regressionsgeraden für Angenehmheits- und Unangenehmheitsurteile in Abhängigkeit vom Figur-Grund-Kontrast, definiert nach Weber (C_w), für die 0.3-Sekunden-, 1-Sekunden-, 3-Sekunden- bzw. 10-Sekunden-Gruppe. Abhängige Variable ist das Angenehmheitsurteil auf einer Skala von 0 bis 9; unabhängige Variable ist der Figur-Grund-Kontrast in %schwarz. *: $p < 0.05$; ***: $p < 0.001$

Experiment 8: Effekte perzeptueller Geläufigkeit auf die affektive Beurteilung von Buchstabenketten: Der Einfluss der Präsentationszeit

In Experiment 8 mussten die Versuchspersonen die Angenehmheit von Buchstabenketten mit unterschiedlichem Kontrast zum Hintergrund beurteilen. Da Buchstabenketten komplexere Gebilde sind als Kreise, sollte der Effekt der perzeptuellen Geläufigkeit auf affektive Urteile auch bei einer Präsentationszeit von zehn Sekunden sichtbar sein[12].

Methode

48 Collegestudenten der University of Michigan aus dem Versuchspersonenpool der Einführungsvorlesung in die Psychologie nahmen am Experiment teil. Die Teilnahme am Experiment war Teil eines Leistungsnachweises für diese Vorlesung. Je zwölf Versuchspersonen wurden nach Zufall den vier Gruppen zugeteilt, die sich in der Präsentationszeit der Stimuli unterschieden (0.3, 1, 3 und 10 Sekunden).

Dreissig Buchstabenketten wurden in der Mitte des weissen Bildschirmes präsentiert. Jeder Buchstabenkette ging ein Fixationspunkt voran. Die Präsentationszeit des Fixationspunktes betrug 500 ms, das Interval zum Stimulus war 200 ms. Je drei der ursprünglich schwarzen Buchstabenketten wurden 0%, 10%, 20% usw. bis 90% der Pixel entfernt. Dies ergab den subjektiven Eindruck von grauen, etwas 'gesprenkelten' Buchstabenketten. Da die einzelnen Pixel sehr klein sind, entspricht das zufällige Entfernen von zehn Prozent der schwarzen Pixel der Buchstabenkette von 90% schwarz. Entsprechend bedeutet ein 50%-prozentiges Entfernen der schwarzen Pixel, dass die Buchstabenkette 50% grau erscheint, ein 80%-prozentiges Entfernen der

---

[12] Es gibt bisher kein Experiment, das wie Experiment 5 die Dauer der Extraktion der gesamten Information aus einer Buchstabenkette bestimmte. Dies würde wiederum eine Schätzung erlauben, wann die Kurve der Informationsaufnahme asymptotisch wird. Auch die Messung der Identifikationslatenz wäre interessant, um zu sehen, wann die Kurve der Informationsaufnahme überhaupt anzusteigen beginnt.

schwarzen Pixel entspricht einem hellen Grau, d.h. 20% schwarz mit der CMYK-Skala von MacProDraw. Der Prozentwert entfernter Pixel (P) kann also in den prozentualen Helligkeitskontrast (H) umgerechnet werden, mittels der Formel H = |P - 100|, wobei 0 <= H,P <= 100. Dies bedeutet, dass je drei Buchstabenketten 10% schwarz, 20% schwarz, und so weiter, bis 100% schwarz waren, in Intervallen zu jeweils 10%. Damit können die Resultate — insbesondere die Regressionssteigungen — von Experiment 8 direkt mit den Befunden der Experimente 6 und 7 verglichen werden[13].

Wie bei den vorherigen Experimenten hatten die Versuchspersonen die Stimuli zu betrachten, bis sie vom Bildschirm verschwanden. Nach der Präsentation der Stimuli folgte die Frage "How pretty is the letter string?". Für das Urteil stand eine 10-teilige Skala von 0 (not at all pretty) bis 9 (very pretty) zur Verfügung. Die Werte zwischen den Extremen dienten der Abstufung des Urteils. Nach der Instruktion, in der wiederum betont wurde, dass zu frühe Antworten nicht akzeptiert würden, wurden 33 Buchstabenketten gezeigt, zuerst drei Buchstabenketten (denen 30%, 50%, beziehungsweise 70% der Pixels entfernt wurden), die der Übung dienten, dann die dreissig Buchstabenketten, die in die experimentelle Auswertung des Experiments eingingen.

Resultate und Diskussion

Wir berechneten lineare Regressionsanalysen mit den Durchschnittsratings jeder Gruppe als abhängige Variable und dem Kontrast als unabhängiger Variable. Wie in Abbildung 13 gezeigt wird, wurden klarere Buchstabenketten affektiv positiver beurteilt, wenn die Präsentationszeit eine, drei und zehn Sekunden betrug, d.h. die positive Steigung der Regressionsgeraden war signifikant unterschiedlich von Null. Wenn die Präsentationszeit 0.3 Sekunden war, dann war die Steigung nicht signifikant unterschiedlich von Null.

---

[13] Noch besser wäre die Messung der Luminanzen, um diesen Vergleich durchführen zu können. Da es sich aber nicht um einfarbige Flächen handelt, sondern um Flächen mit zufällig verteiltem Schwarz-Weiss-Muster, wären die gemessenen Luminanzen ungenau, zumal nicht sicher ist, ob im Messbereich genau derjenige Anteil an schwarzen Pixeln entfernt wurde, welcher laut 'Degrade'-Wert aus dem gesamten Stimulus entfernt wurde. Da in vorherigen Experimenten wie im folgenden Experiment mit beiden Kontrastmassen - %schwarz nach der CMYK-Skala wie mit Cw nach der Weber'schen Definition - praktisch identische Resultate erhalten wurden, darf man auch in diesem Experiment annehmen, dass ein alternatives Kontrastmass keine Änderungen mit sich bringen würde, die eine alternative Interpretation verlangten.

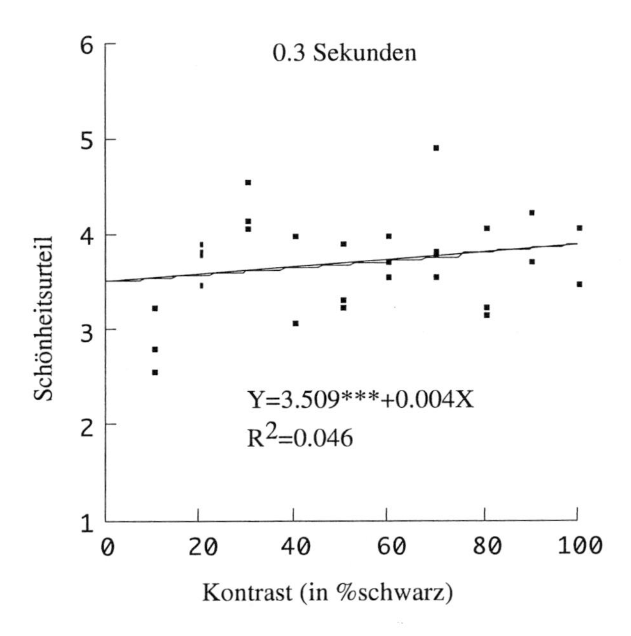
0.3 Sekunden
Schönheitsurteil
6
5
4
3
2
1
0
20
40
60
80
100
Y=3.509***+0.004X
R2=0.046
Kontrast (in %schwarz)

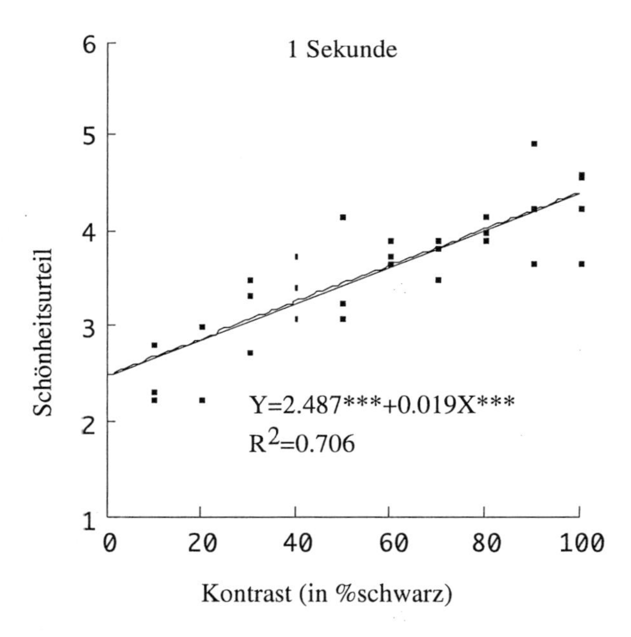
1 Sekunde
Schönheitsurteil
6
5
4
3
2
1
0
20
40
60
80
100
Y=2.487***+0.019X***
R2=0.706
Kontrast (in %schwarz)

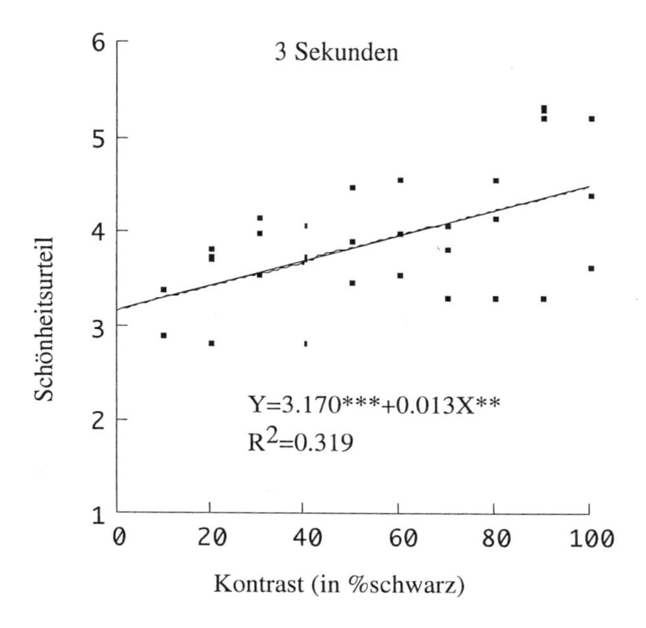
3 Sekunden
Schönheitsurteil
6
5
4
3
2
1
0
20
40
60
80
100
Y=3.170***+0.013X**
R2=0.319
Kontrast (in %schwarz)

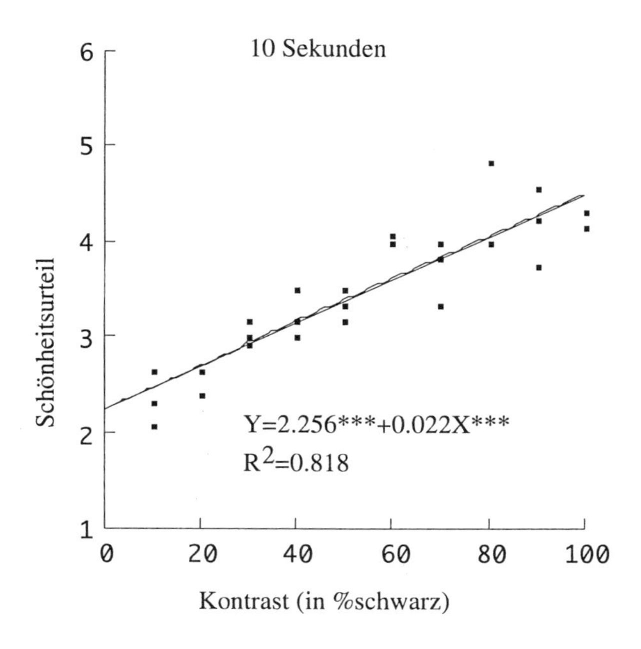
10 Sekunden
Schönheitsurteil
6
5
4
3
2
1
0
20
40
60
80
100
Y=2.256***+0.022X***
R2=0.818
Kontrast (in %schwarz)

Abbildung 13: Lineare Regressionsfunktionen für affektive Urteile in Abhängigkeit vom Figur-Grund-Kontrast, für Präsentationszeiten von 0.3, 1, 3 und 10 Sekunden. Abhängige Variable ist das Angenehmheitsurteil auf einer Skala von 0 bis 9; unabhängige Variable ist der Figur-Grund-Kontrast in %schwarz. *: $p < 0.05$; **: $p < 0.01$; ***: $p < 0.001$

Wir verwendeten wieder die 'dummy variable'-Methode (vgl. Gujarati, 1995, 512ff.), um die vier Regressionssteigungen der verschiedenen Reaktionszeitbedingungen miteinander zu vergleichen. Die Steigung der 0.3-Sekunden-Gruppe war signifikant tiefer als die Steigungen aller anderen Gruppen, t [112] = 3.82, $p < .001$ gegenüber der 1-Sekunden-Gruppe; t [112] = 2.35, $p < .05$ gegenüber der 3-Sekunden-Gruppe; t [112] = 4.67, $p < .001$ gegenüber der 10-Sekunden-Gruppe. Dies bestätigt die Befunde aus den Experimenten 6 und 7, wonach bei niedrigen Präsentationszeiten der Effekt des Kontrasts auf affektive Urteile abgeschwächt ist. Darüberhinaus war die Steigung der 10-Sekunden-Gruppe signifikant höher als die Steigung der 3-Sekunden-Gruppe (t [112] = -2.22, $p < .05$), d.h. die Wirkung des Kontrasts auf positiven Affekt war für die 10-Sekunden-Gruppe ausgeprägter als für die 3-Sekunden-Gruppe. Die Steigung der 1-Sekunden-Gruppe war marginal höher als diejenige der 3-Sekunden-Gruppe (t [112] = 1.47, $p < .15$), während die Differenz zur Steigung der 10-Sekunden-Gruppe nicht signifikant war. Dieses Resultat zeigt sehr deutlich, dass die höchste verwendete Präsentationszeit bei komplexem Stimulusmaterial den Effekt des Kontrasts auf die affektiven Urteile nicht abschwächt, wie dies in den Experimenten 6 und 7 mit sehr einfachen Stimuli der Fall war.

Zusammenfassend konnte gezeigt werden, dass Effekte des Kontrasts auf affektive Urteile von der Präsentationszeit beeinflusst werden. Zu einem frühen Zeitpunkt der Wahrnehmung — wenn der Stimulus nur wenig verabeitet ist — ist der Effekt des Kontrasts auf affektive Urteile abgeschwächt. Dies ist besonders dann der Fall, wenn der wahrzunehmende Stimulus komplex ist und damit die Identifikation länger dauert. Ist der Stimulus nicht identifiziert, dürfte auch die erlebte Leichtigkeit der Wahrnehmung des Stimulus nicht unterschiedlich sein. Bei einfachen Stimuli konnte gezeigt werden, dass der Effekt des Kontrasts auf affektive Urteile abnimmt (Experiment 6) oder verschwindet (Experiment 7), nachdem alle Information aus dem Stimulus extrahiert wurde (wie in Experiment 5 gemessen). Werden komplexere Stimuli verwendet, bleibt der Geläufigkeitseffekt auch bei der höchsten Präsentationszeit bestehen, was darauf hinweist, dass noch nicht die gesamte Information aus den Buchstabenketten extrahiert werden konnte, so dass auch nach zehn Sekunden die perzeptuelle Geläufigkeit unterschiedlich erlebt wird. Um dies zu zeigen, wird ein weiteres Experiment nötig sein, das analog zu Experiment 5 eine Schätzung der Zeit erlaubt, bis ein Stimulus wahrgenommen ist.

Experiment 9:
Die Wirkung kleiner Kontraste auf Präferenzurteile

Mit dem folgenden Experiment kann einem häufig gehörten Einwand begegnet werden, der etwa so lautet: Wenn eine Versuchsperson an den Computer gesetzt wird und die für ihr alltägliches Leben nicht gerade sinnvolle Aufgabe erhält, zwischen zwei weder sehr angenehmen noch allzu unangenehmen Kreisen den angenehmeren auszuwählen, dann wird sie dem Versuchsleiter den Gefallen tun und diejenigen Kreise auswählen, die sie minimal angenehmer findet. Wenn die Kontrastunterschiede groß sind — z.B. bis zu 90% -, dann wird eine Versuchsperson beim größten Kontrastunterschied — hier 90% — durchschnittlich etwa den Wert '4' angeben, was zu den bisher beobachteten Steigungen von 0.03 bis 0.04 in Experiment 6 führt. Gibt man nun kleinere maximale Kontrastunterschiede vor, dann würden die Versuchspersonen — so Kritiker — wiederum nach einigen Stimuli die Bandbreite der Kontrastunterschiede kennen und nun dem größten Kontrastunterschied — hier 20% — auch den Wert '4' angeben, so dass die Steigung nun etwa 0.2 betrüge, also fünf bis sieben Mal mehr als in Experiment 6. Wenn hingegen die beobachteten Effekte nicht einfach auf Manipulationen des experimentellen Kontextes zurückzuführen sind, dann sollte bei einer maximalen Kontrastdifferenz von 20% die gleiche Steigung beobachtet werden wie bei einer maximalen Kontrastdifferenz von 90%.

Mit diesem Experiment wurde nochmals die Frage untersucht, ob perzeptuelle Geläufigkeit affektiv neutral ist, wie von Mandler et al. (1987) postuliert, oder affektiv positiv (vgl. Experimente 2 bis 4 dieser Arbeit): Es wäre ja durchaus möglich, dass bei großen Kontrastunterschieden höherer Kontrast als angenehmer und als weniger unangenehm empfunden wird, bei niedrigen Kontrastunterschieden hingegen höherer Kontrast (und damit perzeptuelle Geläufigkeit) der Angenehmheit wie der Unangenehmheit attribuiert würde. Obwohl es schwerfällt, eine geeignete Erklärung für ein solches Phänomen zu finden, muss diese Möglichkeit in Betracht gezogen werden, weil wir in unseren Experimenten bisher nur große Kontrastunterschiede (und damit große Unterschiede der perzeptuellen Geläufigkeit) untersucht haben, während die wahrgenommenen Unterschiede der perzeptuellen Geläufigkeit in der Studie von Mandler et al. (1987) sehr klein gewesen sein dürften (vgl. aber Seamon et al., 1998). Könnten wir mit kleinen Kontrastunterschieden aufzeigen, dass die Versuchspersonen höheren Kontrast als angenehmer und als weniger unangenehm empfinden, dann ist dies eine Stärkung der Hypothese, wonach perzeptuelle Geläufigkeit affektiv positiv wäre und würde den attributionalen Ansatz von Mandler et al. (1987) weiter schwächen.

Methode

40 Collegestudenten aus dem Versuchspersonenpool der University of Michigan der Einführungsvorlesung in die Psychologie nahmen am Experiment teil. Die Teilnahme am Experiment war Teil eines Credits für diese Vorlesung. Je 20 Versuchspersonen wurden per Zufall der positiven und der negativen Gruppe zugeteilt. Erstere hatten zu beurteilen, welcher der beiden Kreise angenehmer, letztere, welcher der beiden Kreise unangenehmer war.

44 Kreispaare wurden konstruiert, 40 Experimentalpaare und vier Füllerpaare. Der Durchmesser eines Kreises war fünf Zentimeter, die Distanz zwischen den Mittelpunkten der beiden Kreise zehn Zentimeter. Von den 40 Experimentalpaaren waren bei zehn Paaren der linke Kreis 10% schwarz, während die Farbe des rechten Kreises von 12%, 14%, 16% ... 26%, 28%, 30% schwarz, ansteigend in Schritten zu 2%; bei zehn Paaren war der rechte Kreis 10% schwarz, während die Farbe des linken Kreises von 12% bis 30% schwarz war, wiederum ansteigend in Schritten zu 2%; bei zehn Paaren war der linke Kreis 100% schwarz, während die Farbe des rechten Kreises von 98% bis 80% schwarz abnahm, in Schritten zu 2% schwarz; bei den zehn letzten Paaren war der rechte Kreis 100% schwarz, während die Farbe des linken Kreises von 98% bis 80% schwarz abnahm, in Schritten zu 2% schwarz. Damit ergaben sich je vier Kreispaare, deren Kontrastdiffererenz 2%, 4%, 6%, 8%, 10%, 12%, 14%, 16%, 18% und 20% war. Wiederum wurden die Luminanzen gemessen, die entsprechenden Werte und die nach der Weber'schen Definition errechneten Kontraste ('C_w links' und 'C_w rechts') und Kontrastunterschiede (ΔC_w) sind in Tabelle 7 dargestellt. Je zweimal pro Kontrastdifferenz war der eine Kreis 10% schwarz, je zweimal 100% schwarz. Je zweimal pro Kontrastdifferenz war der dunklere Kreis links, je zweimal rechts. Von den vier Füllerpaaren hatten zwei eine Differenz von 10% schwarz, zwei eine Differenz von 20% schwarz. Bei den Paaren mit einer Kontrastdifferenz von 10% war der eine Kreis 55% schwarz, der andere 45% schwarz. Bei den Paaren mit einer Kontrastdifferenz von 20% war der eine Kreis 60% schwarz, der andere 40% schwarz. Von den vier Füllerpaaren wurden zwei zu Beginn präsentiert, je ein Paar mit einer Kontrastdifferenz von 10% und 20%. Die beiden anderen Füllerpaare — die gleichen wie die Beispielpaare, aber mit umgekehrten Seiten — wurden im Verlaufe der Experimentaldurchgänge gezeigt.

Die Versuchspersonen erhielten die praktisch gleiche Instruktion wie in Experiment 6: Sie wurden instruiert, beide Kreise zu betrachten, bis diese verschwinden. Dann sollten sie denjenigen Kreis auswählen, den sie angenehmer (positive Gruppe) bzw. unangenehmer (negative Gruppe). Dies im Unterschied zu Experiment 6, in dem sie denjenigen Kreis auswählen mussten, der ihnen besser gefiel.

Tabelle 7: Luminanzen und berechnete Kontraste nach der Weber'schen Definition ('C_w links' und 'C_w rechts') sowie die errechenten Kontrastunterschiede (ΔC_w). Die Luminanz des Grundes betrug 107 cd/m^2.

Kontrast %schwarz links-rechts	Luminanz [cd/m^2] Figur links	Luminanz [cd/m^2] Figur rechts	C_w links	C_w rechts	ΔC_w
10 - 12	90.9	86.8	.081	.062	-.019
10 - 14	90.9	84.3	.081	.119	.038
10 - 16	90.9	81.2	.081	.137	.056
10 - 18	90.9	78.1	.081	.157	.076
10 - 20	90.9	75.1	.081	.175	.094
10 - 22	90.9	72.5	.081	.192	.111
10 - 24	90.9	70.2	.081	.208	.127
10 - 26	90.9	67.5	.081	.226	.145
10 - 28	90.9	65.0	.081	.244	.163
10 - 30	90.9	62.1	.081	.266	.185
12 - 10	87.5	89.7	.100	.088	-.012
14 - 10	85.6	89.7	.111	.088	-.023
16 - 10	82.6	89.7	.129	.088	-.041
18 - 10	79.6	89.7	.143	.088	-.055
20 - 10	76.6	89.7	.166	.088	-.078
22 - 10	74.0	89.7	.182	.088	-.094
24 - 10	71.8	89.7	.197	.088	-.109
26 - 10	69.2	89.7	.215	.088	-.127
28 - 10	66.5	89.7	.233	.088	-.145
30 - 10	64.3	89.7	.249	.088	-.161
98 - 100	7.1	6.9	.876	.835	-.041
96 - 100	7.5	6.9	.869	.835	-.034
94 - 100	8.0	6.9	.861	.835	-.026
92 - 100	8.5	6.9	.853	.835	-.018
90 - 100	9.2	6.9	.842	.835	-.007
88 - 100	10.0	6.9	.829	.835	.006
86 - 100	10.7	6.9	.818	.835	.017
84 - 100	11.8	6.9	.801	.835	.034
82 - 100	13.1	6.9	.782	.835	.053
80 - 100	14.3	6.9	.764	.835	.071
100 - 98	9.6	9.8	.879	.832	-.047
100 - 96	9.6	10.1	.879	.827	-.052
100 - 94	9.6	10.7	.879	.818	-.061
100 - 92	9.6	11.3	.879	.809	-.070
100 - 90	9.6	11.8	.879	.801	-.078
100 - 88	9.6	12.6	.879	.789	-.090
100 - 86	9.6	13.4	.879	.777	-.102
100 - 84	9.6	14.5	.879	.761	-.118
100 - 82	9.6	15.7	.879	.744	-.135
100 - 80	9.6	16.9	.879	.727	-.152

Ein anderer Unterschied zu Experiment 6 bestand darin, dass die Skala von 5 links über 0 zu 5 rechts ging, d.h. es gab keine negativen und positiven Werte mehr. Bevorzugte die Versuchsperson den linken Kreis, hatte sie eine Taste in der linken Hälfte zu drücken (1 bis 5 links), bei der Bevorzugung des rechten Kreises eine Taste in der rechten Hälfte der Tastatur (1 bis 5 rechts). Wiederum zeigten die Werte von 1 bis 5 die Intensität der Präferenz an. War keine Präferenz vorhanden, war die 0 zu drücken. Zwei Füllerpaare wurden zur Übung dargeboten. Danach wurden in den Experimentaldurchgängen die vierzig Experimentalpaare und die zwei verbliebenen Füllerpaare gezeigt. Die Reihenfolge für die Kreispaare der Experimentaldurchgänge wurde für jede einzelne Versuchsperson durch das Computerprogramm randomisiert.

Ergebnisse und Diskussion

Wir berechneten lineare Regressionsanalysen mit den Durchschnittsratings jeder Gruppe als abhängige Variable und dem Kontrast als unabhängiger Variable. Kontrastunterschiede erhielten negative Werte, wenn der linke Kreis höheren Kontrast aufwies als der rechte. Den Präferenzurteilen wurden negative Werte zugeordnet, wenn die Versuchsperson den linken Kreis bevorzugte. Wie aus der oberen Hälfte von Abbildung 14 ersehen werden kann, bewerteten die Versuchspersonen die Kreise mit höherem Kontrast als angenehmer (positive Gruppe) bzw. als weniger unangenehm (negative Gruppe). Interessant ist hier, dass die Steigung der positiven Gruppe kleiner war als die Steigung der 1sec-Gruppe in Experiment 6, die $b = 0.038$ betrug. Da diese Steigungen eine ähnliche Bedeutung haben — Urteil in Abhängigkeit von der Kontrastdifferenz — dürfen sie auch ähnlich interpretiert werden.

Wie aus der unteren Hälfte von Abbildung 14 ersichtlich wird, änderte sich dieses Bild wenig, wenn der Figur-Grund-Kontrast statt in Helligkeitsprozenten nach der Weber'schen Definition (siehe Tab. 7) angegeben wurde. Die Angabe des Kontrasts in C_w-Werten bringt gar eine Verbesserung der Datenlage: Wie in der oberen Hälfte der Abbildung 14 ersichtlich wird, war der Ordinatenabschnitt für beide Gruppen positiv, im Falle der negativen Gruppe gar signifikant, was anzeigt, dass die Versuchspersonen den Kreisen auf der rechten Seite höhere Bewertungen gaben. Dies ist unerwartet, sollte doch der Ordinatenabschnitt Null sein, da es keine Erklärung gibt, weshalb die Versuchspersonen die Kreise der rechten Seite höher bewerten sollten.

In der Tat verschwindet diese Tendenz, wenn man die C_w-Werte einsetzt, was die Möglichkeit aufzeigt, dass solche Verzerrungen allein aufgrund einer etwas ungleichen Luminanz auf den beiden Seiten des Bildschirms zustande kommen. Aus Tabelle 7 ist ersichtlich, dass solche Luminanzunterschiede bestehen.

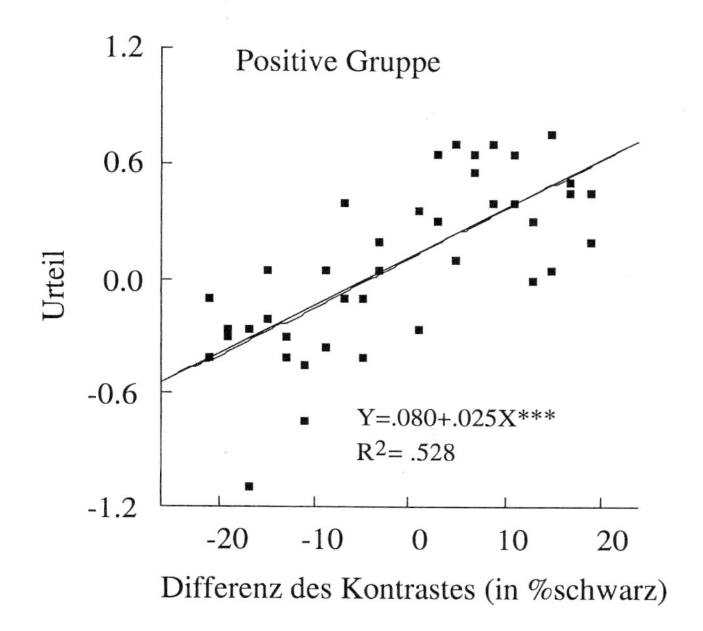
Positive Gruppe
1.2
0.6
0.0
-0.6
-1.2
Urteil
Y=.080+.025X***
R2= .528
-20
-10
0
10
20
Differenz des Kontrastes (in %schwarz)

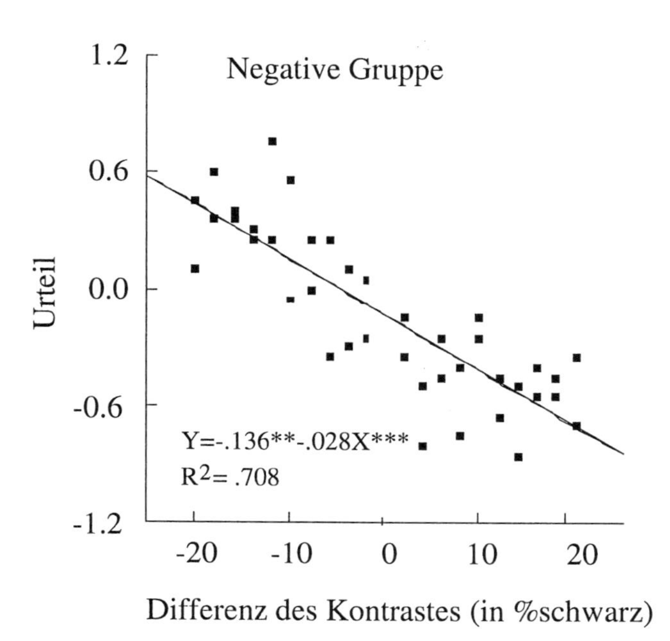
Negative Gruppe
1.2
0.6
0.0
-0.6
-1.2
Urteil
Y=-.136**-.028X***
R2= .708
-20
-10
0
10
20
Differenz des Kontrastes (in %schwarz)

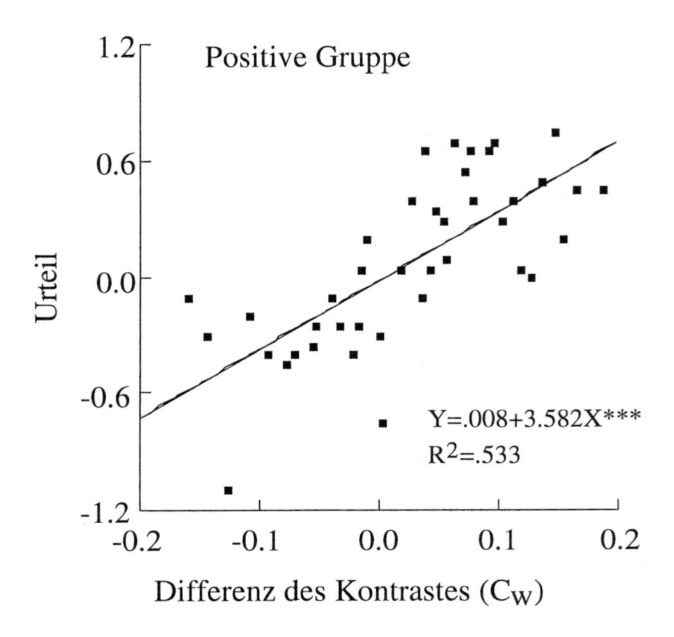

Positive Gruppe
1.2
0.6
0.0
-0.6
-1.2
Urteil
Y=.008+3.582X***
R2=.533
-0.2
-0.1
0.0
0.1
0.2
Differenz des Kontrastes (CW)

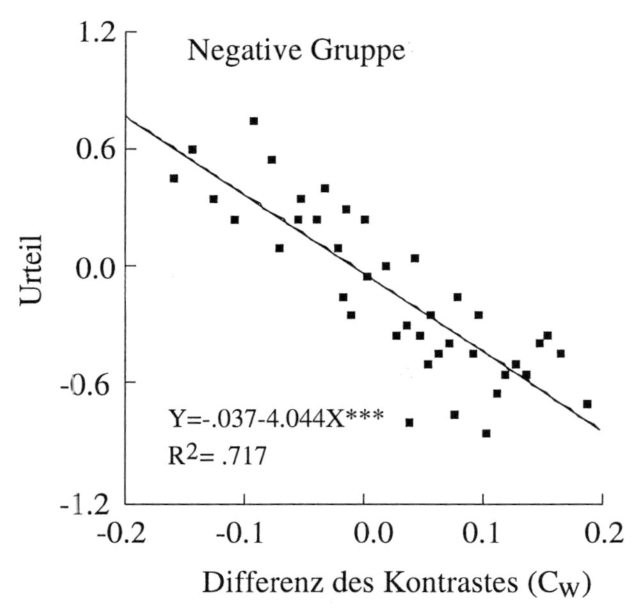

Negative Gruppe
1.2
0.6
0.0
-0.6
-1.2
Urteil
Y=-.037-4.044X***
R2= .717
-0.2
-0.1
0.0
0.1
0.2
Differenz des Kontrastes (CW)

***: $p < 0.01$; ***: $p < 0.001$*

Abbildung 14 (vorhergehende zwei Seiten): Präferenzurteile als Funktion des Kontrastunterschiedes zwischen zwei Kreisen. Abhängige Variable war das Angenehmheitsurteil (positive Gruppe, links) und das Unangenehmheitsurteil (negative Gruppe, rechts); negative Werte bedeuteten eine Präferenz für den linken Kreis, positive Werte für den rechten Kreis. Unabhängige Variable war die Differenz des Figur-Grund-Kontrasts zwischen den beiden Kreisen; Negative Werte bedeuten, dass der linke Kreis, positive Werte, dass der rechte Kreis den höheren Figur-Grund-Kontrast aufwies.

Dies ist auch ein Anzeichen dafür, dass die verwendete Technologie bei derart kleinen Kontrastunterschieden an Grenzen stößt. In zukünftigen Untersuchungen — vor allem wenn man noch feinere Kontrastabstufungen verwenden will — müssen die Bedingungen besser kontrolliert sein. Es darf aber erwähnt werden, dass trotz den Unzulänglichkeiten der Technologie Resultate erzielt wurden, die eine eindeutige und saubere Interpretation zulassen.

Man beachte, dass in Experiment 6 Präferenzurteile verlangt wurden, während in diesem Experiment — wegen der Verwendung der positiven und negativen Formulierung — nach Angenehmheit und Unangenehmheit gefragt wurde. Trotzdem dürften die beiden Urteile auf der gleichen Grundlage gefällt werden, wobei ein Experiment notwendig sein wird, in dem die beiden Bedingungen — maximale Kontrastdifferenz 20% versus 90% — mit gleichen Maßen gemessen werden. Sehen wir von diesem — wahrscheinlich unbedeutenden — Unterschied zwischen den beiden Experimenten ab, dann heisst dies, dass wir keinen Kontexteffekt vorliegen haben: Die Steigung der positiven Gruppe in diesem Experiment ($b = 0.025$) ist sogar zahlenmäßig kleiner als die Steigung der 1sec Gruppe in Experiment 6 ($b = 0.038$), und nicht größer, wie dies beim Vorliegen eines Kontexteffektes der Fall sein müsste. Es scheint also nicht so zu sein, dass die Versuchspersonen den maximalen Kontrastunterschied als Referenzrahmen benutzen und ihre affektiven Urteile diesem anpassen.

Weiter ist nun interessant, welcher Kontrastunterschied zu signifikanten Effekten auf das affektive Urteil führte. In Tabelle 8 sind die Mittelwerte für die Kontrastunterschiede von 2% und 4% zu sehen, aufgeteilt nach der Gruppe (positiv versus negativ) und der Seite des Kreises mit höherem Kontrast (links versus rechts).
Wir rechneten je eine 2 x 2-faktorielle Varianzanalyse für die beiden Kontrastunterschiede 2% und 4%, mit dem zwischen den Versuchspersonen manipulierten Faktor Gruppe (positiv versus negativ) und dem innerhalb der Versuchspersonen manipulierten Faktor Seite des dunkleren Kreises (links versus rechts). Abhängige Variable war das Urteil der Versuchsperson auf der 11-stufigen Skala von -5 bis +5. In der ersten Varianzanalyse (Kontrastunterschied 2%) ergaben sich keine signifikanten Effekte,

alle *F* [1,38] < 2; für die Interaktion Gruppe x Seite *F* [1,38] < 1). In der zweiten Varianzanalyse (Kontrastunterschied 4%) ergab sich sowohl ein signifikanter Unterschied der Gruppe, $F [1,38] = 4.79$, $p < 0.05$, und eine signifikante Interaktion, $F [1,38] = 6.93$, $p < 0.05$. Der Effekt der Seite war nicht signifikant ($F < 1$).

Tabelle 8: Mittelwerte für die Kontrastunterschiede von 2% und 4%, aufgeteilt nach der Gruppe (positiv versus negativ) und der Seite des Kreises mit höherem Kontrast (links versus rechts).

	2%		4%	
Gruppe	links	rechts	links	rechts
Positiv	0.13	0.05	-0.25	0.48
Negativ	-0.10	-0.25	-0.10	-0.65

Dies bedeutet, dass schon relativ kleine Kontrastunterschiede zu Ergebnissen führen, wie sie den Erwartungen der Hypothese entspricht, dass perzeptuelle Geläufigkeit affektiv positiv ist. Hier werden Experimente mit Hilfe einer technischen Ausstattung nötig sein, in denen die Kontrastunterschiede noch genauer manipuliert werden können als mit den in unseren Experimenten verwendeten Computerbildschirmen. Obwohl die Kontrastunterschiede in Experiment 9 immer noch zu groß sind, um Mandler et al's (1987) Attributionshypothese vollumfänglich verwerfen zu können, gibt es klare Hinweise darauf, dass höhere perzeptuelle Geläufigkeit immer — auch bei kleinsten Unterschieden — zu positiveren und weniger negativen Urteilen führt (vgl. auch Seamon et al., 1998).

5 Perzeptuelle Geläufigkeit und Präferenz für Symmetrie, Kontinuität der Kontur und hohen Kontrast

Experiment 10: Präferenzurteile in Abhängigkeit der Symmetrie, der Kontinuität der Kontur und des Kontrasts

Wir haben perzeptuelle Geläufigkeit bisher über unmittelbare Wiederholung beim visuellen Priming, die Präsentationszeit und den Kontrast operationalisiert. Wenn die Hypothese der perzeptuellen Geläufigkeit richtig ist, dann sollte jede Manipulation, die die perzeptuelle Geläufigkeit erhöht, zu positiveren affektiven Urteilen führen.

Zwei naheliegende Merkmale, die die perzeptuelle Geläufigkeit erhöhen, sind Symmetrie (Garner, 1974) und die Kontinuität von Konturen (nach dem Gesetz der guten Fortsetzung, Wertheimer, 1923).

Wir testeten in einem Experiment zur Bevorzugung von Figuren, ob in abstrakten Figuren — wie von einer Hypothese perzeptueller Geläufigkeit vorausgesagt — Symmetrie gegenüber Asymmetrie, Kontinuität der Kontur gegenüber Diskontinuität, und hoher gegenüber niedrigem Kontrast bevorzugt würden (Reber & Schwarz, 1998b). Ausserdem ließen wir eine Gruppe von Versuchspersonen beurteilen, ob symmetrische Figuren leichter wahrnehmbar seien als asymmetrische, Figuren mit kontinuierlicher Kontur leichter als solche mit diskontinuierlicher Kontur, und Figuren mit hohem Figur-Grund-Kontrast leichter als solche mit niedrigem Figur-Grund-Kontrast. Damit gingen wir der Frage nach, ob die präferierten Merkmale auch tatsächlich diejenigen sind, die subjektiv leichter wahrgenommen werden können.

Methode

Einhundert Studenten der University of Michigan aus dem Versuchspersonenpool der Einführungsvorlesung in die Psychologie nahmen am Experiment teil. Die Teilnahme am Experiment war Teil eines Leistungsnachweises für diese Vorlesung. Achzig dieser Versuchspersonen hatten Präferenzurteile für 24 Figurenpaare abzugeben, wobei je zwanzig Teilnehmer nach Zufall einer von vier Gruppen zugeordnet wurde, die die Figuren unterschiedlich lange präsentiert erhielten. Eine weitere Gruppe von zwanzig Teilnehmern hatte diejenige Form auszuwählen, die sie leichter wahrnehmen konnte.

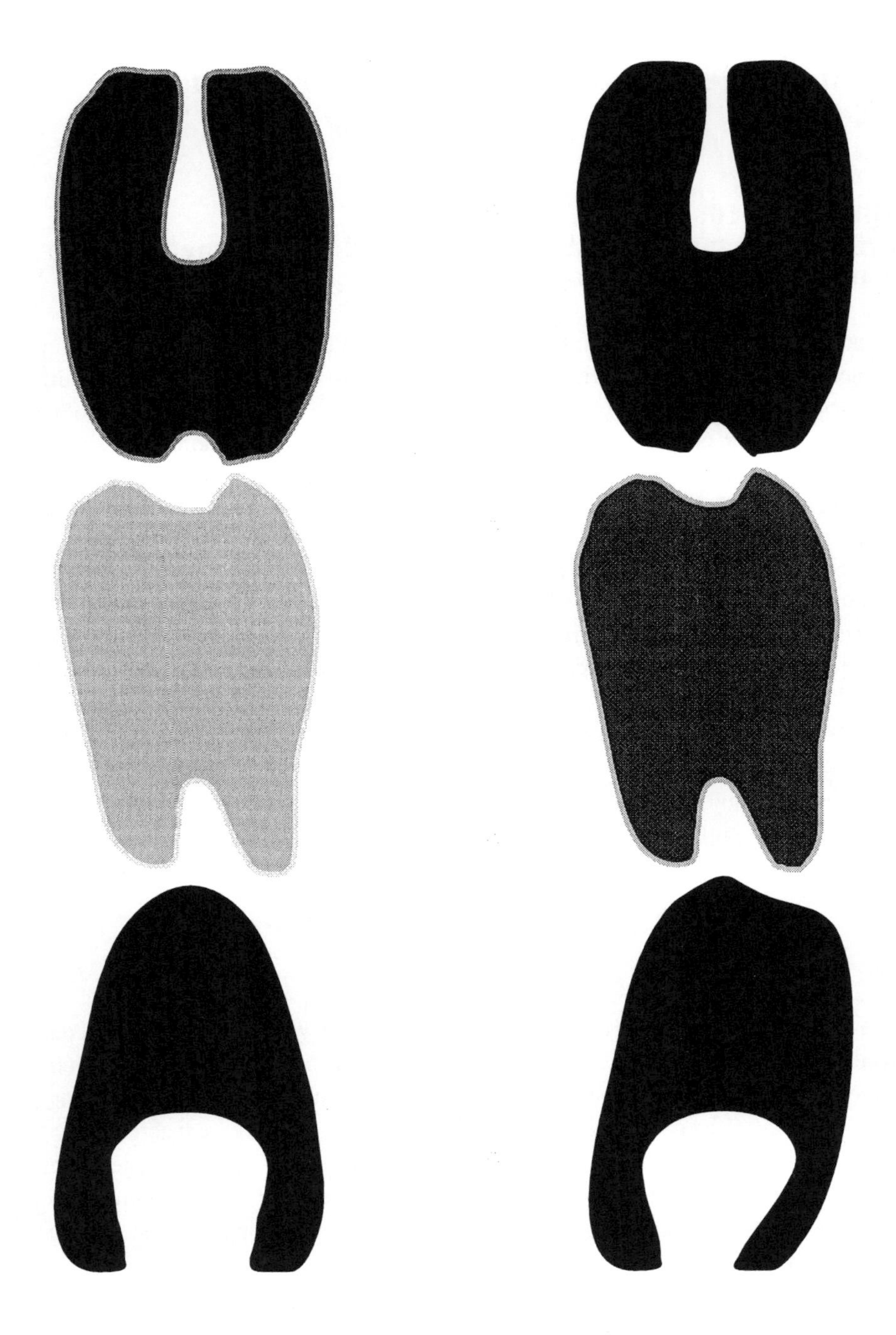

Abbildung 15 (vorhergehende Seite): Beispiele von Figurenpaaren, wie sie in Experiment 10 verwendet wurden. Oben: Diskontinuierliche versus kontinuierliche Kontur; beide Figuren waren identisch, ausser der Kontur. Mitte: niedriger versus hoher Kontrast; Kontrast wurde über die Grautöne der sonst identischen Figuren manipuliert, bei niedrigem Kontrast 30% schwarz, bei hohem Kontrast 70% schwarz. Unten: Symmetrische versus asymmetrische Figuren.

24 Figurenpaare wurden gezeigt, je acht unterschieden sich in ihrer Symmetrie, Kontinuität der Kontur, oder ihrem Kontrast. Beispiele für die Manipulation sind in Abbildung 15 dargestellt. Kontrast wurde manipuliert, indem die Grautöne der sonst identischen Figuren manipuliert wurde: Die eine Figur war 70% schwarz (hoher Kontrast zum weissen Hintergrund; durchschnittlicher C_w-Wert = .654), die andere 30% schwarz (niedriger Kontrast; durchschnittlicher C_w-Wert = 0.250). Auch bei der Manipulation der Schärfe der Kontur wurden sonst identische Figuren gezeigt. Nur bei der Manipulation der Symmetrie war es notwendig, eine Figur so zu verzerren, dass sie nicht mehr symmetrisch war, so dass es sich hier um Figuren mit unterschiedlichen Formen handelte. In der Symmetrie wie in der Kontrastbedingung hatten die Hälfte der Figuren eine kontinuierliche, die andere Hälfte eine diskontinuierliche Kontur. Damit wurde keinerlei Standard bezüglich der Beschaffenheit der Kontur geliefert, welche die Präferenzurteile der Versuchsperson hätte beeinflussen können. In der Kontrast- wie in der Konturbedingung waren die Hälfte der Figuren symmetrisch, die Hälfte asymmetrisch. Damit wurde keinerlei Standard bezüglich Symmetrie geliefert, welche zu einer Beeinflussung der Präferenzurteile hätte führen können. In der Kontrastbedingung wurden Grautöne verwendet, die in den Figuren der Symmetrie- und Konturbedingung nicht vorkamen — dort waren alle Figuren schwarz (durchschnittlicher C_w-Wert = .850), so dass auch kein Standard bezüglich einem bestimmten Kontrast vorlag.

Es wurden zwölf Figurenpaare konstruiert, Oktagone, die durch die 'smoothing'-Option in MacDrawPro 1.0v1 abgerundet wurden. Je vier Figurenpaare unterschieden sich in ihrer Symmetrie, ihrer Konturbeschaffenheit und ihrem Kontrast. Die gezeigten Figuren waren sechs Zentimeter hoch und vier Zentimeter breit. Jedes Paar wurde zweimal gezeigt, das zweite Mal mit vertauschten Seiten. Die Präsentationszeiten betrugen 0.3, 1, 3 respektive 10 Sekunden für die vier Gruppen, die Präferenzurteile abzugeben hatten. Diese Manipulation zwischen den Versuchspersonen sollte zeigen, ob — ähnlich wie in den Experimenten 6 bis 8 — die Präsentationszeit einen Einfluss auf die Präferenzurteile hat.

Die Versuchspersonen saßen fünfzig Zentimeter vor dem Computermonitor; sie erhielten folgende Instruktion:

"In this study your task is to make choices between pairs of shapes.
You will be shown 30 pairs of shapes -- one on the left and one on the right.
Please examine both shapes until they disappear.
Then you get the question "Which shape do you prefer?"
Select the shape you like better.
If you prefer the shape on the left, press a key on the left side of the zero key (1 to 5 on the left side).
The more you like the left shape, the higher the value on the left side should be.
If you prefer the shape on the right, press a key on the right side of the zero key (1 to 5 on the right side).
The more you like the right shape, the higher the value on the right side should be.
If you have no preference at all, please press the 0 key.
Please do not press either key before you see the question!
An asterisk (*) will signal the beginning of each trial.
Please keep your eyes focused on the asterisk so you will not miss the onset of any shapes.
The first pair of shapes is just for exercise.
Press space bar if you are ready to begin."

("In dieser Studie ist es Ihre Aufgabe, eine Auswahl zwischen Figurenpaaren zu treffen.
Sie werden 30 Figurenpaare sehen, eine Figur links, eine rechts.
Bitte betrachten Sie beide Figuren, bis sie verschwinden.
Sie erhalten dann die Frage: Welche Figur bevorzugen Sie?"
Wählen Sie die Figur, die Ihnen besser gefällt.
Wenn Sie die Figur auf der linken Seite bevorzugen, dann drücken Sie eine Taste links von der Nulltaste (1 bis 5 auf der linken Seite).
Je mehr Ihnen die linke Figur gefällt, desto höher sollte der Wert auf der linken Seite sein.
Wenn Sie die Figur auf der rechten Seite bevorzugen, dann drücken Sie eine Taste rechts von der Nulltaste (1 bis 5 auf der rechten Seite).
Je mehr Ihnen die rechte Figur gefällt, desto höher sollte der Wert auf der rechten Seite sein.
Haben Sie überhaupt keine Präferenz, dann drücken Sie bitte die '0'-Taste.
Bitte drücken Sie nicht eine Taste bevor Sie die Frage sehen!
Ein Stern (*) zeigt den Beginn eines jeden Durchgangs an.
Bitte behalten Sie den Stern im Auge, damit Sie nicht den Beginn der Kreise verpassen.
Das erste Figurenpaar dient lediglich zur Übung.
Drücken Sie die Leertaste, wenn Sie bereit sind, zu beginnen.)

Wiederum wurden die Zahlen der 11-Punkte-Skala auf der mittleren Reihe der US-Tastatur durch selbstklebende Punkte aufgetragen.

Urteile der Wahrnehmungsleichtigkeit wurden auf derselben Skala wie die Präferenzurteile gefällt. Die Figuren für die Wahrnehmungsleichtigkeitsgruppe wurden für eine Sekunde präsentiert. Die Versuchspersonen dieser Gruppe erhielten folgende Instruktion:

"In this study your task is to make choices between pairs of shapes.
You will be shown 30 pairs of shapes -- one on the left and one on the right.
Please examine both shapes until they disappear.
Then you get the question "Which shape is easier to see?"
Select the shape you can perceive easier.
If you can see the shape on the left more easily, press a key on the
left side of the zero key (1 to 5 on the left side).
The better you see the left shape, the higher the value on the left side should be.
If you can see the shape on the right more easily, press a key on the
right side of the zero key (1 to 5 on the right side).
The better you see the right shape, the higher the value on the right side should be.
If there is no difference at all in seeing the shapes, please press the 0 key.
Please do not press either key before you see the question!
An asterisk (*) will signal the beginning of each trial.
Please keep your eyes focused on the asterisk so you
will not miss the onset of any shapes.
The first pair of shapes is just for exercise.
Press space bar if you are ready to begin."

("In dieser Studie ist es Ihre Aufgabe, eine Auswahl zwischen Figurenpaaren zu treffen.
Sie werden 30 Figurenpaare sehen, eine Figur links, eine rechts.
Bitte betrachten Sie beide Figuren, bis sie verschwinden.
Sie erhalten dann die Frage: Welche Figur ist leichter zu sehen?"
Wählen Sie die Figur, die Sie leichter wahrnehmen können.
Wenn Sie die Figur auf der linken Seite leichter sehen können, dann drücken Sie eine
Taste links von der Nulltaste (1 bis 5 auf der linken Seite).
Je besser Sie die linke Figur sehen können, desto höher sollte der Wert auf der linken
Seite sein.
Wenn Sie die Figur auf der rechten Seite leichter sehen können, dann drücken Sie eine
Taste rechts von der Nulltaste (1 bis 5 auf der rechten Seite).
Je besser Sie die rechte Figur sehen können, desto höher sollte der Wert auf der rechten
Seite sein.
Gibt es überhaupt keinen Unterschied in der Sichtbarkeit der Figuren, dann drücken Sie
bitte die '0'-Taste.
Bitte drücken Sie nicht eine Taste bevor Sie die Frage sehen!
Ein Stern (*) zeigt den Beginn eines jeden Durchgangs an.
Bitte behalten Sie den Stern im Auge, damit Sie nicht den Beginn der Kreise verpassen.
Das erste Figurenpaar dient lediglich zur Übung.
Drücken Sie die Leertaste, wenn Sie bereit sind, zu beginnen.)

Das Experiment wurde individuell an Macintosh-Computern mit Farbbildschirmen durchgeführt; die Programme wurden in PsyScope, Version 1.0.2b.4 geschrieben (Cohen et al., 1993).

Ergebnisse

Wie durch die Hypothese der Unsicherheitsreduktion vorhergesagt, bevorzugten die Versuchspersonen diejenigen Figuren, die symmetrisch waren, eine kontinuierliche Kontur oder höheren Kontrast hatten (siehe Tab. 9, erste vier Zeilen). Wenn der diesen Präferenzen zugrundeliegende Mechanismus die perzeptuelle Geläufigkeit ist, dann ist es notwendig, zu zeigen, dass die bevorzugten Merkmale auch leichter wahrgenommen werden können. Wie in Tabelle 9, letzte Zeile, dargestellt wird, beurteilten die Versuchspersonen diejenigen Figuren als leichter wahrnehmbar, die hohe vertikale Symmetrie, eine kontinuierliche Kontur oder höheren Kontrast aufwiesen. Dies heisst, dass genau diejenigen Merkmale als leichter wahrnehmbar empfunden wurden und somit höhere perzeptuelle Geläufigkeit aufwiesen, die von den anderen Versuchspersonen bevorzugt wurden.

Tabelle 9: Präferenzurteile für Symmetrie, Figur-Grund-Kontrast und Kontinuität der Kontur, für Präsentationszeiten von 0.3, 1, 3 und 10 Sekunden (erste vier Zeilen). In der fünften Reihe sind Urteile der Wahrnehmungsleichtigkeit für Symmetrie, Figur-Grund-Kontrast und Kontinuität der Kontur dargestellt. Gezeigt werden Mittelwerte und Konfidenzintervalle auf einem Signifikanzniveau von 0.05. Alle Mittelwerte sind positiv und signifikant unterschiedlich von 0. Dies bedeutet, dass die Versuchspersonen höhere Urteile der Präferenz bzw. Wahrnehmungsleichtigkeit abgeben für symmetrische Figuren, Figuren mit hohem Figur-Grund-Kontrast sowie Figuren mit kontinuierlichen Konturen.

Gruppe	Symmetrie	Kontrast	Kontinuität
0.3 s	0.38 ± 0.30	2.50 ± 0.86	2.20 ± 0.88
1 s	1.11 ± 0.70	0.99 ± 0.62	1.46 ± 0.76
3 s	1.50 ± 0.68	1.19 ± 0.65	2.31 ± 0.53
10 s	1.36 ± 0.92	1.09 ± 0.77	0.99 ± 0.96
Whg.leichtigk.	0.58 ± 0.45	2.40 ± 0.57	1.75 ± 0.71

Diejenige Gruppe, die die perzeptuelle Geläufigkeit zu beurteilen hatte, wurde unmittelbar nach dem Experiment gefragt, inwiefern sich die Figuren eines Figurenpaares voneinander unterschieden. Alle Versuchspersonen erwähnten spontan Kontrast und 19 der zwanzig Versuchspersonen die unterschiedliche Beschaffenheit der Konturen. Nur sieben der zwanzig Versuchspersonen erwähnten allerdings, dass sie Unterschiede in der Symmetrie gesehen hätten. Ein t-Test für die beurteilte Wahrnehmungsleichtigkeit zeigte, dass diejenigen Versuchspersonen, die die Unterschiede in der Symmetrie sahen, symmetrische Figuren als leichter wahrnehmbar beurteilten, $M = 1.38 \pm 0.46$, während Versuchspersonen, die diesen Unterschied nicht sahen, auch keine unterschiedliche Wahrnehmungsleichtigkeit empfanden, $M = 0.15 \pm 0.35$; $t\ [18] = 3.36$, $p < 0.01$. Die Tatsache, dass einige Versuchspersonen die Symmetrie/Asymmetrie-Differenz nicht sahen, mag erklären, warum die Urteile der Wahrnehmungsleichtigkeit sowie die Präferenzurteile in der 0.3-Sekunden-Gruppe so niedrig ausfielen[14].

Diskussion

Die Resultate stützen die Hypothese, dass Präferenzen auf perzeptueller Geläufigkeit beruhen. Die Versuchspersonen bevorzugten vertikale Symmetrie gegenüber Asymmetrie, kontinuierliche gegenüber diskontinuierlichen Konturen, und — wie in den Experimenten 3 bis 9 — hohen gegenüber niedrigem Figur-Grund-Kontrast in abstrakten Figurenpaaren. Ausserdem waren die präferierten Merkmale auch subjektiv leichter zu erkennen.

Wir haben die phänomenale Erfahrung der perzeptuellen Geläufigkeit getestet, indem wir die Versuchspersonen danach fragten, welche Figur leichter wahrzunehmen sei. Es mag kritisiert werden, dass die subjektive Wahrnehmungsleichtigkeit verzerrt sein könnte und deshalb nicht die objektive Wahrnehmungsleichtigkeit wiederspiegle. Deshalb soll darauf hingewiesen werden, dass es genügend Evidenz in der Literatur dafür gibt, dass die Identifikationslatenzen für vertikale Symmetrie schneller sind als für Asymmetrie (Royer, 1981)[15], für kontinuierliche Konturen schneller als für diskontinuierliche Konturen (Donnelly, Humphreys & Riddoch, 1991), und für hohen Figur-Grund-Kontrast schneller als für niedrigen Figur-Grund-Kontrast (Reber, unpublizierte Daten. Es gibt also nicht nur Evidenz für ein subjektives Gefühl erhöhter perzeptueller Geläufigkeit, sondern auch für objektive Vorteile der Symmetrie, der Konturkontinuität und des hohen Figur-Grund-Kontrasts bei Detektions- oder Identifikationsaufgaben.

---

[14] Nicht erwähnt werden an dieser Stelle Interaktionen zwischen den verschiedenen Merkmalen - Symmetrie, Kontrast und Oberflächenbeschaffenheit - und Präsentationszeiten, da sie für unsere Interpretation der Ergebnisse nicht von Interesse sind.

[15] Es konnte gezeigt werden, dass bei unterschiedlichen Aufgaben unterschiedliche Information aus symmetrischen versus asymmetrischen Stimuli extrahiert wird (vgl. Locher, Cavegn, Groner, Müller, d'Ydewalle, & Groner, 1993), was die Generalisierung der Resultate von Royer (1981) auf unsere Versuchsanordnung erschwert.

Es existieren zwei alternative Erklärungen zum Ansatz der perzeptuellen Geläufigkeit: Erstens kann man argumentieren, dass eine Simplizitätshypothese, wie sie Gestaltpsychologen vertreten haben (vgl. Arnheim, 1974), die Befunde sparsamer erklären könnten, da sie ausschließlich von einer Wirkung des Stimulus ausgeht, ohne dass eine Mitberücksichtigung der menschlichen Wahrnehmungstätigkeit notwendig wäre. So sind z.B. symmetrische Formen einfacher als asymmetrische und werden deshalb als angenehmer eingestuft. Die gleiche Logik gilt für Formen mit kontinuierlicher versus diskontinuierlicher Kontur. Es ist allerdings weniger ersichtlich, weshalb hoher Kontrast größere Simplizität aufweisen soll als Figuren mit niedrigem Kontrast; man könnte hier natürlich den Prägnanzbegriff gebrauchen, dessen Gebrauch hier allerdings mehr verschleiern als enthüllen würde. Zudem konnte Biederman und seine Mitarbeiter (siehe Biederman, Hilton & Hummel, 1991) zeigen, dass auch komplexere Figuren schneller identifiziert werden können als einfache Figuren, wenn jene mehr Information enthalten als diese und somit zu einem Redundanzgewinn führen, wie dies Garner (1974) beschrieben hat. Biederman et al. (1991) verwendeten die Strichzeichnungen von Snodgrass & Vanderwart (1980), entweder die ganze Zeichnung oder nur Konturen (vgl. Abb. 4). In einem eigenen Pilotversuch wurden Paare solcher Zeichnungen gezeigt, auf der einen Seite das vollständige Bild, auf der anderen Seite bloß die Konturen des gleichen Bildes. Wie erwartet, bevorzugten die Versuchspersonen klar das vollständige Bild. So trivial das Ergebnis ist, es widerlegt die Hypothese der Simplizität der Figuren zugunsten einer Hypothese der Verarbeitungsleichtigkeit: Komplexere Figuren werden dann einfachen Figuren bevorzugt, wenn jene schneller verarbeitet werden können als diese. Dieses Ergebnis findet eine Entsprechung in Ergebnissen der Biologie, wonach nicht nur einfache Ornamente, sondern oft auch extreme Formen bevorzugt werden, wie zum Beispiel der für das Überleben eher hinderliche Federschmuck des Pfaus (vgl. Enquist & Arak, 1993; Zahavi, 1975). Es ist wiederum — wie schon in den vorherigen Kapiteln oft gezeigt — nicht ein Merkmal des Stimulus, das zu affektiver Bevorzugung führt, sondern die Interaktion des Wahrnehmungsystems mit dem Stimulus.

Die zweite Alternativerklärung lautet, dass die in Experiment 10 bevorzugten Merkmale — Symmetrie, kontinuierliche Kontur, hoher Kontrast — in großer Häufigkeit in der Natur vorkämen, wir also diesen Merkmalen oft ausgesetzt seien. Da wiederholte Darbietung zu Bevorzugung führt, wäre Bevorzugung dieser Merkmale nicht ein Effekt perzeptueller Geläufigkeit, sondern ein 'Mere Exposure'-Effekt. Es scheint allerdings unwahrscheinlich, dass Symmetrie, kontinuierliche Konturen und vor allem hohe Kontraste in einem Maße häufiger sind als Asymmetrie, diskontinierliche Konturen und niedrige Kontraste, dass von einem 'Mere Exposure'-Effekt gesprochen werden könnte (vgl. hierzu die Diskussion in Enquist & Arak, 1994).

In den bisherigen Experimenten haben wir Effekte der perzeptuellen Geläufigkeit auf affektive Urteile betrachtet und dabei replizierbare und ansehnliche Effekte aufzeigen können. Die Zweistufentheorie von Jacoby et al. (1989b) lässt sich auch auf andere Arten evaluativer Urteile anwenden: Begg, Anas, & Farinacci (1992) nahmen an, dass die wiederholte Präsentation von Aussagen die perzeptuelle Geläufigkeit erhöht, was dazu führt, dass wiederholte Aussagen für wahrer gehalten werden. In den folgenden Experimenten wurde ein erstes Mal versucht, perzeptuelle Geläufigkeit über eine andere Variable als die Wiederholung zu manipulieren, um Effekte der perzeptuellen Geläufigkeit auf Wahrheitsurteile von anderen möglichen Effekten der Wiederholung auftrennen zu können.

Perzeptuelle Geläufigkeit beeinflusst affektive Urteile. Die Frage lautet nun: Werden auch Wahrheitsurteile von perzeptueller Geläufigkeit beeinflusst?

6 Effekte perzeptueller Geläufigkeit auf Wahrheitsurteile

Wie bereits am Ende des Unterkapitels 2.2 diskutiert, erhöht die Wiederholung von Aussagen die nachfolgenden Einschätzungen des Wahrheitsgehalts dieser Aussagen (z.B. Arkes, Hackett, & Boehm, 1989; Bacon, 1979; Begg et al., 1992; Begg & Armour, 1991; Begg et al., 1985; Brown & Nix, 1996; Gigerenzer, 1984; Hasher et al., 1977; Schwartz, 1982). Ein Erklärungsansatz ist wiederum die Zweistufentheorie von Jacoby (Jacoby et al., 1989b, vgl. Begg et al., 1992): Erstens erhöht die wiederholte visuelle Darbietung von Aussagen deren perzeptuelle Geläufigkeit. Zweitens wird die höhere perzeptuelle Geläufigkeit der zu beurteilenden Wahrheit missattribuiert, was dazu führt, dass der Wahrheitsgehalt für wiederholte Aussagen höher eingeschätzt wird als für neu gezeigte Aussagen. Wenn perzeptuelle Geläufigkeit die Wahrheitsurteile erhöht, dann sollte es — analog zu den affektiven Urteilen — möglich sein, höhere Einschätzungen des Wahrheitsgehalts zu erzeugen, wenn die perzeptuelle Geläufigkeit durch andere Variablen als die Wiederholung manipuliert wird. So sollten klarer dargestellte Aussagen bereits genügen, um die Einschätzungen des beurteilten Wahrheitsgehalts zu erhöhen, ohne dass die Aussagen wiederholt worden wären.

Wiederum ist die Wiederholung von Aussagen nicht ein optimales Mittel, um die perzeptuelle Geläufigkeit zu manipulieren: Es ist durchaus möglich, dass andere Konsequenzen der Wiederholung von Aussagen, die mit perzeptueller Geläufigkeit nichts zu tun haben, dazu beitragen, dass deren Wahrheitsgehalt höher beurteilt wird. Eine Debatte innerhalb der Repetitions-Wahrheitsurteil-Forschung betrifft die Frage, ob die objektive Bekanntheit oder die subjektive Vertrautheit der Stimuli zu den höheren Einschätzungen der Wahrheit führt. In der Forschung zum 'Mere Exposure'-Effekt wurde diese Frage gelöst, indem gezeigt werden konnte, dass Wiederholung auch dann zu erhöhten Präferenzen führt, wenn die wiederholten Stimuli nicht wiedererkannt werden konnten. In der Repetitions-Wahrheits-Forschung wurden die Wahrheitsurteile in Abhängigkeit sowohl von der objektiven Bekanntheit (wiederholt — neu) wie von der subjektiven Vertrautheit (gesehen — nicht gesehen) erhoben (Brown & Nix, 1996). Diese Autoren konnten zeigen, dass beide Variablen — sowohl die objektive Bekanntheit wie die subjektive Vertrautheit — Einschätzungen des Wahrheitsgehalts positiv beeinflussten, wobei die subjektive Vertrautheit einen größeren Einfluss ausübte als die objektive Bekanntheit.

Nun ist aber diese Art der Analyse des Effekts mit einigen Nachteilen behaftet: Es handelt sich um ein quasi-experimentelles Design: Während die Variable 'objektive Bekanntheit' experimentell manipuliert wurde, konnte die Variable 'subjektive Vertrautheit' erst post hoc erhoben werden, aus den Wiedererkennungsurteilen der Versuchspersonen. Dies führte einerseits dazu, dass eine aussagekräftige Analyse der Wahrheitsurteile in Abhängigkeit von der subjektiven Vertrautheit nur dann durchgeführt werden konnte, wenn die Versuchspersonen genug Fehler in der Wiedererkennung begingen, weil sonst die Faktoren 'objektive Bekanntheit' und 'subjektive Vertrautheit' zu sehr konfundiert waren, um orthogonal gekreuzt zu werden. Brown & Nix konnten deshalb die Wahrheitsurteile nur dann in Abhängigkeit von der subjektiven Vertrautheit auswerten, wenn das Intervall zwischen erster Präsentation der Aussagen und Testdurchgang mindestens einen Monat betrug. Ein weiterer Nachteil des Vorgehens von Brown & Nix liegt für diejenigen, die an Effekten perzeptueller Geläufigkeit interessiert sind, darin, dass zwar zwischen objektiver Bekanntheit und subjektiver Vertrautheit unterschieden werden kann, ohne dass aber gesagt werden könnte, worauf der Effekt der objektiven Bekanntheit beruht. In der Tat könnte die objektive Bekanntheit die perzeptuelle Geläufigkeit erhöhen, was wiederum zu einer höheren Einschätzung des Wahrheitsgehalts führt.

Die Möglichkeit, dass semantische Aktivierung in einem assoziativen Netzwerk zu höheren Einschätzungen des Wahrheitsgehalts führen könnte, konnte nicht bestätigt werden. Begg et al. (1985, Experiment 4) fanden, dass der Wiederholungseffekt auf Wahrheitsurteile nicht durch eine Verarbeitungstiefen-Manipulation beim Lernen beeinflusst werden konnte: Unabhängig davon, ob die Versuchspersonen die Aussprechleichtigkeit beurteilen mussten, die Leichtigkeit des Verstehens, die Leichtigkeit des Vorstellens, oder Auftretenshäufigkeit des Wortes in der Sprache, die Alt-Neu-Unterschiede der Wahrheitsurteile blieben über alle Verarbeitungstiefen gleich, obwohl die Wiedererkennung in der Aussprechbedingung schlechter war als in den anderen Bedingungen. Als Alternative schlugen Begg et al. (1992) vor, dass die

Darbietung einer Aussage die Leichtigkeit der Verarbeitung erhöht (wie von Jacoby & Dallas, 1981, gezeigt), welche wiederum zu höheren Einschätzungen des Wahrheitsgehalts führt. Begg et al. (1992) konnten mit Jacobys (1991) Prozess-Dissoziations-Prozedur aufzeigen, dass bewusste und automatische Einflüsse unabhängige Effekte auf die Wahrheitsurteile hatten. Diese Dissoziationen zwischen unbewussten Einflüssen und bewusstem Erinnern geben zur Vermutung Anlass, dass ein Prozess wie perzeptuelle Geläufigkeit als vermittelnde Variable zwischen der Wiederholung und dem Wahrheitsrating wirkt. Diese Möglichkeit ist kompatibel mit Befunden, wonach die Verarbeitungsleichtigkeit die phänomenale Erfahrung von Vertrautheit (Jacoby & Whitehouse, 1989; Whittlesea et al., 1990) und des Gefühls, etwas zu wissen ('feeling of knowing'; Koriat, 1993) erhöht, was möglicherweise zu höheren Einschätzungen des Wahrheitsgehalts beiträgt. Wie bei affektiven Urteilen ist auch bei Wahrheitsurteilen die Rolle der perzeptuellen Geläufigkeit mit einem Wiederholungsparadigma nur schwer zu isolieren, weil die vorherige Präsentation einer Aussage den Versuchspersonen die Gelegenheit gibt, über diese Aussage nachzudenken und diese in eine Wissensstruktur zu integrieren.

Wenn perzeptuelle Geläufigkeit die entscheidende vermittelnde Variable ist, dann sollte jede visuelle Manipulation, die die Verarbeitung der Aussage erleichtert, die Wahrscheinlichkeit erhöhen, dass die Aussage als wahr beurteilt wird, auch wenn die Aussage nur einmal gezeigt wird. In den folgenden Experimenten (vgl. Reber & Schwarz, 1999) wurde diese Annahme mittels einer Manipulation geprüft, wie sie von Whittlesea et al. (1990) und in den Experimenten 3 bis 9 dieser Arbeit verwendet wurde. Über den Computerbildschirm wurden Aussagen in verschiedenen Farben so präsentiert, dass sie auf dem weissen Hintergrund des Bildschirms leichter oder schwieriger zu lesen waren, wobei darauf geachtet wurde, dass auch diejenigen Aussagen gelesen werden konnten, die weniger lesbar waren. Damit konnte die perzeptuelle Geläufigkeit unabhängig von der Darbietungshäufigkeit manipuliert werden. Wir erwarteten, dass die gleiche Aussage, nur einmal gezeigt, höhere Einschätzungen des Wahrheitsgehalts erhalten würde, wenn diese leicht lesbar ist als wenn diese weniger lesbar ist. Diese Vorgehensweise erlaubt die isolierte Betrachtung der Rolle der perzeptuellen Geläufigkeit und macht eine differentielle semantische Aktivierung unwahrscheinlich, womit eine zentrale Ambiguität von Wiederholungseffekten umgangen wird.

Experimente 11 bis 13: Effekte perzeptueller Geläufigkeit auf Wahrheitsurteile

In drei Experimenten, die sich in Details unterschieden (siehe unten) und hier zusammengefasst werden, wurden Effekte des Figur-Grund-Kontrasts auf Einschätzungen der Wahrheit ergründet. Alle Experimente wurden in PsyScope, Version 1.0.2b.4 (Cohen et al., 1993) programmiert.

Methode

235 Studierende der University of Michigan aus dem Versuchspersonenpool der Einführungsvorlesung in die Psychologie nahmen an drei Experimenten teil (N = 40 in Experiment 11; N= 79 in Experiment 12; N = 116 in Experiment 13). Die Teilnahme am Experiment war Teil eines Leistungsnachweises für diese Vorlesung.

32 Aussagen von der Form "Town A is in country B" wurden in der Mitte des Bildschirms dargeboten. Die Hälfte der Aussagen enthielten bekannte Städte, wie z.B. Kairo, Paris oder Tokio, die andere Hälfte der Aussagen enthielten unbekannte Städte wie Bolligen, Sivas, oder Viacha[16]. Die Hälfte der Aussagen waren wahr, die andere Hälfte falsch. Die Hälfte der Städte waren lesbar, die andere Hälfte weniger lesbar, wobei die Lesbarkeit diesmal über die Farbe der Schrift manipuliert wurde, nicht mehr über die Entfernung von Pixeln aus dem Schriftbild. Lesbare Aussagen waren entweder dunkelblau oder dunkelrot. Die weniger lesbaren Aussagen waren grün (in allen Experimenten) und gelb (Experiment 11) oder hellblau (Experimente 12 und 13). Für die Experimente 11 bis 13 wurde folgende Instruktion vorgegeben:

> "Your task will be to decide whether a statement is true or not true.
> You will be shown a statement -- always in the form Town A is in Country C., e.g. New York is in United States. Some of the decisions are quite easy, others more difficult.
> When you don't know the answer, just guess it.
> The statements will be shown in different colors because we are interested in colors and reaction times.
> Please read the statement and decide as fast as you can whether it is true or not.
> If you find that the statement is true, press the "z" key.
> If you find that the statement is not true, press the "/" key.

---

[16] Wir berichten hier nur die Effekte der perzeptuellen Geläufigkeit, nicht der Bekanntheit der Städte. Dies darum, weil die Länder über die Bedingung Lesbarkeit (also perzeptuelle Geläufigkeit) ausbalanciert waren, nicht aber über die Bedingung Bekanntheit der Städte, so dass hier Konfundierungen möglich sind. Bekanntheit der Städte war aber nicht von grossem Interesse im Hinblick auf unsere Fragestellung, ob perzeptuelle Geläufigkeit Einschätzungen der Wahrheit beeinflusst.

Please put the left-hand forefinger on the "z" key
and the right-hand forefinger on the "/" key.
An asterisk (*) will signal the beginning of each trial.
As each statement is shown only for a brief duration, it is important that you keep your eyes focused on the asterisk so you will not miss any of the statements.
The first two statements are just for practice.
Press space bar if you are ready to begin."

("Ihre Aufgabe besteht darin, zu entscheiden, ob eine Aussage wahr oder falsch sei. Sie werden eine Aussage sehen -- immer von der Form 'Stadt A ist in Land C', zum Beispiel New York ist in den Vereinigten Staaten. Einige der Entscheidungen sind ziemlich leicht, andere schwieriger. Wenn Sie die Antwort nicht wissen, raten Sie einfach.
Die Aussagen werden in verschiedenen Farben gezeigt, weil wir an den Reaktionszeiten interessiert sind. Bitte lesen Sie die Aussage und entscheiden Sie sich so schnell wie möglich, ob sie wahr ist oder nicht.
Wenn Sie finden, dass die Aussage wahr sei, dann drücken Sie auf die "z"-Taste.
Wenn Sie finden, dass die Aussage nicht wahr sei, dann drücken Sie auf die "/"-Taste.
Bitte legen sie den linken Zeigefinger auf die "z"-Taste
und den rechten Zeigefinger auf die "/"-Taste.
Ein Stern (*) zeigt den Beginn eines jeden Durchgangs an.
Da jede Aussage nur für kurze Zeit gezeigt wird, ist es wichtig, dass Sie den Stern mit den Augen fixieren, damit Sie keine der Aussagen verpassen.
Die ersten zwei Aussagen sind bloß zur Übung.
Drücken Sie die Leertaste, wenn Sie bereit sind, zu beginnen.")

Jeder Aussage ging ein Fixationspunkt voran, der für 500 ms dargeboten wurde. Das Intervall zwischen dem Ende des Fixationspunktes und dem Beginn der Darbietung der Aussage betrug 200 ms. Die Aussagen wurden entweder dargeboten, bis die Versuchsperson antwortete (Experiment 11) oder für eine Sekunde (Experimente 12 und 13). Nach jeder Aussage hatte die Versuchsperson zu entscheiden, ob die Aussage 'wahr' oder 'falsch' sei.

Den Versuchsteilnehmern wurde erklärt, dass die Aussagen in verschiedenen Farben gezeigt würden, weil wir am Einfluss der Farbe auf die Reaktionszeiten interessiert seien. Systematische Interviews nach Experiment 11 und informelle Nachfragen nach den anderen Experimenten zeigten, dass die Versuchspersonen keinerlei Zweifel gegenüber unseren Instruktionen hegten und auch nicht vermuteten, dass Effekte der perzeptuellen Geläufigkeit (oder Klarheit, Sichtbarkeit, Lesbarkeit, usw.) auf die Wahrheitsurteile von Interesse waren.

Ergebnisse und Diskussion

Um zu bestimmen, ob die Manipulation der Farbe in der Tat perzeptuelle Geläufigkeit beeinflusst, wurde mit acht zusätzlichen Versuchspersonen eine Manipulationskontrolle durchgeführt. Hierzu benutzten wir eine Klarifikationsprozedur (siehe Feustel et al., 1983), mit der anfänglich maskierte Buchstabenketten immer besser sichtbar wurden. Die Versuchspersonen hatten die Maustaste zu drücken, wenn sie die Buchstabenkette lesen konnten, und mussten die Buchstabenketten aufschreiben. Manipuliert wurde die Farbe der Buchstabenketten: Es wurden dieselben fünf Farben benutzt, die in den hier beschriebenen Experimenten benutzt wurden. Die mittleren Identifikationszeiten betrugen $M = 6.19$ sec für dunkelblaue, $M = 6.02$ sec für rote, $M = 9.03$ für hellblaue, $M = 10.52$ für grüne und $M = 12.61$ für gelbe Buchstabenketten. Mittels t-Tests konnten hochsignifikante Unterschiede zwischen den beiden gut lesbaren (dunkelblau und rot) und jeder der weniger lesbaren Farben festgestellt werden, die *t's* [7] lagen zwischen 5.51 und 16.95. Dies zeigt, dass unsere Manipulation der perzeptuellen Geläufigkeit erfolgreich war.

Eine 3 x 2-faktorielle ANOVA, in der der Faktor Experiment zwischen und der Faktor Lesbarkeit innerhalb der Versuchspersonen manipuliert wurde, ergab keine Interaktion zwischen Experimenten und Lesbarkeit, $F[2,232] = 0.067$. Folglich wurden die Daten aller Versuchspersonen über die drei Experimente gepoolt.

Schließlich wurde eine Ausreisserkontrolle vorgenommen, da einige Versuchspersonen sehr wenige Aussagen für wahr hielten. Ausgeschlossen wurden Versuchspersonen mit Werten, die mehr als 2.5 Standardabweichungen vom Gesamtmittelwert (Gesamtanzahl der als wahr beurteilten Aussagen) entfernt lagen. Drei Versuchspersonen wurden aufgrund eines zu tiefen Wertes aus der Auswertung ausgeschlossen. Zusätzlich wurden die drei Versuchspersonen mit dem höchsten Wert aus der Auswertung ausgeschlossen (die jeweils knapp unter dem Ausschlusskriterium von 2.5 Standardabweichungen lagen), womit die einzelenen Mittelwerte etwa konstant blieben. Die Daten von 229 Versuchspersonen gingen in die Auswertung ein.

Wir erwarteten, dass Aussagen mit größerer Wahrscheinlichkeit als wahr beurteilt werden, wenn sie in einer lesbareren Farbe präsentiert wurden. Die Resultate bestätigten diese Vorhersage: Die Versuchspersonen hielten $M = 8.36$ ($SD = 2.26$) von 16 gut lesbaren Aussagen für wahr, was signifikant über dem Zufallsniveau, $t[228] = 2.43$; $p < 0.01$, einseitig. Im Gegensatz dazu hielten sie $M = 8.09$ ($SD = 2.03$) von 16 weniger gut lesbaren Aussagen für wahr, was nicht über dem Zufallsniveau lag, $t[228] = 0.65$. Gut lesbare Aussagen wurden als wahrer eingestuft als schlecht lesbare Aussagen, $t[228] = 1.65$, $p < 0.05$, einseitig.

Perzeptuelle Geläufigkeit beeinflusst Wahrheitsurteile unabhängig von der Wiederholung der Darbietung. Die Wahrheitsurteile derselben Aussagen waren auf dem

Zufallsniveau, wenn sie weniger lesbar waren, aber signifikant über dem Zufallsniveau, wenn sie gut lesbar waren. Zudem war auch der direkte Vergleich zwischen den beiden Lesbarkeitsbedingungen signifikant. Mit der Lesbarkeitsmanipulation konnte der Einfluss der perzeptuellen Geläufigkeit auf Wahrheitsurteile mit einmaliger Darbietung einer Aussage geprüft werden, womit die Ambiguitäten vermieden werden konnten, die mit multipler Darbietung als Manipulation von Verarbeitungsleichtigkeit verbunden sind. In Übereinstimmung mit der Analyse von Begg et al. (1992) stützen unsere Ergebnisse die Annahme, dass jede Variable, die die Verarbeitungsleichtigkeit erhöht, zu höheren Einschätzungen des Wahrheitsgehalts für Aussagen führt. Ausagen, die leicht verarbeitet werden können, scheinen vertraut zu sein (z.B. Whittlesea et al. 1990), was Personen glauben lässt, sie hätten die Aussage bereits einmal gesehen. Dies erhöht die Wahrscheinlichkeit, die Aussage als 'wahr' zu beurteilen.

7 Gesamtdiskussion und Ausblick

In den berichteten Experimenten haben wir zeigen können, dass evaluative Urteile von perzeptueller Geläufigkeit beeinflusst werden. Wir werden zuerst die erhaltenen Befunde zusammenfassend diskutieren und kommen dann auf offene Fragen zu sprechen, bevor wir am Schluss in einem kleinen Ausblick einige laufende Forschungsprojekte kurz ansprechen.

7.1 Gesamtdiskussion

Zusammengefasst sehen die bisherigen Befunde zu den Effekten perzeptueller Geläufigkeit auf evaluative Urteile folgendermaßen aus:

(a) In Experiment 1 wurde die perzeptuelle Geläufigkeit über visuelles Priming manipuliert. Primes, die mit dem zu beurteilenden Zielstimulus identisch waren, führten zu höheren Urteilen des Gefallens und niedrigeren Urteilen des Missfallens als Primes, die vom Zielstimulus verschieden sind. Ein Effekt perzeptueller Geläufigkeit auf Urteile des Gefallens konnte auch gefunden werden, wenn die Versuchspersonen den Prime nicht bemerkten (Reber et al., 1998, Experiment 1).

(b) Perzeptuelle Geläufigkeit, in Experiment 2 manipuliert über die Präsentationsdauer, führte zu positiveren affektiven Urteilen (Reber et al., 1998, Experiment 3). Schachbrettartige abstrakte Muster wurden für 100, 200, 300 und 400 Millisekunden präsentiert, gefolgt von einer Zufallsmaske. War die Frage, inwiefern ihnen das

Muster gefiel, dann waren die Ratings für die lange präsentierten Muster am höchsten; war die Frage, inwiefern ihnen das Muster missfiel, dann waren die Ratings für die kurz präsentierten Muster am höchsten, was klar der oben erwähnten Ansicht Mandlers et al. (1987) widerspricht, wonach höhere perzeptuelle Geläufigkeit sowohl für angenehmer (wenn nach der Angenehmheit gefragt wird) wie für unangenehmer (wenn nach der Unangenehmheit gefragt wird) gehalten werden sollten. Stattdessen konnte die Hypothese bestätigt werden, dass perzeptuelle Geläufigkeit affektiv positiv ist.

(c) Klarer präsentierte Buchstabenketten wurden in Experiment 3 als angenehmer und als weniger unangenehm beurteilt (Reber et al., 1996, Experiment 1). Dieses Ergebnis stützt ebenfalls die Hypothese, dass perzeptuelle Geläufigkeit affektiv positiv ist, lässt aber auch alternative Interpretationen zu.

(d) Kreise mit hohem Kontrast zum Hintergrund (dunkle Kreise auf weissem Hintergrund wie helle Kreise auf schwarzem Hintergrund) wurden in Experiment 4 als angenehmer beurteilt als Kreise mit niedrigem Kontrast (Reber et al., 1998, Experiment 2). Es konnte eine lineare positive Beziehung zwischen Kontrast und affektivem Urteil festgestellt werden. Wurden die Versuchspersonen nach der Unangenehmheit der Kreise befragt, so ergab sich eine lineare negative Beziehung zwischen Kontrast und Urteil, d.h. je höher der Kontrast, desto niedriger die beurteilte Unangenehmheit. Diese Resultate widersprechen wiederum klar der oben erwähnten Ansicht von Mandler et al. (1987).

(d) In zwei weiteren Experimenten (Experimente 6 und 7) konnte aufgezeigt werden, dass bei einfachen Figuren (Kreisen) der Effekt des Figur-Grund-Kontrasts auf Präferenzurteile bzw. affektive Urteile mit zunehmender Präsentationszeit abnimmt. Diese Befunde sind weitere Evidenz dafür, dass es sich bei den Effekten des Kontrasts auf affektive Urteile um Effekte der perzeptuellen Geläufigkeit handelt. Könnten diese Effekte ausschließlich auf Stimulusmerkmale zurückgeführt werden, die mit Figur-Grund-Kontrast korrelieren, dann wäre keine Modulation des Effekts durch die Präsentationszeit zu erwarten.

(e) Wenn die Hypothese stimmt, dass perzeptuelle Geläufigkeit affektive Urteile beeinflusst, dann sollte neben der gezeigten Präferenz für hohen Kontrast Symmetrie von Stimuli gegenüber Asymmetrie und kontinuierliche Konturen gegenüber diskontinuierlichen Konturen bevorzugt werden. In Experiment 10 variierten wir die genannten Merkmale — Symmetrie, Konturbeschaffenheit und Kontrast — in paarweise präsentierten Stimuli und fragten danach, welcher Stimulus bevorzugt werde. Wie vorhergesagt, wurde hohe Symmetrie, Kontinuität der Kontur und hoher Kontrast bevorzugt.

(f) Perzeptuelle Geläufigkeit beeinflusst nicht nur affektive Urteile, sondern auch Wahrheitsurteile: Je höher die perzeptuelle Geläufigkeit, desto eher sollte eine Aussage für wahr gehalten werden. Diese Hypothese ist aus Befunden abzuleiten, wonach wiederholte Darbietung von Aussagen zu erhöhten Wahrheitsurteilen führt (Hasher et al., 1977; Brown & Nix, 1996). In den Experimenten 11 bis 13 präsentierten wir 235 Versuchspersonen Aussagen der Form "Stadt X ist in Land Y" (z.B. "Bolligen is in Switzerland"). Die perzeptuelle Geläufigkeit wurde über die Farbe, in der die Aussage präsentiert wurde, manipuliert; wir konnten mit einer Klarifikationsprozedur zeigen, dass die Farbe in der Tat zur vorhergesagten Lesbarkeit der Stimuli führt. Für die gepoolten Daten dreier Experimente konnte ein signifikanter Unterschied in Richtung der Hypothese gefunden werden, d.h. Wahrheitsurteile waren höher für hohe als für niedrige perzeptuelle Geläufigkeit.

Die zentrale Schlussfolgerung lautet, dass perzeptuelle Geläufigkeit affektive Urteile auch dann beeinflussen kann, wenn die Geläufigkeit über andere Variablen als die Wiederholung manipuliert wurde, zum Beispiel über die Präsentationsdauer oder den Figur-Grund-Kontrast eines Stimulus. Es gibt Hinweise darauf, dass perzeptuelle Geläufigkeit nicht nur affektive, sondern auch andere evaluative Urteile beeinflussen kann. Die Hypothese, wonach Verarbeitungsleichtigkeit evaluative Urteile beeinflussen kann, ist eine sparsame Erklärung für die Befunde zum Wiederholungseffekt in der modernen Kognitionsforschung (vgl. Jacoby et al., 1989b). Verarbeitungsleichtigkeit erklärt nicht nur Wiederholungseffekte auf evaluative Urteile, sondern darüberhinaus Effekte anderer Variablen auf affektive Urteile, die mit der Verarbeitungsleichtigkeit in Zusammenhang stehen. Eine Hypothese der Verarbeitungsleichtigkeit als Determinante des affektiven Urteils fügt sich auch leicht in Theorien der Evolution von Präferenzen: Die Notwendigkeit, Signale zu erkennen, kann dazu geführt haben, dass bestimmte, leicht wahrnehmbare Merkmale wie zum Beispiel symmetrische Formen oder Formen mit kontinuierlichen Konturen bevorzugt werden (Arak & Enquist, 1993; Enquist & Arak, 1994; Reber & Schwarz, 1998b).

Wir können nun nachvollziehen, welche Neuerungen die berichteten Experimente gebracht haben, indem wir Abbildung 16 mit Abbildung 17 vergleichen: In Abbildung 16, die Abbildung 3 entspricht und aus Übersichtsgründen hier reproduziert wurde, ist zu sehen, dass perzeptuelle Geläufigkeit nur über die Wiederholung manipuliert wurde. Es konnte gezeigt werden, dass Wiederholung die perzeptuelle Geläufigkeit erhöht (z.B. Feustel et al., 1983; Jacoby & Dallas, 1981), zu positiveren affektiven Urteilen (z.B. Kunst-Wilson & Zajonc, 1980; Zajonc, 1968) und zu höheren Einschätzungen des Wahrheitsgehaltes von Aussagen (z.B. Hasher et al., 1977) führt.

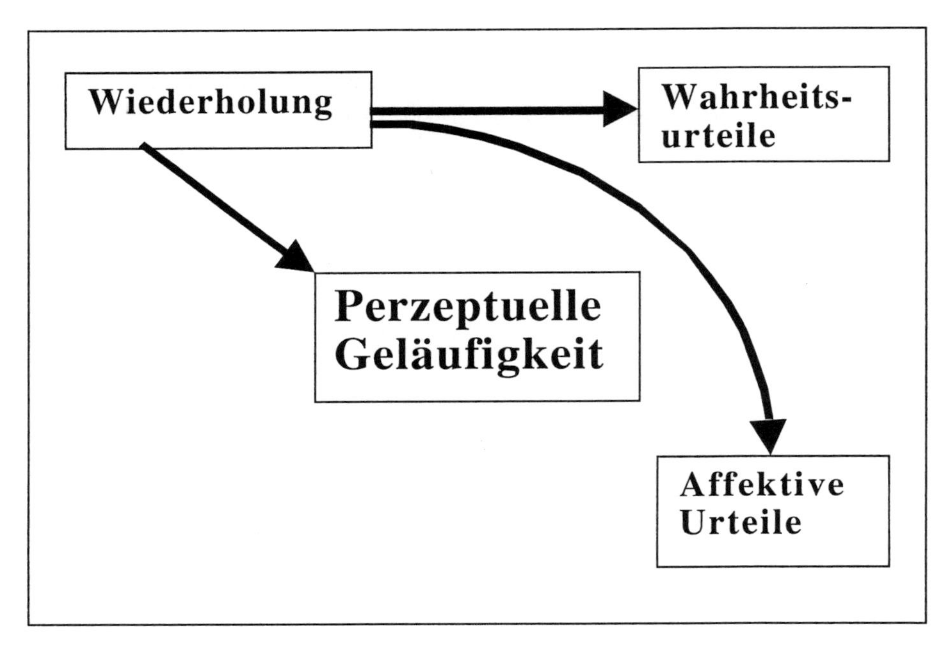

Abbildung 16: Stand der Forschung vor den Experimenten

In Abbildung 17 sehen wir nun, welche Relationen zwischen unterschiedlichen Variablen erforscht wurden: Verschiedene Variablen, die die perzeptuelle Geläufigkeit beeinflussen, wie Kontrast, Symmetrie, kontinuierliche Kontur, oder die Präsentationsdauer von kurz präsentierten Stimuli, führen zu positiveren affektiven Urteilen. Zudem führt die höhere Lesbarkeit von Aussagen zu höheren Einschätzungen des Wahrheitsgehaltes.

Damit ist eindeutig gezeigt worden, dass perzeptuelle Geläufigkeit auch dann einen Einfluss auf affektive und Wahrheitsurteile hat, wenn sie nicht mittels Wiederholung manipuliert wurde. Ein möglicher Einwand geht davon aus, dass nicht perzeptuelle Geläufigkeit, sondern Stimulusmerkmale affektive Urteile beeinflussten. Wir haben aber in den Experimenten 6 und 7 Ergebnisse berichtet, die zeigen, dass der Effekt von Kontrast auf affektive Urteile von der Präsentationszeit abhängen. Dieses Ergebnis kann nur mit der Annahme erklärt werden, dass die Dynamik der Verarbeitung bei der Wahrnehmung eines Stimulus für affektive Urteile eine Rolle spielt.

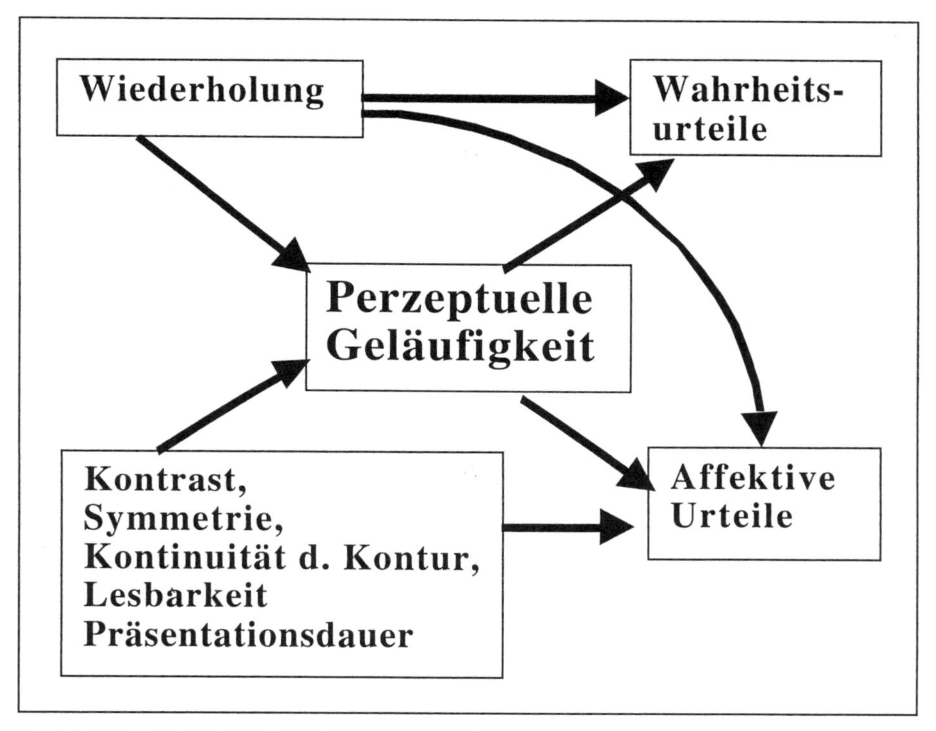

Abbildung 17: Stand der Forschung nach den Experimenten

Schließlich muss auch erwähnt werden, dass die Effekte der Wiederholung eines Stimulus auf affektive Urteile nicht damit erklärt werden können, dass sich der Stimulus geändert hätte, sondern dessen Wahrnehmung. Es geht also immer um die Interaktion zwischen der Aussenwelt und dem informationsverarbeitenden System, wobei sowohl der Stimulus konstant bleiben und die Bedingungen der Informationsverarbeitung ändern können wie der Stimulus manipuliert und die Bedingungen der Informationsverarbeitung konstant gehalten werden können.

7.2 Offene Fragen

In dieser Arbeit konnten einige Antworten auf grundlegende Fragen zum Einfluss perzeptueller Geläufigkeit auf affektive Urteile beantwortet werden. Viele Fragen sind offengeblieben, andere Fragen sind dank der hier präsentierten Forschung neu aufgetaucht. Wünschenswert wäre auch — wie schon in Unterkapitel 2.1 erwähnt, eine bessere Einbettung des Konzepts der perzeptuellen Geläufigkeit in die Neurophysiologie und Wahrnehmungspsychologie. Die dafür notwendige konzeptuelle und vor allem empirische Arbeit konnte hier nicht geleistet werden.

Wir diskutieren nun drei Fragenkomplexe: Zuerst fragen wir uns, welches der Gültigkeitsbereich der hier präsentierten Forschung zu perzeptueller Geläufigkeit und affektiven Urteilen ist. Danach fragen wir uns, inwiefern unsere Resultate auf andere Phänomene ausgedehnt werden können, nämlich auf die Beurteilung eigener Leistungen und das phänomenale Erleben von Einsicht.

7.2.1 Perzeptuelle Geläufigkeit und affektive Urteile

Es gibt eine Reihe offener Fragen, die in zukünftiger Forschung geklärt werden müssten, die unter eine einzige Hauptfrage subsumiert werden können: Welches ist der Gültigkeitsbereich der hier diskutierten Forschung?

Es wurde die sehr allgemeine These aufgestellt, dass perzeptuelle Geläufigkeit affektive Urteile positiv beeinflussen. Die hier berichtete Forschung hat diese These bestätigt. Diese ermutigenden Resultate müssen aber um weitere Untersuchungen ergänzt werden, wenn man von einem generellen Effekt der Verarbeitungsleichtigkeit auf evaluative Urteile ausgehen will. Folgende Faktoren könnten den Gültigkeitsbereich der referierten Befunde einschränken:

(1) Es könnte sich um einen sehr spezifischen Effekt handeln, der nur auftritt, wenn bei der Beurteilung von Material entsprechende perzeptuelle oder kognitive Prozesse erleichtert werden. Wenn zum Beispiel visuelles Material beurteilt werden muss, dann kann entweder jede Erleichterung der Verarbeitung (perzeptuell, konzeptuell) zu positiveren affektiven Urteilen führen (genereller Effekt), oder aber nur eine Erleichterung der spezifisch visuellen Prozesse bei der Wahrnehmung eines Stimulus (spezifischer Effekt). In einem ersten Experiment (Reber et al., 1998, Experiment 1) wurde mit einem visuellen Primingparadigma geprüft, ob überhaupt ein Effekt des Primings auf affektive Urteile existiert. Die affektiven Urteile waren positiver, wenn der Prime dem Zielstimulus entsprach. In diesem Experiment wurde auch geprüft, ob Priming in der Tat zu einer leichteren Verarbeitung von Bildern führt (mittels der Identifikation der degradierten Bilder); auch hier war der Unterschied signifikant: Zielstimuli mit identischem Prime wurden schneller identifiziert als Zielstimuli mit unterschiedlichem Prime.

Von besonderem Interesse ist die Frage, inwiefern perzeptuelle und konzeptuelle Anteile des Primings das affektive Urteil für visuelles Material beeinflussen. Stimmt die Hypothese, dass Verarbeitungsleichtigkeit generell zu positiveren affektiven

Urteilen führt, dann sollte es möglich sein, durch semantisches Priming die Verarbeitung bestimmter Stimuli zu erleichtern und deren Affektgehalt positiv zu verändern. Andererseits wurden oben Befunde von Roediger und seinen Mitarbeitern referiert, wonach Primingeffekte dann am stärksten sind, wenn die spezifischen physikalischen Oberflächenmerkmale des Materials im Lern- und im Testdurchgang identisch sind. Sind nun affektive Urteile von den gleichen Variablen abhängig wie die in Roediger und seinen Mitarbeitern (vgl. Roediger et al., 1989) benutzten impliziten Gedächtnismaße, dann sollte nur exakte Wiederholung die affektiven Maße positiv beeinflussen. Wie oben erwähnt, gibt es zwei Priming-Paradigmen, die die Differenzierung der beiden möglichen Prozesse ermöglicht: Mit semantischem Priming (z.B. Meyer & Schwaneveldt, 1971; Neely, 1977) werden konzeptuelle Strukturen aktiviert, die nachfolgende Entscheidungen erleichtern. Mit Wiederholungspriming (z.B. Jacoby & Dallas, 1981) werden perzeptuelle Strukturen aufgebaut, die bei nachfolgenden Aufgaben aktiviert werden und die Aufgabenlösung erleichtern, wenn die perzeptuellen Strukturen im Test mit denjenigen des Lerndurchganges identisch sind. Mit folgender experimentellen Anordnung könnte die gestellte Frage geklärt werden: Die Versuchspersonen müssen die Angenehmheit von Zeichnungen (siehe oben) beurteilen. Zwei Gruppen von Versuchspersonen werden gebildet: Eine erste Gruppe sieht als Prime jeweils ein Substantiv, das ein Objekt benennt, das in der Hälfte der Fälle als Bild erscheinen wird (richtiger Prime), in der anderen Hälfte nicht (falscher Prime). Zeigte diese Gruppe Priming-Effekte auf Angenehmheitsurteile, ist es möglich, dass Verarbeitungsleichtigkeit an sich affektive Urteile positiv beeinflusst. In einer zweiten Gruppe wird in der Hälfte der Fälle das identische Bild (richtiger Prime), in der anderen Hälfte der Fälle ein anderes Bild (falscher Prime) als das zu beurteilende Bild gezeigt. Bei Abwesenheit eines konzeptuellen Effekts mit semantischem Priming würde ein Effekt mit Wiederholung des identischen Bildes die Hypothese von Roediger et al. (1989) unterstützen, wonach die Ähnlichkeit physikalischer Oberflächenmerkmale bei Prime und Zielstimulus zu Priming-Effekten führt, was sich in einer Interaktion zwischen Gruppe (semantisches versus Wiederholungspriming) und Prime (richtig versus falsch) ausdrücken würde. Wird diese Interaktion signifikant, bedeutet dies eine Falsifikation der hier vertretenen generellen Verarbeitungsleichtigkeitshypothese und damit eine Eingrenzung auf perzeptuelle Geläufigkeit bei der affektiven Beurteilung perzeptueller Strukturen[17].

---

[17] Nur eine Interaktion ist aussagekräftig, da eine solche eine Dissoziation zwischen perzeptueller und konzeptueller Geläufigkeit indizieren würde. Ein Haupteffekt der Verarbeitungsleichtigkeit ohne differentielle Effekte der perzeptuellen bzw. konzeptuellen Geläufigkeit würde hingegen wenig aussagen, da Kontaminationen zwischen den beiden Arten der Verarbeitungsleichtigkeit möglich sind: Perzeptuelle Identität könnte die kon-

(2) Es ist möglich, dass ein Effekt der Verarbeitungsleichtigkeit auf evaluative Urteile nur dann zu beobachten ist, wenn das Material parallel verarbeitet werden kann (was beim hier verwendeten bildlichen Material der Fall war), nicht aber, wenn das Material sequentiell verarbeitet werden muss. Hier könnten Experimente über Effekte der perzeptuellen Geläufigkeit auf affektive Urteile bei der Wahrnehmung von Bewegungen oder beim Hören von Musik oder Sprache Aufschluss darüber geben, ob die perzeptuelle Geläufigkeit bei der sequentiellen Verarbeitung von Material die gleichen Ergebnisse zeigt wie die perzeptuelle Geläufigkeit bei der parallelen Verarbeitung.

(3) Die Experimente wurden ausschließlich mit sehr einfachem Stimulusmaterial durchgeführt, so dass eingewendet werden kann, dass die Befunde nicht für komplexeres Stimulusmaterial, z.B. Bilder, gelten (vgl. die Diskussion um den Ästhetikbegriff von Hekkert, 1995). Um Aussagen über Effekte perzeptueller Geläufigkeit bei komplexeren visuellen Strukturen machen zu können, müssten Experimente mit Gemälden gemacht werden (vgl. Berlyne, 1974; Takahashi, 1995).

(4) Eine grundlegende Frage ist, inwiefern die emotionale Valenz des Materials den Effekt der Verarbeitungsleichtigkeit auf affektive Urteile beeinflusst. Wir haben in unseren Experimenten immer neutrales Material verwendet, da wir daran interessiert waren, inwiefern die perzeptuelle Geläufigkeit *an sich* affektive Urteile beeinflusst. Wir haben gesehen, dass die perzeptuelle Geläufigkeit bei emotional neutralem Material einen positiven Einfluss hat, d.h. je höher die perzeptuelle Geläufigkeit, desto positiver das affektive Urteil. Es scheint plausibel, dass die perzeptuelle Geläufigkeit auch bei positivem Material positiv wirkt: Wenn man mehr Information aus positivem Material extrahieren kann, dann sollte dies zu noch positiveren affektiven Urteilen führen. Denkbar ist allerdings auch, dass bei positivem Material die perzeptuelle Geläufigkeit keine weitere, positive Wirkung hat. Wie wirkt aber perzeptuelle Geläufigkeit bei affektiv negativem Material? Hier sind grundsätzlich drei Varianten denkbar: Erstens könnte auch bei negativem Material die erhöhte perzeptuelle Geläufigkeit positiv wirken, da sich die beiden Effekte additiv verhalten: Es mag negativ sein, dass ein Stimulus eine negative Valenz hat, aber noch negativer ist es, wenn die perzeptuelle Geläufigkeit niedrig ist, d.h. wenn man den an sich negativen Stimulus nur langsam verarbeiten kann. Zweitens könnte die perzeptuelle Geläufigkeit die Negativität negativer Information zusätzlich erhöhen. Wenn man also negative Information schnell extrahieren kann, dann trägt dies dazu bei, dass diese Information noch negativer bewertet wird. Die dritte Möglichkeit besteht darin, dass die Verarbeitungsleichtigkeit bei negativen Stimuli keinen Einfluss hat, da der Effekt der Nega-

---

zeptuelle Geläufigkeit erhöhen, die Verwendung von Wörtern als Prime könnte sich in einem schnelleren Bildaufbau auswirken.

tivität der Stimuli allfällige Effekte der Verarbeitungsleichtigkeit überschattet. In einem Pilotexperiment mit sieben Versuchspersonen (Reber, unpublizierte Daten) wurden Strichzeichnungen von freudigen oder traurigen Gesichtern gezeigt. Zusätzlich wurde deren Kontrast manipuliert, so dass die Gesichter nach Zufall den Kontrastbedingungen 25%, 50%, 75% oder 100% schwarz zugeordnet wurden. Wie erwartet, wirkte die perzeptuelle Geläufigkeit bei freudigen Gesichtern positiv. Bei traurigen Gesichtern war das Resultat nicht eindeutig: Die perzeptuelle Geläufigkeit hatte keinen Einfluss auf das affektive Urteil der Versuchspersonen, allerdings zeigte sich ein Bodeneffekt, d.h. die negativen Gesichter wurden derart negativ beurteilt, dass keine große Variation zwischen den Kontrastbedingungen erwartet werden konnte. Dieses Resultat kam zustande, weil alle Bedingungen — Affektivität des Gesichtes wie Kontrast — innerhalb der Versuchsperson variiert wurden. Hier schienen die traurigen Gesichter einfach affektiv negativ zu sein, unabhängig von der perzeptuellen Geläufigkeit. In zukünftigen Experimenten muss die Bedingung 'Affektivität des Gesichtes' zwischen den Versuchspersonen variiert werden, so dass die eine Gruppe nur freudige, die andere nur traurige Gesichter zu beurteilen hat. Eine andere Möglichkeit besteht darin, die Bedingung 'Affektivität des Gesichtes' feiner aufzuschlüsseln, d.h. man hat neben den jetzigen sehr freudigen und sehr traurigen Gesichtern auch neutrale sowie ein wenig freudige oder ein wenig traurige Gesichter, in der Hoffnung, aussagekräftigere Resultate bezüglich des Einflusses der perzeptuellen Geläufigkeit auf affektive Urteile bei emotionalem Material zu erhalten.

7.2.2 Die Rolle der Verarbeitungsleichtigkeit bei Leistungsurteilen

Leichtigkeit der Verarbeitung bedeutet auch Effizienz der Verarbeitung. Da wir die Leichtigkeit der Verarbeitung phänomenal erfahren, stellt sich die Frage, ob Menschen diese Erfahrung nutzen können, um eigene Leistungen zu beurteilen. Dies kann theoretisch auf zwei Arten geschehen:

Erstens kann die Leichtigkeit, mit der eine Tätigkeit ausgeführt wird, direkt erfahren werden und in die Beurteilung eigener Leistung einfließen. Zum Beispiel kann ein Schüler die Leichtigkeit erfahren, mit der er Mathematikaufgaben löst, und diese phänomenale Leichtigkeit zur Grundlage der Leistungsbeurteilung nehmen („es ist mir gut gelaufen", pflegen schweizerische Schüler nach einer Prüfung zu sagen). Diese Leistungsbeurteilung kann natürlich falsch sein, vor allem wenn jemand die Aufgaben schnell, flüssig, mit großer Sicherheit, aber eben falsch gelöst hat. Hinweise darauf, dass die Leichtigkeit der Verarbeitung metakognitive Urteile beeinflussen kann, kommen von Untersuchungen zum „feeling of knowing" (Koriat, 1993) und zur Rolle der Abrufleichtigkeit beim Einschätzen des eigenen Gedächtnisses

(Belli, Winkielman, Read, Schwarz, & Lynn,1998; Winkielman, Schwarz, & Belli, 1998): Die letzteren Studien zeigen auf, dass Personen, die wenige (z.B. vier) Episoden aus ihrer Kindheit erinnern müssen, ihr Gedächtnis für besser einschätzen als Personen, die zwölf Episoden erinnern. Dies heisst, dass der erfolgreiche Abruf von mehr Information zu einer negativeren Beurteilung der eigenen Leistung führt, weil der Abruf von mehr Information phänomenal als schwieriger erlebt wird. Es lassen sich eine Reihe von Tätigkeiten denken, in denen bei Abwesenheit klarer Leistungskriterien die erfahrene Leichtigkeit der Ausführung zur Grundlage der Leistungsbeurteilung wird: So kann die erfahrene Leichtigkeit der Ausführung Aufschluss geben über die Leistung beim Problemlösen, beim Abrufen aus dem Gedächtnis, bei einer motorischen Leistung wie z.B. Rennen, Liegestütze machen, oder bei alltäglichen Tätigkeiten wie beim Kochen oder Geschirrwaschen. Erste Ergebnisse von Reber & Ruch-Monachon (2001) zeigen, dass Personen bei höherer Verarbeitungsleichtigkeit die eigene Leistung als besser einschätzen als bei niedriger Verarbeitungsleichtigkeit. Hierzu wurde eine Exemplar-Generierungs-Aufgabe verwendet (vgl. Morger, 2000); die Versuchspersonen mussten 15, 30 45 oder 60 Sekunden lang Wörter bestimmter Kategorien generieren. Da die Personen mit der Zeit immer weniger Wörter generieren, ist die Verarbeitungsleichtigkeit am Anfang am höchsten und nimmt mit der Zeit ab. In der Tat schätzten die Versuchspersonen dieser Pilotstudien ihre Leistungen dann am niedrigsten ein, wenn sie 60 Sekunden lang Kategorie-Exemplare generieren mussten. Weitere Studien sollen zeigen, ob die Versuchspersonen tatsächlich die Verarbeitungsleichtigkeit als Grundlage ihres Urteils verwenden oder andere Gründe dazu führen, dass die Versuchspersonen bei der Einschätzung der erbrachten Leistung die Schwierigkeit der Aufgabe nicht in Betracht zogen.

Zweitens kann die Leichtigkeit des Abrufs bestimmter Information Leistungsurteile beeinflussen. Wir haben die Experimente von Schwarz et al. (1991a) diskutiert, in dem sich Personen selbstsicherer einschätzten, wenn sie wenige statt viele Episoden abriefen, in denen sie selbstsicher gehandelt hatten. In gleichem Sinne sollte die Leichtigkeit des Abrufs guter Leistungen die Beurteilung eigener Fähigkeiten positiv beeinflussen. Verlangt man also von Versuchspersonen, z.B. drei Erfolge in Mathematikprüfungen aufzuzählen, dann sollten sich diese Personen positiver einschätzen als Versuchspersonen, die sieben Erfolge bei Mathematikprüfungen aufzählen müssen. Natürlich schätzen sich Versuchspersonen entsprechend positiver ein, wenn sie sieben statt drei Misserfolge aufzählen müssen. Die Menge abgerufener Information sollte nur eine Rolle spielen, wenn es sich um eine für die Versuchsperson wichtige Fähigkeit handelt. So ist es für Gymnasiasten, die Mathematik oder Physik studieren wollen oder am Numerus Clausus scheitern könnten, enorm wichtig, in Mathematik gut zu sein. Für diese Personen dürfte die Menge der abgerufenen Erfolge diagnostischer sein als die Leichtigkeit des Abrufs. Dies entspricht Resultaten von Rothman & Schwarz (1998), wonach Personen, die keine Familiengeschichte von Herzkrankheiten aufwiesen, die Leichtigkeit des Abrufs von Risikofaktoren zur Grundlage der Risikoeinschätzung heranzogen, mit der sie selbst an Herzproblemen zu leiden hätten: Je weniger Risikofaktoren abgerufen werden mussten, d.h. je leichter der Abruf war, desto höher wurde das eigene Herzkrankheitsrisiko eingeschätzt. Bei Versuchspersonen hingegen, in deren Familie Herzkrankheiten vorkamen, wurde die Menge der Risikofaktoren relevant. Sie schienen mehr über Risiken für Herzkrankheiten nachzudenken und nahmen nicht die unmittelbare phänomenale Leichtigkeit des Abrufs zur Grundlage ihrer Risikoeinschätzung.

Zusammengefasst scheint es also zwei Wege zu geben, wie Verarbeitungsleichtigkeit auf die Beurteilung eigener Leistungen wirken kann: Erstens kann die Leichtigkeit der Ausführung einer Leistung als Indikator für die eigene Fähigkeit herangezogen werden. Zweitens kann die Leichtigkeit des Abrufs vergangener Erfolge bzw. die Schwierigkeit des Abrufs vergangener Misserfolge zu einer positiveren Leistungsbeurteilung führen, wenn es sich nicht um eine für die Person wichtige Fähigkeit handelt. Die Menge der abgerufenen Information dürfte eine Rolle spielen, wenn es sich um eine für die Versuchsperson wichtige Leistung handelt.

7.2.3 Phänomenale Gefühle der Verarbeitungsleichtigkeit beim Problemlösen: Einsicht

Wenn Primaten oder Menschen Probleme lösen, dann kommen sie oft nicht durch Versuch und Irrtum der Lösung näher, wie dies gewisse behavioristische Ansätze vorhersagen würden, sondern scheinen — durch Gebrauch der relevanten Teile einer Situation — in einem Schritt die Lösung plötzlich in ihrer Ganzheit zu erkennen (Köhler, 1925). Diese unmittelbare Auflösung eines Problems ist von einem phänomenalen Gefühl der Einsicht begleitet (das Menschen berichten können, bei Primaten aus der Beobachtung erschlossen wird). In der Literatur ist Einsicht oft so beschrieben worden, als sei sie eine alternative Technik zum schrittweisen Vorgehen, bei dem Teillösungen gesucht werden ("insight problems" versus "means ends problems"; z.B. Metcalfe & Wiebe, 1987), und in der Tat haben die Gestaltpsychologen aus dem Phänomen der Einsicht geschlossen, dass Problemlösen nach bestimmten Organisationsprinzipien, nicht nach Versuch und Irrtum vor sich ging. Kanizsa (1979) wies aber darauf hin, dass in der Gestaltpsychologie mit Einsicht das phänomenale Erleben gemeint war, das die Problemlösung begleitet: Einsicht betrifft die Erfahrung der Handlung, nicht die Handlung selbst (Koffka, 1935).

Es gibt nur wenige experimentelle Untersuchungen zum Erleben von Einsicht. In der Tat dürften viele Probleme aus dem Alltag durch schrittweise Lösung von Teilproblemen auflösbar sein, so dass hier nicht das phänomenale Erleben von Einsicht berichtet werden kann (sieht man einmal davon ab, dass es partielle Einsicht gibt; Koffka, 1935). Metcalfe & Wiebe (1987) haben nun Probleme unterschieden, die schrittweise durch das Lösen von Teilproblemen gelöst werden können (eine Algebraaufgabe), und sogenannten Einsichtproblemen, bei denen die Lösung nicht ersichtlich ist, solange das Problem von einem falschen Blickwinkel aus angegangen wird; erst bei der richtigen Organisation des Problems ergibt sich die Lösung wie von selbst (vgl. auch Holyoak, 1995). Ihre Versuchspersonen mussten nun angeben, wie "warm" es sei, d.h. wie nahe sie bei der Lösung des Problems seien (ähnlich wie beim Suchen des Osterhasen, bei dem man einem Kind sagt, es sei "kalt", wenn es am falschen Ort sucht, und es sei "warm", wenn es in die Nähe des richtigen Ortes kommt). Die Resultate zeigen, dass bei den Algebraproblemen die Wärmeratings nach und nach höher wurden, während bei den Einsichtsproblemen die Wärmeratings bis kurz vor der Lösung niedrig blieben. Dieses Resultat zeigt einen unterschiedlichen Verlauf des Erkennens: Auf der einen Seite die Algebraaufgaben, die nach und nach gelöst werden können und von einem entsprechenden Erleben der Lösungsnähe begleitet werden, auf der anderen Seite Probleme, die davon abhängen, dass die Aufgabenstellung richtig organisiert wird, was sich in einer völligen Unkenntnis der Lösungsnähe ausdrückt.

Man kann nun davon ausgehen, dass die mittlere Verarbeitungsleichtigkeit für Algebraaufgaben und Einsichtsaufgaben etwa gleich sei: Bei den Algebraaufgaben war die Verarbeitung nie sehr leicht, aber auch kaum sehr schwierig. Bei den Einsichtsaufgaben war die Verarbeitung immer sehr schwierig, bis kurz vor der Lösung des Problems, da dürfte die Verarbeitung sehr leicht vonstatten gehen. Die Frage ist nun: Wenn beide Arten von Problemen etwa gleiche durchschnittliche Verarbeitungsleichtigkeit besitzen, aber die Verläufe derselben unterschiedlich sind, wie steht es um die affektiven Konsequenzen bei den beiden Arten von Problemen?

Um zu dieser Frage eine Hypothese bilden zu können, greife ich auf Studien von Kahneman und seinen Mitarbeitern zurück, die aufzeigten, dass Personen bei der nachträglichen Beurteilung einer affektiv bedeutsamen Episode die Länge der Episode vernachläßigen und vor allem die höchste emotionale Intensität während einer Episode und die emotionale Intensität am Ende einer Episode für die Urteilsbildung berücksichtigen. So konnten Fredrickson & Kahneman (1993) zeigen, dass Versuchspersonen, die einen Film über die Amputation eines Armes anschauten, die Dauer dieser emotional negativen Episode überhaupt nicht in ihr Urteil einbezogen: Ob der Film kurz oder lang war, spielte für dessen Beurteilung keine Rolle. Dies galt auch für emotional positive Filme (Pinguine beim Spielen). Ähnliche Ergebnisse ergab auch eine Untersuchung von Kahneman, Fredrickson, Schreiber, & Redelmeier (1993), in der Personen ihre Hand für eine Minute in 14°C kaltes Wasser halten mussten (Bedingung 1) sowie für eine Minute in 14°C kaltes Wasser und anschließend für dreissig Sekunden in 15°C kaltes Wasser (Bedingung 2). Obwohl in Bedingung 2 die gleiche unangenehme Erfahrung wie in Bedingung 1 gemacht wurde plus eine zusätzliche, etwas weniger unangenehme Erfahrung, bevorzugte eine Mehrheit der Versuchspersonen Bedingung 2. Zusammenfassend verwenden Personen zwei Variablen, um eine Episode bezüglich ihrer Emotionalität zu beurteilen: Erstens die höchste Intensität einer Emotion oder Empfindung, die innerhalb der Episode vorgekommen ist, und zweitens die Intensität der Emotion oder Empfindung, die am Ende vorgekommen ist.

Aus diesen Untersuchungen und aus unseren Untersuchungen zur Verarbeitungsleichtigkeit lässt sich nun ableiten, dass eine Problemlösung, die von einer Einsicht begleitet ist, affektiv positiver erlebt werden sollte als ein schrittweise lösbares Problem: Wie oben geschildert, hat eine schrittweise Problemlösung einen mittleren Schwierigkeitsgrad über längere Zeit, was sich in einer mittleren Verarbeitungsleichtigkeit und damit wenig intensiven positiven Emotionen über längere Zeit ausdrückt. Bei Einsichtsproblemen ist die Schwierigkeit vorerst hoch, verbunden mit geringer Verarbeitungsleichtigkeit und entsprechend neutralen Emotionen; erst am Schluss — nach der Lösung des Problems, begleitet vom phänomenalen Gefühl der Einsicht — wird die Verarbeitungsleichtigkeit hoch, was zu intensiven positiven Emotionen führt. Verwenden Personen auch bei dieser Art von Problemlösungen die Regel, die intensivste Emotion und diejenige am Ende der Episode zur emotionalen Beurteilung der Episode heranzuziehen, dann werden Einsichtsprobleme eindeutig als positiver beurteilt: Die intensivste Emotion wird — wohl bei beiden Problemarten — am Schluss der Problemlösung erlebt, aber diese positiven Emotionen bei und vor allem am Ende der Lösung von Einsichtsproblemen sind intensiver als bei schrittweise lösbaren Problemen.

Auch hier müssen aber Einschränkungen gemacht werden: Erlebt eine Person zum Beispiel bei der Lösung von Einsichtsproblemen — nicht aber bei der Lösung von schrittweise lösbaren Problemen — starke negative Emotionen, dann dürften die oben genannten Annahmen nicht gelten.

7.2.4. Wirkungen perzeptueller Geläufigkeit: Anwendungsbereiche

Die vorliegende Arbeit behandelt Grundlagenforschung: Die Experimente sind so angelegt, dass die theoretisch interessante Frage angegangen werden kann, ob perzeptuelle Geläufigkeit evaluative Urteile beeinflusst. Diese Frage ist aber nicht nur von akademischem Interesse, sondern auch für Anwendungsgebiete wie die Werbung oder die Beurteilung eigener Leistungen im Betrieb oder in der Schule.

Am offensichtlichsten ist die Anwendung der hier präsentierten Ergebnisse für die Werbung: Werbung, die leicht verarbeitet werden kann, gefällt. Die Frage ist nun, ob die positive affektive Bewertung der Werbung zu einer Erhöhung der Verkaufszahlen führt. Dies scheint in der Tat der Fall zu sein: Meta-Analysen zeigen, dass das Gefallen der Werbung zu einer positiveren Bewertung des Produkts führt, was wiederum zu höheren Verkaufszahlen führt (vgl. Walker, & Dubitsky 1994). Unsere Ergebnisse deuten auch darauf hin, dass die Verarbeitungleichtigkeit von Aussagen den beurteilten Wahrheitsgehalt beeinflusst. Dies bestätigt die klassische Ansicht von Le Bon (1982/1895), wonach einfache und emotionale Botschaften mehr Wirkung auf das Publikum zeigen als vernunftbasierte Argumente. Hier sind einige Einschränkungen zu machen: Erstens stellte Le Bon emotionale Botschaften rationalen Argumenten gegenüber; die Frage ist, ob die Emotionalität der Botschaft oder die Leichtigkeit der Verarbeitung die entscheidende Rolle spielt. Würde eine schwierig zu verarbeitende emotionale Botschaft mehr Wirkung erzielen als ein leicht verständliches rationales Argument? Dies ist eine Herausforderung für die künftige Forschung. Darüberhinaus ist dürfte die Wirkung nicht nur darin bestehen, dass die Aussagen für wahrer gehalten werden, sondern dass wiederum leicht verständliche Aussagen besser gefallen und deshalb eine positivere Bewertung erfahren. Weiter wäre zu prüfen, wie stark die Wirkung perzeptueller Geläufigkeit auf Wahrheitsurteile in der Praxis ist; es besteht durchaus die Möglichkeit, dass dieser Effekt theoretisch interessant ist, aber zu schwach, um praxisrelevant zu sein.

In Abschnitt 7.2.2. haben wir mögliche Auswirkungen der Verarbeitungsleichtigkeit auf die Beurteilung eigener Leistungen diskutiert. Erste Ergebnisse liegen vor (Reber & Ruch-Monachon, 2001) und stützen die Annahme, dass bei höherer Verarbeitungsleichtigkeit die eigene Leistung als besser beurteilt wird. Können diese Ergebnisse weiter bestätigt werden, dürfte diese für die betriebliche und schulische Praxis relevant werden; vor allem bei Fehleinschätzungen eigener Leistungen stellt sich die Frage, ob Personen eine Leistung falsch, aber mit subjektiv erlebter Leichtigkeit erbringen können. Weiter könnte man sich erklären, warum gute Leistungen, die einem leicht fallen, den Spass an der Ausübung einer Tätigkeit erhöht. Dies läge nicht unbedingt an einer Bewertung der Leistung, die zu einer positiven Emotion wie Freude oder Stolz führt, sondern möglicherweise daran, dass sich die Leichtigkeit der Ausübung einer Tätigkeit – vor allem wenn sie keine Routinetätigkeit darstellt – direkt zu positivem Affekt führt, vergleichbar also zur affektiv positiven Wirkung perzeptueller Geläufigkeit.

Insgesamt dürfte die Erforschung der Auswirkungen perzeptueller Geläufigkeit zu Einsichten führen, die praktische Probleme, wie die visuelle Verarbeitung von Werbung oder die Berteilung eigener Leistungen und deren affektive Konsequenzen, in neuem Licht erscheinen lassen.

7.3 Schluss

Nach der Beschreibung verschiedener Phänomene zur nichtanalytischen Verarbeitung wurde die subjektive Erfahrung perzeptueller Geläufigkeit als eine mögliche nichtanalytische Grundlage von Urteilen diskutiert. In 13 Experimenten konnte ein Einfluss der perzeptuellen Geläufigkeit auf evaluative Urteile nachgewiesen werden, sehr klar bei affektiven Urteilen, erst in Ansätzen bei Wahrheitsurteilen.

Zum Zeitpunkt der Niederschrift dieses Schlussabschnitts werden verschiedene Projekte verfolgt, die an die hier beschriebene Forschung anschließen. Ich möchte drei solcher Projekte herausgreifen und kurz beschreiben: Erstens hat Piotr Winkielman zusammen mit John Cacioppo an der Ohio State University die Experimente 1 und 3 (Experiment 2 dieser Schrift) aus Reber et al. (1998) repliziert und zusätzlich elektrophysiologische Daten erhoben, die positiven bzw. negativen Affekt indizieren (Winkielman & Cacioppo, submitted). In der Tat konnten die Beurteilungsdaten repliziert werden und klare elektromyographische Hinweise dafür gefunden werden, dass perzeptuelle Geläufigkeit affektiv positiv ist. Hiermit konnte mit physiologischen Methoden gezeigt werden, dass in den hier präsentierten Experimenten nicht Aufgabencharakteristika zu den von uns erhaltenen affektiven Urteilen führten (vgl. auch Experiment 9), sondern dass hinter diesen affektiven Urteilen genuiner Affekt vorhanden ist.

Zweitens stellten Phaf, Rotteveel & Spijksma (submitted) die Hypothese auf, dass die von uns gezeigte Geläufigkeits-Affekt-Verbindung umkehrbar ist, d.h. dass emotional positive Stimuli die erlebte Geläufigkeit erhöhen. Um diese Annahme zu testen, führten sie ein Experiment durch, das sich an das von Jacoby und Whitehouse (1989) verwandte Paradigma anlehnte. Phaf et al. präsentierten Items in rascher Folge. In einem Wiedererkennungstest sahen die Versuchspersonen Lern-Items, zusammen mit neuen Items. Orthogonal gekreuzt zur Alt-Neu-Bedingung wurden Primewörter präsentiert, die entweder emotional positiv oder negativ waren. Die Autoren fanden, dass Primewörter mit positiver Valenz zu schnelleren Erkennungszeiten und zu mehr "Alt"-Urteilen führten. Darüberhinaus konnten sie das Ergebnis von Jacoby und Whitehouse replizieren, indem sie mit dem Zielwort identische oder unterschiedliche Primewörter verwendeten: Es gab mehr "Alt"-Urteile mit identischen als mit unterschiedlichen Primes. Dies heisst, dass emotional positive Primewörter ähnlich wirkten wie identische Primewörter, indem sie die perzeptuelle Geläufigkeit der Zielwörter und damit verbunden die "Alt"-Urteile erhöhte. Dagegen wirkten emotional negative Primewörter ähnlich wie unterschiedliche Primewörter, indem eine niedrige perzeptuelle Geläufigkeit resultierte und eine niedrige Rate an "Alt"-Urteilen.

Drittens konnte Lioba Werth (2000) zeigen, dass Manipulationen der perzeptuellen Geläufigkeit über Figur-Grund-Kontrast, wie sie in Experiment 11 bis 13 beschrieben sind, auch den „I-knew-it-all-along"-Effekt beeinflussten: Je höher der Figur-Grund-Kontrast der gestellten Frage, desto eher hatten die Versuchspersonen das Gefühl, ein Faktum schon gewusst zu haben.

Schließlich konnte mit einem neuen experimentellen Paradigma gezeigt werden, dass Verarbeitungsleichtigkeit nicht nur auf evaluative Urteile wirkt, sondern auch auf Wahrscheinlichkeits- und Häufigkeitsurteile (Reber, Haerter, Sollberger, & Perrig, 1999; Reber & Zupanek, in preparation). Neu an diesen Experimenten ist, dass eine experimentelle Manipulation der Verarbeitungsleichtigkeit zu einer Verzerrung von Wahrscheinlichkeits- und Häufigkeitsurteilen führte. All diese Befunde — die in dieser Schrift berichteten und erste Befunde aus neuen Projekten — zeigen auf, dass Verarbeitungsleichtigkeit eine wichtige nichtanalytische Grundlage für verschiedene Urteile sein dürfte und damit eine wichtige Alternative zu analytischen Grundlagen von Urteilen und Entscheidungen. Wie weit Verarbeitungsleichtigkeit Urteile und Entscheidungen beeinflusst, ist noch offen, es scheint aber, dass sich hier ein spannendes Forschungfeld öffnet, in das Erkenntnisse der Sozialpsychologie ebenso einfließen wie Befunde der Denk-, Gedächtnis- und Wahrnehmungspsychologie.

Literaturverzeichnis

Allan, L. G. (1979). The perception of time. *Perception & Psychophysics, 26*, 340-354.

Altmann, G.T.M., Dienes, Z., & Goode, A. (1995). Modality independence of implicitly learned grammatical knowledge. *Journal of Experimental Psychology: Learning, Memory, and Cognition, 21*, 899-912.

Arak, A., & Enquist, M. (1993). Hidden preferences and the evolution of signals. *Philosophical Transactions of the Royal Society London, B340*, 207-213.

Arkes, H. R., Hackett, C., & Boehm, L. (1989). The generality of the relation between familiarity and judged validity. *Journal of Behavioral Decision Making, 2*, 81-94.

Arnheim, R. (1966). *Toward a psychology of art*. Berkeley, CA: University of California Press.

Arnheim, R. (1974). *Art and visual perception. The new version*. Berkeley, CA: University of California Press.

Backman, C. W. (1988). The self: A dialectical approach. In L. Berkowitz (Ed.), *Advances in experimental social psychology* (Vol. 21, pp. 229-260). New York: Academic Press.

Bacon, F. T. (1979). Credibility of repeated statements: Memory for trivia. *Journal of Experimental Psychology: Human Learning and Memory, 5*, 241-252.

Bargh, J. A., & Pietromonaco, P. (1982). Automatic information processing and social perception: the influence of trait information presented outside of conscious awareness on impression formation. *Journal of Personality and Social Psychology, 43*, 437-449.

Barsalou, L.W. (1990). On the indistinguishability of exemplar memory and abstraction in category representation. In T.K. Srull & R.S. Wyer (Eds.), *Advances in social cognition* (Vol. 3, pp. 61-88). Hillsdale, NJ: Lawrence Erlbaum.

Begg, I. M., Anas, A., & Farinacci, S. (1992). Dissociation of processes in belief: Source recollection, statement familiarity, and the illusion of truth. *Journal of Experimental Psychology: General, 121*, 446-458.

Begg, I., Armour, V., & Kerr, T. (1985). On believing what we remember. *Canadian Journal of Behavioural Science, 17*, 199-214.

Begg, I. M., & Armour, V. (1991). Repetition and the ring of truth. *Canadian Journal of Behavioral Science, 23*, 195-213.

Begg, I., Duft, S., Lalonde, P., Melnick, R., & Sanvito, J. (1989). Memory predictions are based on ease of processing. *Journal of Memory and Language, 28*, 610-632.

Belli, R.F., Winkielman, P., Read, J.D., Schwarz, N., & Lynn, S.J. (1998). Recalling more childhood events leads to judgments of poorer memory: Implications for the recovered/false memory debate. *Psychonomic Bulletin & Review, 5*, 318-323.

Benjamin, A.S., Bjork, R.A., & Schwartz, B.L. (1998). The mismeasure of memory: When retrieval fluency is misleading as a metacognitive index. *Journal of Experimental Psychology: General, 127*, 55-68.

Berlyne, D. E. (1960). *Conflict, arousal and curiosity*. New York: McGraw-Hill.

Berlyne, D. E. (1974). Verbal and exploratory responses to visual patterns varying in uncertainty and in redundancy. In D. E. Berlyne (Ed.), *Studies in the new experimental aesthetics*, (pp. 121-158). New York: Wiley.

Berry, D. C., & Dienes, Z. (1993). *Implicit learning: Theoretical and empirical issues.* Hove, UK: Lawrence Erlbaum.

Bharucha, J. J., & Stoeckig, K. (1986). Reaction time and musical expectancy: Priming of chords. *Journal of Experimental Psychology: Human Perception & Performance, 12*, 403-410.

Bharucha, J. J., & Stoeckig, K. (1987). Priming of chords: Spreading activation or overlapping frequency spectra? *Perception & Psychophysics, 41*, 519-524.

Biederman, I., & Cooper, E. E. (1991). Priming contour-deleted images: Evidence for intermediate representations in visual object recognition. *Cognitive Psychology, 23*, 393-419.

Biederman, I., Hilton, H. J., & Hummel, J. E. (1991). Pattern goodness and pattern recognition. In G. R. Lockhead, & J. R. Pomerantz (Eds.), *The perception of structure*, (pp. 73-95). Washington, DC: American Psychological Association.

Bigand, E., & Pineau, M. (1997). Global context effects on musical expectancy. *Perception & Psychophysics, 59*, 1098-1107.

Blaxton, T. A. (1989). Investigating dissociations among memory measures: Support for a transfer appropriate processing framework. *Journal of Experimental Psychology: Learning, Memory, and Cognition, 15*, 657-668.

Bless, H., Bohner, G., & Schwarz, N. (1991). Gut gelaunt und leicht beeinflussbar? Stimmungseinflüsse auf die Verarbeitung persuasiver Kommunikation. *Psychologische Rundschau*, 43, 1-17.

Bornstein, R. F. (1989). Exposure and affect: Overview and meta-analysis of research 1968-1987. *Psychological Bulletin, 106*, 265-289.

Bornstein, R. F., & D'Agostino, P. R. (1994). The attribution and discounting of perceptual fluency: Preliminary tests of a perceptual fluency/attributional model of the mere exposure effect. *Social Cognition, 12*, 103-128.

Boucart, M., & Humphreys, G.W. (1994). Attention to orientation, size, luminance, and color: Attentional failure within the form domain. *Journal of Experimental Psychology: Human Perception and Performance, 20*, 61-80.

Brown, A. S., & Nix, L. A. (1996). Turning lies into truths: Referential validation of falsehoods. *Journal of Experimental Psychology: Learning, Memory, and Cognition, 22*, 1088-1100.

Buchner, A. (1994). Indirect effects of synthetic grammar learning in an identification task. *Journal of Experimental Psychology: Learning, Memory, and Cognition, 20*, 550-566.

Buss, D. M. (1994). *The evolution of desire.* New York: Basic Books.

Carroll, M., Byrne, B., & Kirsner, K. (1985). Autobiographical memory and perceptual learning: A developmental study using picture recognition, naming latency, and perceptual identification. *Memory & Cognition, 13*, 273-279.

Chaiken, S. (1980). Heuristic versus systematic information processing and the use of source versus message cues in persuasion. *Journal of Personality and Social Psychology, 39*, 752-766.

Chaiken, S., Liberman, A., & Eagly, A. H. (1989). Heuristic and systematic information processing within and beyond the persuasion context. In J. S. Uleman, & J. A. Bargh (Eds.), *Unintended thought*, (pp. 212-252). New York: Guilford Press.

Chaiken, S., Wood, W., & Eagly, A. H. (1996). Principles of persuasion. In E. T. Higgins, & A. W. Kruglanski (Eds.), *Social psychology: Handbook of basic principles*, (pp. 702-742). New York: Guilford.

Checkosky, S. F., & Whitlock, D. (1973). The effects of pattern goodness on recognition time in a memory search task. *Journal of Experimental Psychology, 100*, 341-348.

Claparède, E. (1911). Récognition et moiïté. *Archives de Psychologie, 11*, 79-90.

Clore, G. L. (1992). Cognitive phenomenology: Feelings and the construction of judgment. In L.L. Martin, & A. Tesser (Eds.), *The construction of social judgements*, (pp. 133-164). Hillsdale, NJ: Erlbaum.

Cofer, C. N. (1967). Conditions for the use of verbal associations. *Psychological Bulletin, 68*, 1-12.

Cohen, J. D., MacWhinney, B., Flatt, M., & Provost, J. (1993). PsyScope: A new graphic interactive environment for designing psychology experiments. *Behavioral Research Methods, Instruments & Computers, 25*, 257-271.

Damrad-Frye, R., & Laird, J. D. (1989). The experience of boredom: The role of the self-perception of attention. *Journal of Personality and Social Psychology, 57*, 315-320.

Danion, J. M., Zimmermann, M. A., Willard-Schroeder, D., Grangé, D., Welsch, M., Imbs, J. L., & Singer, L. (1990). Effects of scopolamine, trimipramine and diazepam on explicit memory and repetition priming in healthy volunteers. *Psychopharmacology, 102*, 422-424.

Darwin, C. R. (1872). *The expression of emotions in man and animals*. London: John Murray.

Devine, P. G. (1989). Stereotypes and prejudice: Their automatic and controlled components. *Journal of Personality and Social Psychology, 56*, 5-18.

Dickie, G. (1997). *Introduction to Aesthetics*. Oxford: Oxford University Press.

Donnelly, N., Humphreys, G. W., & Riddoch, M. J. (1991). Parallel computation of primitive shape descriptors. *Journal of Experimental Psychology: Human Perception and Performance, 17*, 561-570.

Dulany, D. E., Carlson, R. A., & Dewey, G. I. (1984). A case of syntactical learning and judgment: How conscious and how abstract? *Journal of Experimental Psychology: General, 113*, 541-555.

du Plessis, E. (1994, May/June). Recognition versus recall. *Journal of Advertising Research, 34*, 75-91.

Dupré, J. (1993). *The disorder of things: Metaphysical foundations of the disunity of science*. Cambridge, MA: Harvard University Press.

Durgunoglu, A. Y., & Roediger, H. L. (1987). Test differences in accessing bilingual memory. *Journal of Memory and Language, 26*, 377-391.

Ekman, P. (1984). Expression and the nature of emotion. In K.R. Scherer & P. Ekman (Eds.), *Approaches to emotion* (pp. 319-344). Hillsdale, N.J.: Erlbaum.

Ellsworth, P.C. (1991). Some implications of cognitive appraisal theories of emotion. In K.T. Strongman (Ed.), *International review of studies on emotion, Vol. 1* (pp. 143-161). New York: Wiley.

Enquist, M., & Arak, A. (1993). Selection of exaggerated male traits by female aesthetic senses. *Nature, 361*, 446-448.

Enquist, M., & Arak, A. (1994). Symmetry, beauty and evolution. *Nature, 372*, 169-172.

Fechner, G.T. (1865). Über die Frage des goldenen Schnitts. *Archiv für die zeichnenden Künste, 11*, 100-112.

Fechner, G.T. (1876). *Vorschule der Ästhetik.* Leipzig: Breitkopf & Härtel.

Feustel, T. C., Shiffrin, R. M., & Salasoo, A. (1983). Episodic and lexical contributions to the repetition effect in word identification. *Journal of Experimental Psychology: General, 112*, 309-346.

Flammer, A. (1990). *Erfahrung der eigenen Wirksamkeit. Einführung in die Psychologie der Kontrolle.* Bern: Huber.

Flammer, A., Ito, T., Lüthi, R., Plaschy, N., Reber, R., Zurbriggen, L., & Sugimine, H. (1995). Coping with control-failure in Japanese and Swiss adolescents. *Swiss Journal of Psychology, 54*, 277-288.

Flammer, A., Reisbeck, C., & Stadler, S. (1985). Typikalitätsnormen für dreizehn Begriffe in einer deutschschweizerischen Studentenpopulation. *Sprache und Kognition, 4*, 49-63.

Foley, J.M., & Legge, G.E. (1981). Contrast detection and near-threshold discrimination in human vision. *Vision Research, 21*, 1041-1053.

Fowler, C. A., Wolford, G., Slade, R., & Tassinary, L. (1981). Lexical access with and without awareness. *Journal of Experimental Psychology, General, 110*, 341-362.

Fredrickson, B. L., & Kahneman, D. (1993). Duration neglect in retrospective evaluations of affective episodes. *Journal of Personality and Social Psychology, 65*, 45-55.

Frijda, N. (1986). *The emotions.* Cambridge: Cambridge University Press.

Frijda, N. (1993). The place of appraisal in emotion. *Cognition and Emotion, 7*, 357-387.

Gardiner, J. M. (1988). Functional aspects of recollective experience. *Memory & Cognition, 16*, 309-313.

Gardiner, J. M., & Java, R. I. (1990). Recollective experience in word and nonword recognition. *Memory & Cognition, 18*, 23-30.

Gardiner, J. M., & Klee, H. (1976). Memory for remembered events: An assessment of output monitoring in free recall. *Journal of Verbal Learning and Verbal Behavior, 15*, 227-233.

Gardiner, J. M., & Parkin, A. J. (1990). Attention and recollective experience in recognition memory. *Memory & Cognition, 18*, 579-583.

Gardiner, J. M., Richardson-Klavehn, A., & Ramponi, C. (1997). On reporting recollective experiences and „direct access to memory systems“. *Psychological Science, 8*, 391-394.

Garner, W. R. (1974). *The processing of information structure.* Potomac, MD: Lawrence Erlbaum.

Garner, W. R., & Clement, D. E. (1963). Goodness of pattern and pattern uncertainty. *Journal of Verbal Learning and Verbal Behavior, 2*, 446-452.

Gigerenzer, G. (1984). External validity of laboratory experiments: The frequency-validity relationship. *American Journal of Psychology, 97*, 185-195.

Gilbert, D. T., Krull, D. S., & Malone, P. S. (1990). Unbelieving the unbelievable: Some problems in the rejection of false information. *Journal of Personality and Social Psychology, 59*, 601-613.

Gilbert, D. T., Pelham, B. W., & Krull, D. S. (1988). On cognitive busyness: When person perceivers meet persons perceived. *Journal of Personality and Social Psychology, 54*, 733-740.

Gleason, J.B., & Ratner, N.B. (1993). *Psycholinguistics.* Fort Worth, TX: Harcourt Brace.

Gould, S. J., & Lewontin, R. C. (1979). The spandrels of San Marco and the Panglossian paradigm: A critique of the adaptationist programme. *Royal Society of London. Proceedings B, 205*, 581-598.

Graf, P., & Mandler, G. (1984). Activation makes words more accessible, but not necessarily more retrievable. *Journal of Verbal Learning and Verbal Behavior, 23*, 553-568.

Graf, P., Mandler, G., & Haden, P. (1982). Simulating amnesic symptoms in normal subjects. *Science, 218*, 1243-1244.

Graf, P., Squire, L. R., & Mandler, G. (1984). The information that amnesic patients do not forget. *Journal of Experimental Psychology: Human Learning and Memory, 10*, 164-178.

Greenwald, A.G., Bellezza, F.S., & Banaji, M.R. (1988). Is self-esteem a central ingredient of the self-concept? *Personality and Social Psychology Bulletin, 14*, 34-45.

Grice, H. P. (1975). Logic and conversation. In P. Cole, & J. L. Morgan (Eds.), *Syntax and semantics: Vol. 3: Speech acts*, (pp. 41-58). New York: Academic Press.

Groner, R., & Fraisse, P. (1982). *Cognition and eye movements.* Amstersam: North Holland.

Groner, R., & Groner, M.T. (1990). Heuristische versus algorithmische Orientierung als Dimension des individuellen kognitiven Stils. In K. Grawe, R. Hänni, N. Semmer, & F. Tschan (Hrsg.), *Über die richtige Art, Psychologie zu betreiben* (pp. 315-330). Göttingen: Hogrefe.

Gujarati, D. N. (1995). *Basic econometrics, third edition.* New York: McGraw-Hill.

Haber, R. N. (1965). The effect of prior knowledge of the stimulus upon word recognition processes. *Journal of Experimental Psychology, 69*, 282-286.

Haber, R. N., & Hershenson, M. (1965). The effects of repeated brief exposures on growth of a percept. *Journal of Experimental Psychology, 69*, 40-46.

Haber, R. N., & Hillman, E. R. (1966). The effect of repetition on the perception of single letters. *Perception & Psychophysics, 1*, 347-350.

Haddock, G., Rothman, A.J., Reber, R., & Schwarz, N. (1999). Forming judgments of attitude certainty, intensity, and importance: The role of subjective experiences. *Personality and Social Psychology Bulletin, 25*, 771-782.

Haith, M. M., Hazan, C., & Goodman, G. S. (1988). Expectation and anticipation of dynamic visual events by 3.5-month-old babies. *Child Development, 59*, 467-479.

Haith, M. M., & McCarty, M. E. (1990). Stability of visual expectation at 3.0 months of age. *Developmental Psychology, 26*, 68-74.

Hamann, S. B. (1990). Levels-of-processing effects in conceptually driven implicit tasks. *Journal of Experimental Psychology: Human Learning and Memory, 17*, 970-977.

Hammerl, M., & Grabitz, H.-J. (1993). Bewusstes vs. unbewusstes Lernen: Neue Ergebnisse zu einer alten Kontroverse. In L. Montada (Ed.), *Bericht über den 38. Kongress der deutschen Gesellschaft für Psychologie in Trier 1992, Band 2* (pp. 199-206). Göttingen: Hogrefe.

Harman-Jones, E., & Allen, J. J. B. (1998). *Probing the mere exposure effect with psychophysiological indices of affect.* University of Arizona: Unpublished manuscript.

Hasher, L., Goldstein, D., & Toppino, T. (1977). Frequency and the conference of referential validity. *Journal of Verbal Learning and Verbal Behavior, 16*, 107-112.

Hasher, L., & Zacks, R.T. (1979). Automatic and effortful processes in memory. *Journal of Experimental Psychology: General, 108*, 356-388.

Hashtroudi, S., Parker, E. S., DeLisi, L. E., Wyatt, R. J., & Mutter, S. A. (1984). Intact retention in acute alcohol amnesia. *Journal of Experimental Psychology: Learning, Memory, and Cognition, 10*, 156-163.

Hekkert, P. (1995). *Artful judgments.* Technische Universiteit Delft: Doctoral thesis.

Hekkert, P., & van Wieringen, P.C.W. (1990). Complexity and prototypicality as determinants of appraisal of cubist paintings. *British Journal of Psychology, 81*, 483-495.

Higgins, E. T., Rholes, W. S., & Jones, C. R. (1977). Category accessibility and impression formation. *Journal of Experimental Social Psychology, 13*, 141-154.

Hinton, G. E., & Anderson, J. (1981). *Parallel models of associative memory.* Hillsdale, NJ: Lawrence Erlbaum.

Hofer, D. (1992). *Unbewusste Verhaltenssteuerung.* Regensburg: Roderer.

Hofer, D., & Perrig, W. J. (1990). Unbewusstes Bilderkennen. *Zeitschrift für experimentelle und angewandte Psychologie, 37*, 580-593.

Höge, H. (1997). The Golden Section hypothesis — its last funeral. *Empirical Studies of the Arts, 15*, 233-255.

Holyoak, K. J. (1995). Problem Solving. In E. E. Smith, & D. N. Osherson (Eds.), *An invitation to cognitive science, Vol. 3: Thinking*, (pp. 267-296). Cambridge, MA: MIT Press.

Howard, D. V. (1988). Implicit and explicit assessment of cognitive aging. In M.L. Howe, & C.J. Brainerd (Ed.), *Cognitive development in adulthood*, (pp. 3-37). New York: Springer.

Howard, J. H., & Ballas, J. A. (1982). Acquisition of acoustic pattern categories by exemplar observation. *Organizational Behavior and Human Performance, 30*, 157-182.

Howard, J. H., Mutter, S. A. & Howard, D. V. (1992). Serial pattern learning by event observation. *Journal of Experimental Psychology: Learning, Memory, and Cognition, 18*, 1029-1040.

Humphreys, G. W. (1981). Direct vs. indirect tests of information available from masked displays: What visual masking does and does not prevent. *British Journal of Psychology, 72*, 323-330.

Jacoby, L. L. (1991). A process dissociation framework. Separating automatic from intentional uses of memory. *Journal of Memory and Language, 30*, 513-541.

Jacoby, L.L., & Brooks, L.R. (1984). Nonanalytic cognition: Memory, perception, and concept learning. In G.H. Medin (Ed.), *The psychology of learning and motivation, Vol. 18* (pp. 1-47). Orlando: Academic Press.

Jacoby, L. L., & Dallas, M. (1981). On the relationship between autobiographical memory and perceptual learning. *Journal of Experimental Psychology: General, 110*, 306-340.

Jacoby, L. L., Kelley, C. M., Brown, J., & Jasechko, J. (1989a). Becoming famous overnight: Limits on the ability to avoid unconscious influences of the past. *Journal of Personality and Social Psychology, 56*, 326-338.

Jacoby, L. L., Kelley, C. M., & Dywan, J. (1989b). Memory attributions. In H.L. Roediger, & F.I.M. Craik (Eds.), *Varieties of memory and consciousness: Essays in honour of Endel Tulving*, (pp. 391-422). Hillsdale, NJ: Erlbaum.

Jacoby, L. L., & Whitehouse, K. (1989). An illusion of memory: False recognition influenced by unconscious perception. *Journal of Experimental Psychology: General, 118*, 126-135.

Jacoby, L. L., Woloshyn, V., & Kelley, C. (1989c). Becoming famous without being recognized: Unconscious influences of memory produced by dividing attention. *Journal of Experimental Psychology: General, 118*, 115-125.

James, W. (1884). What is an emotion? *Mind, 9*, 188-205.

Johnson, M. K., & Hasher, L. (1987). Human learning and memory. *Annual Review of Psychology, 38*, 631-668.

Johnston, W. A., Dark, V., & Jacoby, L. L. (1985). Perceptual fluency and recognition judgments. *Journal of Experimental Psychology: Learning, Memory, and Cognition, 11*, 3-11.

Jones, E. E., Davis, K. E. (1965). From acts to dispositions: The attribution process in person perception. In L. Berkowitz (Ed.), *Advances in experimental social psychology* (Vol. 2, pp. 220-266). New York: Academic Press.

Kahneman, D., Fredrickson, B.L., Schreiber, C.A., & Redelmeier, D.A. (1993). When more pain is preferred to less: Adding a better end. *Psychological Science, 4*, 401-405.

Kanisza, G. (1979). *Organization in vision: Essays on Gestalt perception.* New York: Praeger.

Keppel, G. (1991). *Design and analysis: A researcher's handbook.* Englewood Cliffs, N.J.: Prentice Hall.

Kihlstrom, J. F. (1987). The cognitive unconscious. *Science, 237*, 1445-1452.

Kihlstrom, J. F., & Couture, L. J. (1992). Awareness and information processing in general anaesthesia. *Journal of Psychopharmacology, 6*, 410-417.

Kihlstrom, J. F., Schacter, D. L., Cork, R. C., Hurt, C. A., & Behr, S. E. (1990). Implicit and explicit memory following surgical anaesthesia. *Psychological Science, 1*, 303-306.

Kilborn, K. (1994). Learning a language late: Second language acquisition in adults. In M. A. Gernsbacher (Ed.), *Handbook of Psycholinguistics* (pp. 917-944). San Diego: Academic Press.

Klayman, J., & Ha, Y-W. (1987). Confirmation, disconfirmation, and information in hypothesis testing. *Psychological Review, 94*, 211-228.

Knowlton, B. J., Ramus, S. J., & Squire, L. R. (1992). Intact artificial grammar learning in amnesia: Dissociation of abstract knowledge and memory for specific instances. *Psychological Science, 3*, 172-179.

Knowlton, B. J., & Squire, L. R. (1994). The information acquired during artificial grammar learning. *Journal of Experimental Psychology: Learning, Memory, and Cognition, 20*, 79-91.

Koch, I., & Hoffmann, J. (2000). The role of stimulus-based and response-based spatial information in sequence learning. *Journal of Experimental Psychology: Learning, Memory, and Cognition, 26*, 863-882.

Koffka, K. (1935). *Principles of gestalt psychology*. London: Routledge & Kegan Paul.

Köhler, W. (1925). *The mentality of apes*. New York: Harcourt Brace.

Koriat, A. (1993). How do we know that we know? The accessibility model of the feeling of knowing. *Psychological Review, 100*, 609-639.

Koriat, A., Ben-Zur, H., & Sheffer, D. (1988). Telling the same story twice: Output monitoring and age. *Journal of Memory and Language, 27*, 23-39.

Korsakoff, S. S. (1889). Etude médico-psychologique sur une forme des maladies de la mémoire. *Revue Philosophique, 28*, 501-530.

Kowler, E. (1995). Eye movements. In E.E. Smith & D.N. Osherson (Eds.), *An invitation to cognitive science, vol. 3: Thinking, 2nd edition* (pp. 77-100). Cambridge, MA: MIT Press.

Kowler, E., & Blaser, E. (1995). The accuracy and precision of saccades to small and large targets. *Vision Research, 35*, 1741-1754.

Kubovy, M. (1977). Response availability and the apparent spontaneity of numerical choices. *Journal of Experimental Psychology: Human Perception and Performance, 3*, 359-364.

Kunst-Wilson, W. R., & Zajonc, R. B. (1980). Affective discrimination of stimuli that cannot be recognized. *Science, 207*, 557-558.

LaBerge, D., & Samuels, S.J. (1974). Toward a theory of automatic information processing in reading. *Cognitive Psychology, 6*, 293-323.

Lambert, K., & Brittan, G.G. (1991). *Eine Einführung in die Wissenschaftsphilosophie*. Berlin: Walter de Gruyter (orig. 1987: *An introduction to the philosophy of science, 3rd edition*. New York: Ridgeview).

Lange, C. (1887). *Über Gemütsbewegungen. Eine psycho-physiologische Studie*. Leipzig: Thomas.

Langer, E., Blank, A., & Chanowitz, B. (1978). The mindlessness of ostensibly thoughtful action: The role of „placebic" information in interpersonal interaction. *Journal of Personality and Social Psychology, 36*, 635-642.

Lazarus, R.S. (1991). *Emotion and adaptation*. New York: Oxford University Press.

LeBon, G. (1982). *Psychologie der Massen, 15. Auflage*. Stuttgart: Kröner (orig. 1895: *Psychologie des foules*).

Light, L. L., & Singh, A. (1987). Implicit and explicit memory in young and older adults. *Journal of Experimental Psychology: Learning, Memory, and Cognition, 13*, 531-541.

Locher, P., Cavegn, D., Groner, M., Müller, P., d'Ydewalle, G., & Groner, R. (1993). The effects of stimulus symmetry and task requirements on scanning patterns. In G. d'Ydewalle & J. Van Rensbergen (Eds.), *Perception and Cognition* (pp. 59-70). Amsterdam: North-Holland.

Lombardi, W. J., Higgins, E. T., & Bargh, J. A. (1987). The role of consciousness in priming effects on categorization: Assimilation and contrast as a function of awareness of the priming task. *Personality and Social Psychology Bulletin, 13*, 411-429.

Mackie, D.M., & Worth, L.T. (1989). Cognitive deficits and the mediation of positive affect in persuasion. *Journal of Personality and Social Psychology, 57*, 27-40.
Mackworth, J. F. (1963). The duration of the visual image. *Canadian Journal of Psychology, 17*, 62-81.
Mandler, G. (1980). Recognizing: The judgment of previous occurrence. *Psychological Review, 87*, 252-271.
Mandler, G. (1989). Memory: Conscious and unconscious. In P. R. Solomon, G. R. Goethals, C. M. Kelley, & B. R. Stephens (Eds.), *Memory: Interdisciplinary approaches*, (pp. 84-106). New York: Springer.
Mandler, G., Nakamura, Y., & Van Zandt, B. J. S. (1987). Nonspecific effects of exposure on stimuli that cannot be recognized. *Journal of Experimental Psychology: Learning, Memory, and Cognition, 15*, 646-648.
Martindale, C., & Moore, K. (1988). Priming, prototypicality, and preference. *Journal of Experimental Psychology: Human Perception and Performance, 14*, 661-670.
McGarrigle, J., & Donaldson, M. (1974). Conservation accidents. *Cognition, 3*, 341-350.
Mecklenbräuker, S. (1995). Input- and output-monitoring in implicit and explicit memory. *Psychological Research, 57*, 179-191.
Meier, B., & Perrig, W.J. (1998). Low reliability of perceptual priming: Consequences for the interpretation of functional dissociations between explicit and implicit memory. *Quarterly Journal of Experimental Psychology: Human Experimental Pychology, 53A*, 211-233.
Metcalfe, J., & Wiebe, D. (1987). Intuition in insight and noninsight problem solving. *Memory & Cognition, 15*, 238-246.
Meulemans, T., & Van der Linden, M. (1997). Chunk strength and artificial grammar learning. *Journal of Experimental Psychology: Learning, Memory, and Cognition, 23*, 1007-1028.
Meyer, D. E., & Schwaneveldt, R. W. (1971). Facilitation in recognizing pairs of words: Evidence of a dependence in retrieval operations. *Journal of Experimental Psychology, 90*, 227-234.
Miller, D. T., & Ross, M. (1975). Self-serving biases in the attribution of causality: Fact or fiction? *Psychological Bulletin, 82*, 213-225.
Miller, G.A., Galanter, E., & Pribram, K.H. (1960). *Plans and the structure of behavior.* New York: Holt, Rinehart & Winston.
Moreland, R. L., & Zajonc, R. B. (1977). Is stimulus recognition a necessary condition for the occurence of exposure effects? *Journal of Personality and Social Psychology, 35*, 191-199.
Moreland, R. L., & Zajonc, R. B. (1979). Exposure effects may not depend on stimulus recognition. *Journal of Personality and Social Psychology, 37*, 1085-1089.
Morger, V. (1996). Verarbeitungstiefe-Effekte bei vermeintlich daten-gesteuerten impliziten Tests. *Zeitschrift für Experimentelle Psychologie, 43*, 367-398.
Morger, V. (2000). *Erfahrungsnutzung bei begrifflichen Kognitionen: Episodisch verursachte Flexibilität des semantischen Wissens*. Lengerich: Pabst.
Morris, C.D., Bransford, J.D., & Franks, J.J. (1977). Levels of processing versus transfer appropriate processing. *Journal of Verbal Learning and Verbal Behavior, 16*, 519-533.

Murphy, S. T., & Zajonc, R. B. (1993). Affect, cognition, and awareness: Affective priming with optimal and suboptimal stimulus exposures. *Journal of Personality and Social Psychology, 64*, 723-739.

Naito, M. (1990). Repetition priming in children and adults: Age-related dissociation between implicit and explicit memory. *Journal of Experimental Child Psychology, 50*, 462-484.

Neely, J. H. (1977). Semantic priming and retrieval from lexical memory: Roles of inhibitionless spreading activation and limited-capacity attention. *Journal of Experimental Psychology: General, 106*, 226-254.

Neisser, U. (1976). *Cognition and reality*. San Francisco: Freeman (dt. 1979, *Kognition und Wirklichkeit*. Stuttgart: Klett-Cotta).

Nelson, T.E., Acker, M., & Manis, M. (1996). Irrepressible stereotypes. *Journal of Experimental Social Psychology, 32*, 13-38.

Neumann, R., & Strack, F. (2000). Approach and avoidance: The influence of proprioceptive and exteroceptive cues on encoding of affective information. *Journal of Personality and Social Psychology, 79*, 39-48.

Nisbett, R.E., & Ross, L. (1980). *Human inference: Strategies and shortcomings of social judgment*. Englewood Cliffs, NJ: Prentice-Hall.

Nissen, M.J., & Bullemer, P. (1987). Attentional requirements of learning: Evidence from performance measures. *Cognitive Psychology, 19*, 1-32.

Norenzayan, A., Choi, I., & Nisbett, R.E. (in press). Eastern and Western perceptions of causality for social behavior: Lay theories about personalities and situations. To appear in D. A. Prentice and D. T. Miller (Eds.), *Cultural Divides: The Social Psychology of Intergroup Contact*.

Obermiller, C. (1985). Varieties of mere exposure: The effects of processing style and repetition on affective response. *Journal of Consumer Research, 12*, 17-30.

Osgood, C.E., Suci, G.J., & Tannenbaum, P.H. (1957). *The measurement of meaning*. Urbana: University of Illinois Press.

Paller, K.A. (1990). Recall and stem-completion priming have different electrophysiological correlates and are modified differently by direct forgetting. *Journal of Experimental Psychology: Human Learning and Memory, 16*, 1021-1032.

Palmer, S.E. (1991). Goodness, Gestalt, groups, and Garner: local symmetry subgroups as a theory of figural goodness. In G. R. Lockhead, & J. R. Pomerantz (Eds.), *The perception of structure*, (pp. 23-39). Washington, DC: American Psychological Association.

Palmer, S. E., & Hemenway, K. (1978). Orientation and symmetry: Effects of multiple, near, and rotational symmetries. *Journal of Experimental Psychology: Human Perception and Performance, 4*, 691-702.

Parkin, A. J. (1989). The development and nature of implicit memory. In S. Lewandowsky, J.C. Dunn, & K. Kirsner (Eds.), *Implicit memory: Theoretical issues*, (pp. 231-240). Hillsdale, NJ: Erlbaum.

Parkin, A. J. (1993). Implicit memory across the lifespan. In P. Graf, & M.E.J. Masson (Eds.), *Implicit memory: New directions in cognition, development, and neuropsychology*, (pp. 191-206). Hillsdale, NJ: Lawrence Erlbaum.

Parkin, A. J., Reid, T. K., & Russo, R. (1990). On the diffential nature of implicit and explicit memory. *Memory & Cognition, 18*, 507-514.

Perrig, P., & Perrig, W.J. (1995). Implicit and explicit memory in mentally retarded, learning disabled, and normal children. *Swiss Journal of Psychology, 54*, 77-86.

Perrig, W. J. (1990). Implizites Wissen: Eine Herausforderung für die Kognitionspsychologie. *Schweizerische Zeitschrift für Pychologie, 49*, 234-249.

Perrig, W. J. (1992). Unbewusste Prozesse im Aufbau menschlicher Erkenntnis: Experimentelle Möglichkeiten ihrer Funktionsbestimmung. In U. Gerhard (Hrsg.), *Psychologische Erkenntnisse zwischen Philosophie und Empirie*, (pp. 159-182). Bern: Huber.

Perrig, W. J. (1996). Implizites Lernen. In J. Hoffmann, & W. Kintsch (Eds.), *Enzyklopädie der Psychologie, Band 7: Lernen*, (pp. 203-234). Göttingen: Hogrefe.

Perrig, W. J. (2000). Intuition and levels of control: The non-rational way of reacting, adapting, and creating. In W.J. Perrig, & A. Grob (Eds.), *Control in human behavior, mental processes, and consciousness: Essays in honor of the 60th birthday of August Flammer* (pp. 100-119). Mahwah,NJ: Erlbaum.

Perrig, W. J., & Perrig, P. (1993). Implizites und explizites Bildgedächtnis bei Kindern und Erwachsenen. *Zeitschrift für Entwicklungspsychologie und Pädagogische Psychologie, 25*, 29-47.

Perrig, W. J., Wippich, W., & Perrig, P. (1993). *Unbewusste Informationsverarbeitung*. Bern: Huber.

Perruchet, P. (1994). Defining knowledge units of a synthetic language: Comment on Vokey & Brooks (1992). *Journal of Experimental Psychology: Learning, Memory, and Cognition, 20*, 223-228.

Perruchet, P., & Amorim, M. (1992). Conscious knowledge and changes in performance in sequence learning: Evidence against dissociation. *Journal of Experimental Psychology: Learning, Memory, and Cognition, 18*, 785-800.

Perruchet, P., & Baveux, P. (1989). Correlational analyses of explicit and implicit memory performance. *Memory & Cognition, 17*, 77-86.

Perruchet, P., & Pacteau, C. (1990). Synthetic grammar learning: Implicit rule abstraction or explicit fragmentary knowledge? *Journal of Experimental Psychology: General, 119*, 264-275.

Petty, R. E., & Cacioppo, J. T. (1986). The elaboration likelihood model of persuasion. In L. Berkowitz (Ed.) *Advances in Experimental Social Psychology, Vol. 19* (pp. 123-205). New York: Academic Press.

Petty, R. E., Cacioppo, J. T., & Goldman, R. (1981). Personal involvement as a determinant of argument-based persuasion. *Journal of Personality and Social Psychology, 41*, 847-855.

Phaf, R.H., Rotteveel, M., & Spijksma, F.P. (submitted). *False recognition and affective priming*.

Rappold, V.A., & Hashtroudi, S. (1991). Does organization improve priming? *Journal of Experimental Psychology: Learning, Memory, and Cognition, 17*, 103-114.

Rayner, K. (1992). Eye movements and visual cognition: Scene perception and reading. New York: Springer.

Reber, A. S. (1967). Implicit learning of artificial grammars. *Journal of Verbal Learning and Verbal Behavior, 6*, 855-863.

Reber, A. S. (1969). Transfer of syntactic structure in synthetic languages. *Journal of Experimental Psychology, 81*, 115-119.

Reber, A. S. (1989). Implicit learning and tacit knowledge. *Journal of Experimental Psychology: General, 118*, 242-244.

Reber, A. S. (1993). *Implicit learning and tacit knowledge: An essay on the cognitive unconscious.* New York: Oxford University Press.

Reber, A. S., & Allen, R. (1978). Analogy and abstraction strategies in synthetic grammar learning: A functional interpretation. *Cognition, 6*, 189-221.

Reber, A. S., Walkenfeld, F.F., & Hernstadt, R. (1991). Implicit and explicit learning: Individual differences and IQ. *Journal of Experimental Psychology: Human Learning and Memory, 17*, 888-896.

Reber, R. (1994). *Konzeptuelle und sensumotorische Wirkungen von Emotionen auf das Gedächtnis.* Unveröffentlichte Dissertation, Bern: Universität Bern.

Reber, R. (1997). Die Nutzung bewusster und unbewusster Information. In H. Mandl (Hrsg.), *Kongressband zum 40. Kongress der Deutschen Gesellschaft für Psychologie*, (pp. 342-347). Göttingen: Hogrefe.

Reber, R. (1998). Repeated Exposure, Perceptual Fluency, and Liking. *Proceedings of the XV Congress of the International Association of Empirical Aesthetics, Rome, September 21-24, 1998* (p. 205). Rome: Edizioni Universitarie Romane.

Reber, R., Haerter, A., Sollberger, B., & Perrig, W.J. (1999). *Effects of processing fluency on estimates of probability and frequency.* Paper presented at the11[th] Annual Convention of the American Psychological Society, Denver, 3.6. – 6.6. 1999.

Reber, R., Niemeyer, M., & Flammer, A. (1997). Kontrollüberzeugungen bei Haupt- und Realschülern: Evidenz für die Verwendung individueller Bezugsnormen bei Schülern. *Zeitschrift für Pädagogische Psychologie, 11*, 187-193.

Reber, R., & Perrig, W.J. (in preparation). Perception with out awareness. To appear in: W. Kintsch (Ed.), *The International Encyclopedia of the Social and Behavioral Sciences: Cognitive psychology and cognitive science.* Amsterdam: Elsevier.

Reber, R., & Ruch-Monachon, M.-A. (2001). *Retrieval fluency and self-evaluation of performance in an exemplar production task.* Poster presented at the Conference of the European Society for Cognitive Psychology, Edinburgh, Scotland, 5.9. – 9.9.2001.

Reber, R., & Schwarz, N. (1998a). *Elaboration likelihood and the use of information.* Unpublished manuscript.

Reber, R., & Schwarz, N. (1998b). *Perceptual fluency, preference, and evolution.* Unpublished manuscript.

Reber, R., & Schwarz, N. (1999). Effects of perceptual fluency on judgments of truth. *Consciousness and Cognition, 8*, 338-342.

Reber, R. & Schwarz, N. (2001). Perceptual fluency and affective judgments: The impact of exposure time. *Consciousness & Emotion,* accepted for publication.

Reber, R., Winkielman, P., & Schwarz, N. (1998). Effects of perceptual fluency on affective judgments. *Psychological Science, 9*, 45-48.

Reber, R., Wooley, E. M., Chalela, R. A., & Schwarz, N. (1996). *People like clarity: effects of visual clarity on affective judgments.* Paper presented at the 8th annual conference of the American Psychological Society (APS) in San Francisco, June 30 — July 2.

Reber, R., & Zupanek, N. (in preparation). Hot frequencies: Effects of processing fluency on frequency estimates and affective judgments. To appear in: P. Sedlmeier & T. Betsch (Eds.), *Frequency processing and cognition.* Oxford: Oxford University Press.

Redington, M., & Chater, N. (1996). Transfer in artificial grammar learning: A re-evaluation. *Journal of Experimental Psychology: General, 125*, 125-138.

Reicher, G.M. (1969). Perceptual recognition as a function of the meaningfulness of the material. *Journal of Experimental Psychology, 81*, 275-280.

Reingold, E. M., & Merikle, P. M. (1988). Using direct and indirect measures to study perception without awareness. *Perception & Psychophysics, 44*, 563-575.

Richardson-Klavehn, A., & Bjork, R. A. (1988). Measures of memory. *Annual Review of Psychology, 39*, 475-543.

Roediger, H. L., & Blaxton, T. A. (1987). Effects of varying modality, surface features, and retention interval on priming in word-fragment completion. *Memory & Cognition, 15*, 379-388.

Roediger, H. L., Weldon, M. S., & Challis, B. H. (1989). Explaining dissociations between implicit and explicit measures of retention: A processing account. In H.L. Roediger, & F.I.M. Craik (Eds.), *Varieties of memory and consciousness: Essays in honour of Endel Tulving*, (pp. 3-41). Hillsdale, NJ: Erlbaum.

Roseman, I.J., Antoniou, A.A., & Jose, P.E. (1996). Appraisal determinants of emotions: Constructing a more accurate and comprehensive theory. *Cognition and Emotion, 10*, 241-277.

Ross, L. (1977). The intuitive psychologist and his shortcomings: Distortions in the attribution process. In L. Berkowitz (Ed.), *Advances in experimental social psychology* (Vol. 10, pp. 174-221). New York: Academic Press.

Ross, L., Greene, D., & House, P. (1977). The „false consensus effect": An egocentric bias in social-perception processes. *Journal of Experimental Social Psychology, 13*, 279-301.

Ross, L., Lepper, M. R., & Hubbard, M. (1975). Perseverance in self-perception and social perception: Biased attributional processes in the debriefing paradigm. *Journal of Personality and Social Psychology, 32*, 880-892.

Rothman, A.J., & Schwarz, N. (1998). Constructing perceptions of vulnerability: Personal relevance and the use of experiential information in health judgments. *Personality and Social Psychology Bulletin, 24*, 1053-1064.

Rovee-Collier, C. (1997). Dissociations in infant memory: Rethinking the development of implicit and explicit memory. *Psychological Review, 104*, 467-498.

Royer, F. (1981). Detection of symmetry. *Journal of Experimental Psychology: Human Perception and Performance, 7*, 1186-1210.

Russell, J.A. (1980). A circumplex model of affect. *Journal of Personality and Social Psychology, 39*, 1161-1178.

Schacter, D. L. (1987). Implicit memory: History and current status. *Journal of Experimental Psychology: Learning, Memory and Cognition, 13*, 501-508.

Schellenberg, E. G., & Trehub, S. E. (1996). Natural music intervals: Evidence from infant listeners. *Psychological Science, 7*, 272-277.

Scherer, K.R. (1984). On the nature and function of emotion: A component process approach. In K.R. Scherer & P. Ekman (Eds.), *Approaches to emotion* (pp. 319-344). Hillsdale, N.J.: Erlbaum.

Scherer, K.R. (1990). Theorien und aktuelle Probleme der Emotionspsychologie. In K.R. Scherer (Hrsg.), *Psychologie der Emotionen* (pp. 1-38). Göttingen: Hogrefe.

Scherer, K. R. (1997). The role of culture in emotion-antecedent appraisal. *Journal of Personality and Social Psychology, 73*, 902-922.
Schmuckler, M. A., & Boltz, M. G. (1994). Harmonic and rhythmic influences on musical expectancy. *Perception & Psychophysics, 56*, 313-325.
Schneider, W., & Shiffrin, R.M. (1977). Controlled and automatic human information processing: I: Detection, search, and attention. *Psychological Review, 84*, 1-66.
Schul, Y., & Burnstein, E. (1985). When discounting fails: Conditions under which individuals use discredited information in making a judgment. *Journal of Personality and Social Psychology, 49*, 894-903.
Schwartz, M. (1982). Repetition and rated truth value of statements. *American Journal of Psychology, 95*, 393-407.
Schwarz, N. (1987). *Stimmung als Information.* Berlin: Springer.
Schwarz, N. (1994). Judgment in a social context: Biases, shortcomings, and the logic of conversation. In M. Zanna (Ed.), *Advances in experimental social psychology* (Vol. 26, pp. 123-162). San Diego, CA: Academic Press.
Schwarz, N. (1998). Accessible content and accessibility experiences: The interplay of declarative and experiential information in judgment. *Personality and Social Psychology Review, 2*, 87-99.
Schwarz, N., & Bless, H. (1992a). Constructing reality and its alternatives: An inclusion/exclusion model of assimilation and contrast effects in social judgments. In L.L. Martin, & A. Tesser (Eds.), *The construction of social judgments*, (pp. 217-245). Hillsdale, NJ: Erlbaum.
Schwarz, N., & Bless, H. (1992b). Scandals and the public's trust in politicians: Assimilation and contrast effects. *Personality and Social Psychology Bulletin, 18*, 574-579.
Schwarz, N., Bless, H., & Bohner, G. (1991). Mood and persuasion: Affective states influence the processing of persuasive communications. In M. Zanna (Ed.), *Advances in experimental social psychology* (Vol. 24, pp. 161-199). San Diego, CA: Academic Press.
Schwarz, N., Bless, H., Strack, F., Klumpp, G., Rittenauer-Schatka, H., & Simons, A. (1991a). Ease of retrieval as information: Another look at the availability heuristic. *Journal of Personality and Social Psychology, 61*, 195-202.
Schwarz, N., & Clore, G. L. (1983). Mood, misattribution, and judgements of well-being: Informative and directive functions of affective states. *Journal of Personality and Social Psychology, 45*, 513-523.
Schwarz, N., & Clore, G. L. (1988). How do I feel about it? Informative functions of affective states. In K. Fiedler & J. Forgas (Eds.), *Affect, cognition, and behavior* (pp. 44-62). Toronto: Hogrefe.
Schwarz, N., & Clore, G. L. (1996). Feelings and phenomenal experience. In E. T. Higgins, & A. W. Kruglanski (Eds.), *Social psychology: handbook of basic principles* (pp. 433-465). New York: Guilford.
Schwarz, N., Strack, F., Hilton, D.J., & Naderer, G. (1991b). Judgmental biases and the logic of conversation: The contextual relevance of irrelevant information. *Social Cognition, 9*, 67-84.

Schwarz, N., Strack, F., & Mai, H. P. (1991c). Assimilation and contrast effects in part-whole question sequences: A conversational logic analysis. *Public Opinion Quarterly, 49*, 3-23.

Schwarz, N., Strack, F., Kommer, D., & Wagner, D. (1987). Soccer, rooms, and the quality of your life: Mood effects on judgements of satisfaction with general and with specific domains. *European Journal of Social Psychology, 17*, 69-79.

Seamon, J. G., Brody, N., & Kauff, D. M. (1983). Affective discrimination of stimuli that are not recognized: Effects of shadowing, masking, and central laterality. *Journal of Experimental Psychology: Learning, Memory and Cognition, 9*, 544-555.

Seamon, J. G., Marsh, R. L., & Brody, N. (1984). Critical importance of exposure duration for affective discrimination of stimuli that are not recognized. *Journal of Experimental Psychology: Learning, Memory and Cognition, 10*, 465-469.

Seamon, J.G., McKenna, P.A., & Binder, N. (1998). The mere exposure effect is differentially sensitive to different judgment tasks. *Consciousness and Cognition, 7*, 85-102.

Shafir, E. (1993). Choosing versus rejecting:Why some options are both better and worse than others. *Memory and Cognition, 21*, 546-556.

Shafir, E., & Tversky, A. (1995). Decision Making. In E.E. Smith & D.N. Osherson (Eds.), *An invitation to cognitive science, vol. 3: Thinking, 2nd edition* (pp. 77-100). Cambridge, MA: MIT Press.

Shanks, D.R. (1995). *The psychology of associative learning*. Cambridge: Cambridge University Press.

Shanks, D.R., & St. John, M.F. (1994). Characteristics of dissociable human learning systems. *Behavioral and Brain Sciences, 17*, 367-447.

Shapley, R., Caelli, T., Grossberg, S., Morgan, M. & Rentschler, I. (1990). Computational theories of visual perception. In L. Spillmann & J.S. Werner (Eds.), *Visual perception: The neurophysiological foundations*. San Diego: Academic Press.

Shaver, P., Schwartz, J., Kirson, D., O'Connor, C. (1987). Emotion knowledge: Further exploration of a prototype approach. *Journal of Personality and Social Psychology, 52*, 1061-1086.

Simon, H.A. (1983). *Reason in human affairs*. Stanford: Stanford University Press (dt. 1993, *Homo rationalis. Die Vernunft im menschlichen Leben*. Frankfurt a.M.: Campus).

Snodgrass, J. G., & Vanderwart, M. (1980). A standardized set of 260 pictures: Norms for name agreement, image agreement, familiarity, and visual complexity. *Journal of Experimental Psychology: Human Learning & Memory, 6*, 174-215.

Sperber, D., & Wilson, D. (1995). *Relevance, 2nd edition*. Oxford: Blackwell.

Strack, F., Martin, L. L., & Schwarz, N. (1988). Priming and communication: The social determinants of information use in judgments of life-satisfaction. *European Journal of Social Psychology, 18*, 429-442.

Strack, F., Martin, L.L. & Stepper, S. (1988). Inhibiting and facilitating conditions of the human smile: A nonobtrusive test of the facial feedback hypothesis. *Journal of Personality and Social Psychology, 54*, 768-777.

Strack, F., & Neumann, R. (2000). Furrowing the brow may undermine perceived fame: The role of facial feedback in judgments of celebrity. *Personality and Social Psychology Bulletin, 26*, 762-768.

Swann, W. B. (1983). Self-verification: Bringing social reality into harmony with the self. In J. Suls & A. G. Greenwald (Eds.), *Psychological perspectives on the self* (Vol. 2, pp. 33-66). Hillsdale, NJ: Erlbaum

Takahashi, S. (1995). Aesthetic properties of pictorial perception. *Psychological Review, 102*, 671-683.

Tekman, H. G., & Bharucha, J. J. (1992). Time course of chord priming. *Perception & Psychophysics, 51*, 33-39.

Tetlock, P. E. (1983). Accountability and complexity of thought. *Journal of Personality and Social Psychology, 45*, 74-83.

Thagard, P. (1996). *Mind: Introduction to cognitive science*. Cambridge, MA: MIT Press.

Tomkins, S.S. (1984). Affect theory. In K.R. Scherer & P. Ekman (Eds.), *Approaches to emotion* (pp. 163-195). Hillsdale, N.J.: Erlbaum.

Trope, Y. (1979). Uncertainty-reducing properties of achievement tasks. *Journal of Personality and Social Psychology, 37*, 1505-1518.

Tulving, E. (1985a). How many memory systems are there? *American Psychologist, 40*, 385-398.

Tulving, E. (1985b). Memory and consciousness. *Canadian Psychology, 26*, 1-12.

Tulving, E., & Schacter, D. L. (1990). Priming and human memory systems. *Science, 247*, 301-306.

Tulving, E., Schacter, D. L., & Stark, H. (1982). Priming effects in word-fragment completion are independent of recognition memory. *Journal of Experimental Psychology: Human Learning and Memory, 8*, 336-342.

Tversky, A., & Kahneman, D. (1973). Availability: A heuristic for judging frequency and probability. *Cognitive Psychology, 5*, 207-232.

Tversky, A., & Shafir, E. (1992). Choice under conflict: The dynamics of deferred decision. *Psychological Science, 3*, 358-361.

Vokey, J. R., & Brooks, L. R. (1992). The salience of item knowledge in learning artificial grammars. *Journal of Experimental Psychology: Learning, Memory, and Cognition, 18*, 328-344.

von der Heydt, R., & Peterhans, E. (1989). Mechanisms of contour perception in monkey visual cortex. I. Lines of pattern discontinuity. *Journal of Neuroscience, 9*, 1731-1748.

von Restorff, H. (1933). Über die Wirkung von Bereichsbildungen im Spurenfeld. *Psychologische Forschung, 18*, 299-342.

Walker, D., & Dubitsky, T.M. (1994, May/June). Why liking matters. *Journal of Advertising Research, 34*, 75-91.

Walraven, J., Enroth-Cugell, C., Hood, D.C., MacLeod, D.I.A., & Schnapf, J.L. (1990). The control of visual sensitivity: Receptoral amd postreceptoral processes. In L. Spillmann & J.S. Werner (Eds.), *Visual perception: The neurophysiological foundations*. San Diego: Academic Press.

Wänke, M., Schwarz, N., & Bless, H. (1995). The availability heuristic revisited: Experienced ease of retrieval in mundane frequency estimates. *Acta Psychologica, 89*, 83-90.

Warrington, E. K., & Weiskrantz, L. (1970). Amnesic syndrome: Consolidation or retrieval? *Nature, 228*, 628-630.

Watt, R. (1991). *Understanding Vision*. London: Academic Press.

Weldon, M. S., & Roediger, H. L. (1987). Altering retrieval demands reverses the picture superiority effect. *Memory & Cognition*, *15*, 269-280.

Werth, L. (2000, April). *Das kenn ich, das kann ich: Vertrautheit und perzeptuelle Geläufigkeit als Determinanten des kiaa-Effekts*. Vortrag an der 42. "Tagung experimentell arbeitender Psychologen", Braunschweig, Deutschland.

Wertheimer, M. (1923). Untersuchungen zur Lehre von der Gestalt. II. *Psychologische Forschung*, *4*, 301-350.

Weyl, H. (1952). *Symmetry*. Princeton, NJ: Princeton University Press.

Wheeler, D.D. (1970). Processes in word recognition. *Cognitive Psychology*, *1*, 59-85.

Whitfield, T.W.A., & Slatter, P.E. (1979). The effects of categorization and prototypicality on aesthetic choice in a furniture selection task. *British Journal of Psychology*, *70*, 65-75.

Whittlesea, B. W. A. (1993). Illusions of familiarity. *Journal of Experimental Psychology: Learning, Memory, and Cognition*, *19*, 1235-1253.

Whittlesea, B. W. A., Jacoby, L. L., & Girard, K. (1990). Illusions of immediate memory: Evidence of an attributional basis for feelings of familiarity and perceptual quality. *Journal of Memory and Language*, *29*, 716-732.

Whittlesea, B. W. A., & Wright, R. L. (1997). Implicit (and explicit) learning: Acting adaptively without knowing the consequences. *Journal of Experimental Psychology: Learning, Memory, and Cognition*, *23*, 181-200.

Wilson, T. D., & Brekke, N. (1994). Mental contamination and mental correction: Unwanted influences on judgments and evaluations. *Psychological Bulletin*, *116*, 117-142.

Wilson, T. D., & Hodges, S. D. (1992). Attitudes as temporary constructions. In L.L. Martin, & A. Tesser (Eds.), *The construction of social judgments*, (pp. 37-65). Hillsdale, NJ: Erlbaum.

Wilson, T. D., & Schooler, J. (1991). Thinking too much: Introspection can reduce the quality preferences and decision. *Journal of Personality and Social Psychology*, *60*, 181-192.

Wilson, W. R. (1979). Feeling more than we can know: Exposure effects without learning. *Journal of Personality and Social Psychology*, *37*, 811-821.

Wimsatt, W. C. (1986). Developmental constraints, generative entrenchment, and the innate-acquired distinction. In W. Bechtel (Ed.), *Integrating scientific disciplines*, (pp. 185-208). Dordrecht: Martinus Nijhoff.

Winkielman, P. & Cacioppo, J.T. (submitted). *Mind at ease puts a smile on the face: Psychophysiological evidence that processing facilitation leads to positive affect.*

Winkielman, P., Schwarz, N., & Belli, R.F. (1998). The role of ease of retrieval and attribution in memory judgments: Judging your memory as worse despite recalling more events. *Psychological Science*, *9*, 124-126.

Wippich, W., Mecklenbräuker, S., & Brausch, A. (1989). Implizites und explizites Gedächtnis bei Kindern: Bleiben bei indirekten Behaltensprüfungen Altersunterschiede aus? *Zeitschrift für Entwicklungspsychologie und Pädagogische Psychologie*, *21*, 294-306.

Wippich, W., Mecklenbräuker, S., & Sidiropoulos, I. (1990). Kinder erinnern Handlungen: Bei impliziten Behaltensprüfungen bleiben Altersunterschiede aus. *Schweizerische Zeitschrift für Psychologie*, *49*, 75-85.

Wippich, W., Schmitt, R., & Mecklenbräuker, S. (1989). Untersuchungen zur Wirkung geteilter Aufmerksamkeit auf explizite und implizite Behaltensmasse. *Zeitschrift für experimentelle und angewandte Psychologie, 36*, 328-348.

Witherspoon, D., & Allan, L. G. (1985). The effects of a prior presentation on temporal judgments in a perceptual identification task. *Memory & Cognition, 13*, 103-111.

Witherspoon, D., & Moscovitch, M. (1989). Stochastic independence between two implicit memory tasks. *Journal of Experimental Psychology: Learning, Memory and Cognition, 15*, 22-30.

Wyer, R. S., & Budesheim, T. L. (1987). Person memory and judgments: The impact of information that one is told to disregard. *Journal of Personality and Social Psychology, 53*, 14-29.

Zahavi, A. (1975). Mate selection: A selection for a handicap. Journal of Theoretical Biology, 53

Zajonc, R. B. (1968). Attitudinal effects of mere exposure. Journal of Personality and Social Psychology Monograph Supplement, 9, 1-27.

Zajonc, R. B. (1980). Feeling and thinking: Preferences need no inferences. American Psychologist, 35, 151-175.

Zeigarnik, B. (1927). Das Behalten erledigter und unerledigter Handlungen. Psychologische Forschung, 9, 1-85.

Zillmann, D. (1978). Attribution and misattribution of excitatory reactions. In J.H. Harvey, W.J. Ickes, & R.F. Kidd (Eds.), New directions in attribution research, Vol. 2, (pp. 335-368). Hillsdale, NJ: Erlbaum.

Zillmann, D., Katcher, A. H., & Milavsky, B. (1972). Excitation transfer from physical exercise to subsequent aggressive behavior. Journal of Experimental Social Psychology, 8, 247-259.

Autorenverzeichnis